Michael Freedland ist in England bereits mit einigen Biographien von Showstars hervorgetreten. Er schreibt für die Presse und ist regelmäßig bei Radio London mit Beiträgen zu hören. Er lebt in Elstree, Hertfordshire.

Falls nicht anders gekennzeichnet, wurden sämtliche Fotos freundlicherweise vom National Film Archiv in London zur Verfügung gestellt.

Dieses Buch wurde auf chlor- und säurefreiem Papier gedruckt.

Deutsche Erstausgabe August 1992

Titel der Originalausgabe »Dustin«

Originalverlag W. H. Allen/Virgin, London
Umschlaggestaltung Adolf Bachmann, Reischach
Umschlagfoto action press, Hamburg
Satz Compusatz, München
Druck und Bindung Ebner Ulm
Printed in Germany 5 4 3 2 1
ISBN 3-426-02441-1

Michael Freedland

Dustin

Aus dem Englischen
von Inge Holm

Knaur

Meiner Mutter in Liebe,
Verehrung, Bewunderung und
Dankbarkeit gewidmet

Danksagungen

Der Biograph steckt ganz schön in der Klemme. Es ist ihm fast nicht möglich, die Namen all derer aufzuführen, die ihm beim Entstehen dieses Buches halfen – unter anderem, weil sie nicht alle offiziell genannt werden möchten.
Die vorliegende Dustin-Hoffman-Biographie ist das Ergebnis ausführlicher Nachforschungen – sowohl in den Vereinigten Staaten als auch in Großbritannien – und konnte nur geschrieben werden, weil so viele Menschen, namentlich genannt oder namenlos, dem Autor halfen.
Besonders hervorheben möchte ich Larry Adler, Jarvis Astair, George Coulouris (verstorben), Bob Fosse (verstorben), Susan George, Sir Peter Hall, Anne Byrne Hoffman Kronenfeld, Peter Noble, Harry Dean Stanton und Timothy West.
Außerdem möchte ich mich herzlich bei Merle Kessler und den Bibliothekaren der National Library, London, dem British Film Institute und der Academy of Motion Pictures Art and Sciences, Los Angeles, bedanken.

Michael Freedland
London 1989

1

DAS SHRINE AUDITORIUM am Jefferson Boulevard in Los Angeles ist einer jener vorsintflutlich anmutenden Orte, für die die Amerikaner eine besondere Vorliebe besitzen. Es ist ungeheuer groß. So groß, daß die Menschen, die sich vom Balkon aus einen Film ansehen, das Gefühl haben, Teilnehmer eines Rituals zu sein, das laut den Geschichtsbüchern bereits vor Generationen ausgestorben ist.

Hier erlebte das Epos *Napoleon* sechzig Jahre nach seinem Verschwinden seine Westküstenpremiere.

Das sich alljährlich wiederholende Ritual der Oscar-Verleihung wirkt manchmal genauso antiquiert, wie es ist; antiquiert in dem Sinne, wie man auch einen Gottesdienst veraltet nennen könnte.

Die Oscar-Verleihung ist ein Ereignis, das Fernsehkameras aus aller Welt zum offensichtlichen Vergnügen der Zuschauer verfolgen. Die Kameraleute lassen die unbedeutendere Menschenmenge, die die Balkone bevölkert, links liegen und konzentrieren sich auf die ersten Reihen, wo die Stars, die Regisseure und andere Auserwählte sitzen, die für den Academy Award nominiert wurden, wie der »Oscar« offiziell heißt. Da hocken sie nun, kauen nervös an ihren Fingernägeln und klatschen ihren Konkurrenten Beifall, die voller Stolz Statuen davontragen, die von Rechts wegen ihnen zustünden. Sie lächeln, obwohl sie fast an Tränen und Wut ersticken und klopfen auf Rücken, die sie am liebsten durchbohren würden.

Im März 1989 wurde auf dem Podium ein Name genannt, der einen das übliche Maß übertreffenden Applaus auslöste. Und sollte in den Augen der Konkurrenten ein Funken Neid geglommen haben, so konnte man ihn von dort oben nicht wahrnehmen.

Dustin Hoffmans Oscar war einer von sieben für seinen neuesten Film RAIN MAN und etwas Seltsames war geschehen: Die Filmbranche billigte die Wahl einstimmig. Nun, das war wirklich sonderbar. Dustin Hoffman konnte unmöglich jedermanns Favorit gewesen sein. Die Menschen bewunderten seine schauspielerischen Fähigkeiten. Seine Arbeitseinstellung könnte leicht einem Handbuch für Filmtechnik und Bühnendarstellung entnommen worden sein. Betrachtete man Hingabe für den Beruf des Schauspielers als unabdingbare Voraussetzung, so mußte jedermann zugeben, daß Hoffman sie besaß.

Aber Hoffman ist ein Perfektionist; ein Wort, das immer wieder fiel, wenn von ihm die Rede war. Schon Fred Astaire wurde so bezeichnet. Aber es war leicht, Fred Astaire zu lieben, oder wenigstens zu sagen, man täte es.

Hoffman war fast einundfünfzig Jahre alt. Alt genug, um auf ein umfangreiches Werk zurückblicken zu können, aber noch immer jung genug, um Feinde zu haben, die sein Perfektionismus ärgerte. Die Behauptung, Dustin Hoffman sei bei der Arbeit so penibel wie ein Mikrochirurg, war beileibe nicht als Kompliment zu verstehen.

Und trotzdem war Hollywood bereit, ihm zu applaudieren, und mehr als bereit, dabei gesehen zu werden. Die dreieinhalb Millionen Dollar, die Hoffman für seine Rolle als autistischer *Idiot savant* in mittleren Jahren erhielt, war nichts im Vergleich zu dem, was er für seine nächste Rolle verlangen könnte, ohne daß irgend jemand erklärte, sein Talent sei gleichfalls einer Inflation unterworfen.

Als »savant« bezeichnet man gemeinhin einen Gelehrten. Der Mann, den Dustin in RAIN MAN verkörperte, war nur auf eine, wenn auch erstaunliche Weise, »gelehrt«: Er besaß einen derart scharfen mathematischen Verstand, daß er die Spielhöllen in Las Vegas mühelos hätte sprengen können. Er konnte im Bruchteil einer Sekunde die Quadratwurzel einer beliebig langen Zahlenreihe ziehen, die ihm von einem Psychiater genannt wurde. Aber er wußte nicht, wieviel Wechselgeld er zurückbekommen würde, wenn er sich einen Hamburger für fünfzig Cent kaufte.

Mit Hoffmanns Karriere war es ähnlich. Er hatte Erfolge, von denen die meisten Schauspieler nur träumen können, und besitzt ein Talent, wie es nur sehr, sehr wenigen gegeben ist. Dennoch meinen einige, er wisse nicht, wie zwischenmenschliche Beziehungen funktionieren.

Vielleicht haben die Psychiater, die er über Jahre regelmäßig besuchte, eine Antwort darauf. Möglicherweise sind sie der Meinung, seine Kindheit und die leidvollen Erfahrungen einer Familie, die – noch vor der Geburt seiner Eltern – unter Qualen den Pogromen entkam, könnten etwas damit zu tun haben.

Wenn dem so ist, dann formten diese Ereignisse den vielleicht hervorragendsten Schauspieler seiner Zeit. Einen Mann, der auf der Bühne genauso glänzt wie auf der Leinwand und der der größte Star und der beeindruckendste Schauspieler der neunziger Jahre werden könnte.

2

DIE DEPRESSION VON 1929 veränderte das Leben in Amerika grundlegend. Sie zerstörte das für viele Amerikaner zu einer Selbstverständlichkeit gewordene bequeme Leben und versetzte ihrer optimistischen Lebenseinstellung einen tödlichen Stoß.

Für Harry Hoffman lieferte sie die Entschuldigung, Chicago zu verlassen, das für ihn und die überlebenden Angehörigen seiner Familie nie mehr als eine Durchgangsstation gewesen war.

Harry war das erste in Amerika geborene Mitglied seiner Familie. Seine Eltern waren aus Rumänien eingewandert, einem Land, in dem sich das Leben seines Vaters um seine frommen Bücher gedreht und das seine Mutter als ungeeignet erkannt hatte, um Kinder aufzuziehen. Chicago war nur eine weitere Rast auf der den Juden so vertrauten Wanderschaft.

Harry war neun Jahre alt, als sein Vater in Chicago starb. Er war Friseur, der nie ein »anständiges« Leben geführt hatte und in einer Nervenheilanstalt starb, während er von einem Ort träumte, dessen Straßen mit Gold gepflastert waren, oder von einem anderen Ort in einer anderen Welt, an dem er sich mit seinen Büchern verstecken konnte.

Der junge Hoffman wollte von all dem nichts wissen. Deshalb mochte er auch nichts mit dem Judentum seines Vaters zu tun haben. Er wollte dorthin gehen, wo die Depression nicht zu existieren schien – nach Kalifornien, dem Zentrum einer boomenden Industrie – während darum herum alles in Scherben lag. Menschen, die sich sonst nichts leisten konnten, hatten immer noch Geld für eine Kinokarte übrig. Arbeitslose Männer, die sich schämten, weil sie nicht wußten, wohin sie am Morgen gehen sollten, verbrachten ihre Tage im Kino und hofften, daß niemand es bemerkte. Harry Hoffman wollte einer von denen werden, die diese Filme machten.

Er kannte auch ein Mädchen, das mit ihm gehen wollte. Sie hieß Lillian.

Sie heirateten. Schon bald nach der Hochzeit wurde Lillian schwanger. Aber erst als ihr erstes Kind – ein Sohn, den sie Ronald nannten – fünf Jahre alt war, brachen sie in Richtung Westen auf. Harry und Lillian verstauten ihre Habseligkeiten in ein altes Ford-T-Modell, setzten Ron auf den Rücksitz und versuchten zu genießen, was sie durch die Windschutzscheibe sahen. Ein sehr kurzlebiger Genuß. Als der Wagen einige Tage später dampfend Los Angeles erreichte – der Motor hatte Schwerstarbeit leisten müssen – waren sie mit ihren Nerven am Ende. Aber sie waren in Kalifornien. Harry war bereit, in die Filmindustrie einzusteigen.

Als die Menschen Franklin D. Roosevelt zujubelten, der sich auf seine zweite Amtsperiode vorbereitete, schrien Harry und Lillian am lautesten. Es schienen wieder glückliche Tage ins Haus zu stehen.

Harry war entschlossen, Lillian und dem Kind zu zeigen, wer der Herr im Hause war – etwas, das sein Vater nie gewesen war. Lillian war glücklich, ihn diese Rolle spielen zu lassen, und konzentrierte sich ganz auf Kleider und Make-up, um ihm zu gefallen.

Harry war immerhin im Begriff, in die Fußstapfen der Warner Bros. oder Adolph Zukors zu treten. Ein so wichtiger Mann mußte entsprechend behandelt werden. Es konnte nicht mißlingen. Sie wußte, er besaß Ehrgeiz und den nötigen Verstand. Was konnte seine Pläne durchkreuzen, nachdem er schon einen Job hatte?

Harry gefiel das Studioleben ganz und gar nicht. Er war durch seinen Job zwar mit Harry Cohns Columbia Studios verbunden, doch gerade das Wort »verbunden« bereitete ihm Probleme. Denn er war nur durch die Abwasserrohre, die er zu betreuen hatte, mit der Columbia verbunden. Schließlich wurde er versetzt. Das war vielleicht unvermeidlich. Columbia war schließlich kein Klempnerbetrieb, und er wollte ins Filmgeschäft einsteigen.

Harry bekam einen neuen Job in den Studios. Er arbeitete jetzt als Requisiteur. Wenn er nach Hause kam, gab er die neuesten Nachrichten aus dem Studio von sich. Lillian hing förmlich an seinen Lippen, während sie ihm das billigste Stück Fleisch oder Fisch auf den Teller legte, das sie hatte auftreiben können.

Lillian war der Typ Frau, über den man Bücher schrieb und Filme drehte. Sie war von Hollywood und allem, was es ihrer Meinung nach repräsentierte, wie berauscht. Deshalb hatte sie ihren Sohn Ronald genannt. Es war der Tribut an ein Leben, das ihr eine regelmäßige Flucht aus der Wirklichkeit erlaubte. Im dunklen Filmtheater konnte sie zusehen, wie die schönste Frau der Welt jenen überaus stattlichen Mann mit dem reizenden englischen Akzent liebte, Ronald Colman.

Ronald war die Freude ihres Lebens; ein gutaussehender Junge, der schon in den ersten Tagen in der Grundschule bewies, daß er ein helles Köpfchen und viel Spaß am Sport hatte.

Sechseinhalb Jahre nach Ronalds Geburt bekamen Lillian und Harry einen weiteren Sohn, den sie Dustin nannten. Ein weiteres Zeichen dafür, daß sie ihr altes Leben hinter sich gelassen hatten. Wer hätte je von einem Rabbi namens Dustin gehört? Tatsächlich kannten nur wenige Menschen diesen Namen. Der einzige der Nachwelt überlieferte Dustin schien Dustin Farnum zu sein, der Star des ersten in Hollywood gedrehten Films THE SQUAW MAN. Es war ein Film, der ein zusammengewürfeltes Trio, bestehend aus Jesse Lasky jr., Samuel Goldfish (später in Goldwyn umbenannt) und Cecil B. De Mille, ins Geschäft brachte.

Das Gerücht lautete, daß Mrs. Hoffman ihren Dustin nach

Mr. Farnum benannt hatte, und es hätte ausgezeichnet zu ihrer schwärmerischen Natur gepaßt. Gegen Ende ihres Lebens bestritt sie dies jedoch vehement. Woher um alles in der Welt hätte sie den Namen eines Stars kennen sollen, der schon ein Vierteljahrhundert vor der Geburt ihres Kindes Filme gedreht hatte? Handelte es sich um die Proteste einer alternden Frau, die nicht an längst verflossene Zeiten erinnert werden wollte? Vielleicht.

Beide Eltern gaben zu, daß Dustin zu den Spätentwicklern gehörte. Er begann erst mit drei Jahren zu sprechen. »Aber er fuhr mit anderthalb Jahren schon Roller«, erinnert sich Lillian voller Stolz, »und mit zweieinhalb Fahrrad.«

Mrs. Hoffman sagte, sie würde nie zulassen, daß Hollywood ihre Kinder im selben Maß wie sie selbst beeinflußte. Das stimmte nicht. Ronald spielte schon mit acht Jahren in einem Film mit. Er war Statist in dem 1939 mit James Stewart gedrehten Kassenschlager über politische Korruption MR. SMITH GOES TO WASHINGTON (dt. MISTER SMITH GEHT NACH WASHINGTON).

Aber Ronald zeigte keinerlei Ambitionen, ein Kinderstar zu werden und stand nie wieder vor einer Studiokamera. Im Gegensatz zu Dustin. In der siebten Klasse spielte er in dem Weihnachtsstück A CHRISTMAS CAROL den Tiny Tim. Dem unsterblichen Ausspruch Tims »Gott segne uns alle« fügte Dustin wegen einer Wette ein »Gott verdammt« hinzu – und wurde von der Schule suspendiert.

Aber Lillian regte sich nicht oft über Dustin auf. Er war ihr kleiner »Dustalah«, ein altes jiddisches Kosewort. Das »alah« am Ende eines Wortes bedeutet soviel wie »Ich hab' dich lieb – du magst ungezogen sein, aber du gehörst mir«. »Dustalah« war ihr Stolz und ihre Freude. Auch die Großmutter hatte einen Narren an Dustin gefressen. Er nannte sie »Rot«, ein Spitzname, dessen Herkunft niemals hinreichend aufgeklärt wurde.

»Rot« war eine ungewöhnliche jüdische Großmutter, die im Friseurladen ihres Mannes arbeitete. Sie war gewitzter, als ihr Mann es je gewesen war. Sie erkannte, daß Männer, die zum Haarschneiden kamen, entweder reden oder zuhören wollten, und gewöhnlich gab es nur zwei Themen: Sex und Sport. Keine achtbare jüdische Frau sprach je mit einem Mann über Sex, aber wo stand geschrieben, daß sie nichts über Baseball wissen durfte? Also erlernte sie die Grundregeln des Spiels, fand heraus, wie die Punkte gezählt wurden und studierte dann das Ergebnis. Ihre Kunden liebten es, mit ihr über die Spiele zu reden. Was zu Lebzeiten ihres Mannes ein Geschäft am Rande des Konkurs gewesen war, erlebte unter »Rots« Leitung einen gewaltigen Aufschwung.

Dustin war zu Hause glücklich. Wenigstens bis er zur Schule gehen mußte. Dort hatte er es nicht leicht. Vielleicht wäre alles einfacher gewesen, wenn man ihn Tom, Dick oder Ronald, wie seinen Bruder, getauft hätte, aber Dustin? 1969 erzählte er dem *Time*-Magazin: »Ich habe mir immer einen zweiten Dustin in meiner Klasse gewünscht. Wenn man sich über dich lustig macht, gibt es nur zwei Möglichkeiten: Entweder du ziehst dich in ein Schneckenhaus zurück, oder du spielst den Clown.«

Er wollte ein Clown werden, deshalb improvisierte er Charles Dickens und überzog die Rolle des Tiny Tim derart, daß das Publikum ihn bedauerte.

Nein, Dustin war kein Name, an dem man seine Freude haben konnte, besonders, da man ihn in einer Welt, in der Spitznamen wie Blutegel an einem klebten, »Dustbin«, Mülleimer, nannte. Er hatte den glücklichen Einfall, sich »Dusty« zu nennen. Seine engsten Freunde folgten seinem Beispiel.

Als Klassenclown war er der Schrecken der Lehrer. Wenn er seinen Freunden zuraunte: »Ich zähle bis drei, dann husten alle«, begann die ganze Klasse bei drei zu husten. Die

Lehrer brauchten nicht lange zu überlegen. Sie kannten den Schuldigen. Es war wie eine Szene aus einem Woody-Allen-Film. Die Lehrer sagten: »Hoffman ins Büro«, und Dustin folgte triumphierend.
Ein Problem war, daß er nicht lange genug auf eine Schule ging, um wirkliche Freundschaften zu schließen. Die Hoffmans zogen ständig um. Bei jedem Umzug mußte er die Schule wechseln. Wenn Harry einen guten Job hatte, wohnten sie in Beverly Hills. Wenn es ihm finanziell nicht so rosig ging, mußten sie sich eine Wohnung in einem der weniger eleganten Viertel von Los Angeles suchen. Dustin erinnert sich, daß es ihm dort gutging. Er hatte mexikanische und schwarze Freunde, die viel netter waren als seine weißen Klassenkameraden.
Auch in anderer Beziehung verlief sein Leben nicht leichter. Er hatte das seinem Alter entsprechende Interesse an Mädchen und ihrer Anatomie, wagte aber nicht, es zu befriedigen. Es gibt nur eine einzige Geschichte aus seiner Schulzeit, die einer Liebesaffäre nahekommt. Es geschah, als er einmal ungestört neben einem Mädchen saß. Als sei es die normalste und natürlichste Sache der Welt, legte er seine Hand auf die knospende Brust der jungen Dame, die so geschockt war, daß sie fortlief. Dustin wußte nicht, was er tun sollte. Also blieb er sitzen – und hämmerte mit dem Kopf gegen die Wand.
Er war nur in einer Sportart begabt, die damals nicht als besonders männlich (oder macho, wie man es später nannte) galt. »Die anderen Burschen auf der High School hatten Haare auf der Brust und spielten Football. Ich spielte Tennis, hatte eine große Nase und eine fürchterliche Akne. Mein Gesicht sah wie eine Schießscheibe aus.«
Er fühlte sich in der Schule ebensowenig zu Hause wie in seiner Geburtsstadt. Die Hoffmansche Wanderlust regte sich. Wenn er ins Kino ging, ergötzte er sich an den Streichen der Bowery Boys, die von Leo Gorcey angeführt wurden. Früher hatte er die Dead End Kids bewundert, eine Bande Jungen mit

schmutzigen Gesichtern (die unsterblichen *Angels with Dirty Faces* im gleichnamigen James-Cagney-Film), die nie das Sonnenlicht sahen, geschweige denn Palmen.
Die Samstagnachmittage mit den Dead End Kids zeigten ihm ein überzeugenderes Paradies. Wie er in dem *Time*-Interview gesagt hatte, dachte er, wenn er ihnen zusah: »Wäre es nicht lustig, im East River zu schwimmen und in schmutzigen Straßen zu spielen?«
Die Fürsorgebeamten träumten zur selben Zeit davon, die New Yorker Kinder vom bakterienverseuchten Fluß und den schmutzigen Straßen fernzuhalten und hübsche Plätze für sie zu schaffen, die den Mittelklassevierteln von Los Angeles ähnelten.
Dusty war, wie er sagte, kein hübsches Kind, aber er scheint abgesehen von den Hänseleien nicht besonders viele Probleme gehabt zu haben, durch die ein Jugendlicher zu einem Fall für die Psychiatrie wird. Vielleicht war seine Entscheidung, statt eines Introvertierten ein Clown zu werden, gar nicht so falsch gewesen.
Er glaubte fest daran, daß es besser sei, wenn üble Gerüchte über einen verbreitet werden, als wenn gar nicht über einen gesprochen wird. (Wenn ihn jemand gefragt hätte, hätte er vermutlich hinzugefügt, daß man auf die richtige Schreibweise seines Namens achten sollte.) Deshalb tanzte er auf Schulfesten immer mit den dicksten und häßlichsten Mädchen. Er wollte auffallen.
Wenn ihm sein Vater vorwarf, daß er seine Hausaufgaben nicht machte, hätte er zurückbrüllen oder weinen können. Aber er tat nichts davon; er imitierte ihn nur. Dieses Stückchen Mimikry wirkte Wunder, besonders in den Momenten, in denen Harrys Frustration über seine ungeliebte Arbeit in Depression umschlug.
Das Zusammenleben war nicht leicht. Die Hoffmans schienen einander zu lieben, ließen jedoch ihren Gefühlen freien Lauf.

Wenn sie sich stritten, flogen die Fetzen. Sie dachten überhaupt nicht daran, ihre Rededuelle in aller Stille, fernab der Kinder auszutragen. Dustin mit seinen schauspielerischen Einlagen wirkte dagegen wie eine Ein-Kind-UN-Friedenstruppe.

Auch das verrät eine Menge über ihn. Er hatte auch ohne die elterlichen Auseinandersetzungen genügend Probleme mit seinem Äußeren. Wenn er seine Eltern zum Lachen bringen konnte, würden sie sich nicht streiten, oder? Wären die Hoffmans aufmerksamer oder vorausschauender gewesen, hätten sie darin die einen guten Schauspieler auszeichnende Empfindsamkeit erkannt.

Das *Playgirl*-Magazin schrieb, daß Dustin, wäre er in New York statt in Los Angeles geboren, Woody Allen anstelle von Woody Allen geworden wäre. Dem Bericht zufolge hatten jüdische Kinder zu Hause größere Probleme als ihre WASP-Nachbarn.* Aber für diese Vermutung gibt es keine Beweise. Dustin hatte nie erleben müssen, daß sein Vater seine Mutter schlug, betrunken nach Hause kam oder die Familie hungern ließ, um seiner Spielleidenschaft nachzugehen. Tatsache ist, daß Lillian nicht besonders gerne kochte. Sobald sie es sich leisten konnten, überredete sie Harry, eine Haushaltshilfe zu engagieren.

Dustin erinnert sich, daß seine Kindheit nicht immer harmonisch verlief, was auch für seine Beziehung zum Vater galt. »Wir machten ein paar schwere Zeiten durch«, erinnerte er sich. »Als mein Vater auf der Arbeit war, standen plötzlich wildfremde Kerle vor der Tür und schleppten die Möbel fort; dann stritt er sich mit dem Finanzamt herum und herrschte die Leute an: ›Machen Sie meiner Frau und meinen Kindern keine angst!‹«

* WASP = White Anglo-Saxon Protestant; weißer angelsächsischer Protestant – eine Bezeichnung für die weißen Einwanderer aus England. (Anm. d. Übers.)

Es gab Zeiten, in denen sich Dustin in sein Schneckenhaus verkroch. Er erinnert sich, manchmal stundenlang auf einen chromblitzenden Toaster gestarrt und immer wieder »Dusty, Dusty, Dusty« gemurmelt zu haben. Das Spiegelbild im Toaster war nicht das perfekt geschnittene, edle Gesicht, von dem er träumte. Doch selbst seiner großen Nase, die seine Züge beherrschte, gewann er noch eine komische Seite ab. Er war fest entschlossen, sich seines Lebens zu freuen, egal, was passierte – selbst wenn ihn »Schulfreunde« wegen seines Aussehens Ratte schimpften.

Dustin hatte sicherlich nicht die Schwierigkeiten, mit denen andere jüdische Kinder zu kämpfen hatten. Seine Eltern ließen nicht zu, daß die jüdische Religion in ihrem Alltag eine bestimmende Rolle spielte. Für Dustin existierte sie kaum. So gingen weder Ronald noch sein jüngerer Bruder zur *bar mitzvah.** Freunde meinten, Dustin hätte diesen Mangel an religiöser Bindung in späteren Jahren zunehmend bedauert und versucht, ihn zu beheben.

So ziemlich die einzige Feier, an der sie teilnahmen, war das jährliche Passahfest. Aber sie feierten nur eine Nacht lang statt zwei, wie es bei orthodoxen Juden Brauch ist. Und selbst dieses Fest feierten sie nur, weil es eben so Brauch war. Ungläubige wie Gläubige sehen im Passahfest eher einen Anlaß für eine gemütliche Familienfeier als eine Gelegenheit, die Geschichte des Auszugs der Kinder Israels aus Ägypten aus der Haggada zu rezitieren.

An einem dieser Passahfeste erwarb sich seine Tante Pearl ihren Platz in der Theatergeschichte. Sie war die erste, die Dustin Hoffman »entdeckte«. »Was möchtest du denn werden, wenn du einmal groß bist?« fragte sie ihn. »Schauspieler«, antwortete er. Alles lachte. Dustin selbst hatte bis zu diesem

* »Söhne der Verpflichtung«; Feier, bei der Knaben nach Vollendung des 13. Lebensjahrs feierlich als Mitglieder in die jüdische Glaubensgemeinschaft aufgenommen werden. (Anm. d. Übers.)

Zeitpunkt noch keinen ernsthaften Gedanken an seine Zukunft verschwendet.
Doch Pearl machte sich sogleich daran, ihm die Flausen auszutreiben. »Dafür siehst du nicht gut genug aus.« Eine Feststellung, die genauso bitter war wie die Kräuter, die zum Passahfest gehören.
Was sie nicht wußte und was Harry und Lillian nie verstanden, war, daß alles, was Dustin zu jener Zeit tat, eine Art Schauspiel war, auch wenn es nur wie irgendein Spiel aussah. Er tat, als sei er ein Boxer, der ständig zu Boden ging, sich aber immer wieder aufrappelte und am Ende gewinnen würde.
Seine Eltern gaben mit keinem Wort zu verstehen, ob sie seine Karrierepläne billigten. Aber Lillians Hintergrund und ihr Traum, einst auf einer Bühne zu tanzen, verbaten ihr, seine Bemerkung als kindisch abzutun. Nach Dustins Worten fühlte sich seine Mutter durch ihre Kinder fähig, ihrem Käfig zu entkommen und ihr Leben noch einmal zu leben.
Wenn sie sich dabei glücklich fühlte, war das mehr, als man von Dustin sagen konnte. Für ihn war diese Zeit alles andere als schön. »Ich war dünn, schwächlich und klein. Ich wollte groß sein und ahnte, daß dieses Ziel unerreichbar war.« Er entsprach ganz und gar nicht dem männlichen Ideal, dem er nacheiferte. Am meisten bewunderte er damals Ronald. Sein Bruder, der eine Ausbildung zum Betriebswirt machte, hatte in Dustins Augen nur einen Makel: Er war noch kleiner als er selbst.
In der Schule ging es härter zu als zu Hause. Dustin sagte jedem, der es hören wollte: »Ich beneide Menschen, die sich gern an ihre Schulzeit erinnern.«
Er war sich gewiß seiner Grenzen bewußt. Er haßte es, Jude zu sein, selbst in der gemäßigten Form der Hoffmans. »Die meisten meiner Freunde waren römisch-katholisch, und ich dachte, ich müßte es auch sein.« Er näherte sich diesem Wunsch, indem er den Weihnachtsbaum schmückte. Der

strahlte die ganze letzte Dezemberhälfte hindurch, was man vom Chanukka-Leuchter nicht sagen konnte.*
Der gewitzte Dustin Hoffman versuchte, einen Kompromiß zwischen beiden Religionen zu schaffen. Er hängte eine Schnur mit *bagels* in den Baum. »Der Baum sah nicht besonders schön aus. Doch da ich mich wegen meines Wunsches, ein Christ zu sein, schuldig fühlte, habe ich gedacht, ich müßte etwas Jüdisches hineinbringen.« Die Tatsache, daß das einzig typisch Jüdische, das ihm einfiel, der *bagel* war – ein kleines, rundes Brot mit einem Loch in der Mitte, das zur Hauptnahrung der auf der New Yorker East Side und in den jüdischen Vierteln in anderen Städten der Welt lebenden Menschen gehörte –, zeigt den Eifer, mit dem das Judentum bei ihm zu Hause praktiziert wurde.
Möglicherweise entsprang die Idee, Schauspieler zu werden, einfach Dustins Wunsch, diesem Leben zu entfliehen. Erst Jahre später machte er sich ernsthafte Gedanken über sein Ziel. Tatsache ist, daß er, nach seinem kleinen Abstecher in die dramatischen Künste – als Tiny Tim in der CHRISTMAS CAROL –, keinen Gedanken mehr an das Theater verschwendete. Und das, obwohl er schon mit sechs Jahren seine erste Theateraufführung gesehen hatte.
Fanny Brice, durch Barbra Streisand in FUNNY GIRL unsterblich gemacht, war damals der Star des Abends. Dustin genoß das Schauspiel sehr. Wie er später dem *Pageant*-Magazin gestand: »Ich war beeindruckt. Wir hatten ausgezeichnete Plätze.«
Man wird nie mit letzter Sicherheit sagen können, ob es dieses Erlebnis war, das die schauspielerischen Ambitionen des jungen Hoffman weckte. Es bleibt festzustellen, daß er trotz

* Siebenarmiger Leuchter, an dem täglich ein Licht entzündet wird; zur Erinnerung an die 165 vor Chr. von Judas Makkabäus veranlaßte Wiederaufnahme des Jerusalemer Tempeldienstes im Dezember gefeiertes Fest. (Anm. d. Übers.)

Harrys Hoffnungen, Regisseur zu werden, und Lillians Traum, einmal auf der Bühne oder im Fernsehen zu tanzen, von seinen Eltern nicht gerade ermutigt wurde, seine Karrierepläne weiterzuverfolgen.
Der Wunsch, Schauspieler zu sein, paßte nicht zu den Zukunftsplänen, die seine Eltern für ihren Jüngsten hatten. In diesem Punkt unterschieden sie sich nicht sehr von anderen jüdischen Familien; sie waren entschlossen, es weiterzubringen, und Harrys offenkundiges Versagen in dieser Hinsicht zeigte der ältere Dustin Hoffman als Willy Loman in Arthur Millers DEATH OF A SALESMAN (dt. TOD EINES HANDLUNGSREISENDEN).
Dustins Vater ging es allmählich besser. Aber er fand nicht den richtigen Dreh. Er hatte damals nur einen Ehrgeiz, der seinen Wunsch, Produzent zu werden, bei weitem übertraf. Er wollte Regisseur werden; diesen Gedanken hat er nie aufgegeben. Die Regisseure, die mit seinem Sohn arbeiteten, können das bezeugen.
Harry versuchte verbissen, sich nach oben zu kämpfen. Doch er stieß mit seinem Ansinnen nur auf verdutzte Gesichter. Er schloß einen Kompromiß. Regieassistent zu sein wäre auch nicht schlecht. Harry war Realist. War es doch weit besser, einen Job zu haben, bei dem die Chance bestand, aufzusteigen – wenn die Produzenten erst anfingen, seine Talente zu würdigen – als in der Requisitenkammer herumzuhängen. Schließlich sagte ihm ein Studioangestellter deutlich die Meinung: »Harry, du wirst nie Regisseur oder Regieassistent werden.«
Wie unvorstellbar grausam. Doch als der Mann ihm ein Blatt Papier unter die Nase hielt, sah Hoffman klarer. Es war eine Liste, auf dem die Namen aller Brüder, Schwestern, Cousins und guten Freunde der älteren Studiomitarbeiter standen, die noch vor ihm an die Reihe kamen.
So entschloß sich Harry, dem Film den Rücken zu kehren. Er

fand eine Stelle als Möbelverkäufer. Kurze Zeit später entwarf er seine eigenen, im dänischen Stil gehaltenen Tische und Stühle und verdiente besser. Aber wenn er schon nicht reich und erfolgreich sein konnte, sollten es wenigstens seine Söhne werden. Dustin sollte einmal »mein Sohn, der Doktor« werden.

Und so wurde der jüngste Sproß der Hoffmans ermuntert, darin seine Zukunft zu sehen. Seine Eltern entschieden, daß er Arzt werden würde, während er selbst noch nicht die geringste Ahnung hatte, was er werden wollte. Er wußte nur, daß er nicht Arzt werden wollte. Mußte er wirklich? Harry und Lillian waren der Meinung, er müsse Arzt werden. Aber sie ließen nicht zu, daß diese Entscheidung alle seine künftigen Handlungen überschattete, wenn sie sich auch um sein äußeres Erscheinungsbild sorgten und wahrscheinlich insgeheim wegen seines nicht besonders anziehenden Gesichts bekümmert waren. Sie ließen ihn den größten Teil seiner Kindheit über mit Spangen im Mund herumlaufen.

Inzwischen setzte er sein Aussehen gezielt ein. In der neunten Klasse bewarb er sich um das Amt des Klassensprechers. Er zog mit einem Plakat in die Wahl, auf dem Mickey Mouse mit seinem Gesicht zu sehen war. Es half ihm zwar nicht, die Wahl zu gewinnen, aber es förderte sein Selbstbewußtsein.

Dustin versuchte auch, den Dragons beizutreten, einem Schulklub. Wenn man kein Dragon war, galt man nichts. Die Mitglieder lehnten seine Bewerbung mit der Kindern eigenen Grausamkeit ab.

»Ich denke, ich paßte nicht zu ihrem Image«, sinnierte er als Erwachsener, immer noch ein wenig beleidigt. »Die Ablehnung machte mir zu schaffen. Ich wurde ein Außenseiter, ein Zuschauer.«

Das einzige Licht am Ende des Tunnels war ein junges Mädchen namens Fran; sie war das einzige weibliche Wesen, das sich herabließ, mit ihm zu sprechen. Doch das dauerte nicht lange. Fran hätte ihn vielleicht erhört. Zur gleichen Zeit strafte sie jedoch einen blonden Riesen mit Nichtachtung, der glaubte, sein Aussehen mache ihn zum Ziel aller Mädchenträume. Als der junge Mann dies merkte, handelte er. Sein Ziel war Dustin.

Als er Dustin in den damals modischen, weitgeschnittenen Bluejeans auf der Straße entdeckte, ging er zum Angriff über. Er zog ihm die Levis herunter, während ein Haufen Jungs zusah und sich vor Lachen krümmte.

»Es war das Demütigendste, das ich bis zu diesem Zeitpunkt erlebt hatte«, erinnerte sich Dustin in dem bereits erwähnten *Pageant*-Interview von 1968, »doch es sollte noch schlimmer kommen.«

Die Meute schrie: »Wir wollen einen Kampf.« Der Angreifer kniete vor Dustin nieder, sah zu ihm auf und sagte: »Jetzt bin ich kleiner als du.«

»Das«, gestand Hoffman, »war das schlimmste.«

Tatsächlich ist ihm seitdem nie Schlimmeres als diese Demütigung widerfahren; die Erniedrigung durch eine Gruppe von Kindern, die in späteren Jahren damit prahlten, sie seien mit Dustin Hoffman auf dieselbe Schule gegangen.

Er versuchte mit dem Problem fertig zu werden, indem er sich in der Schule einen Namen machte. Er war immer dann gut, wenn die Schüler aus ihren eigenen Werken vorlesen sollten. Einmal bat man ihn, eine Buchkritik zu schreiben. Er wählte Jimmy Durantes Autobiographie *Schnozzola*, die Geschichte des Unterhaltungskünstlers mit der größten Nase im Showbusineß. Von ihm stammt das Lied »It's My Nose's Birthday Today«*, in dem es weiter heißt, daß der Storch seine Nase einen Tag vor dem übrigen Körper auf die Welt brachte.

Während er Durantes Qualen über sein Aussehen schilderte, liefen Dustin Tränen übers Gesicht. Er war so betroffen, daß

* Etwa: »Meine Nase feiert heute Geburtstag«. (Anm. d. Übers.)

er aus dem Klassenzimmer lief. Aber das tangierte die anderen Fächer nicht. Wie Ronald hatte auch Dustin nur durchschnittlich gute Noten. Es gab nichts, womit er prahlen konnte.

Inzwischen zeigten sich bei Dustin Talente, die seine Familie uneingeschränkt billigte. Er war ein ungewöhnlich guter Klavierspieler. Die Eltern Hoffman dachten, daß Mozart ein Weg sei, ihn an die schönen Dinge des Lebens heranzuführen. Vielleicht würde aus Dustin einmal ein Arzt, der Konzerte gab, oder ein Konzertpianist, der herumdokterte?

Dustin wußte, daß er nie ein ernsthafter Pianist werden würde, denn er bemerkte einmal: »Ich war viel zu verrückt, um den ganzen Tag vor dem Klavier zu hocken und mich mit musikalischen Problemen herumzuschlagen.«

Dennoch behielt er das Klavierspielen eine Zeitlang aus einem gänzlich anderen Grund bei. Er dachte, durch sein Spiel die Mädchen dazu zu bringen, vor seinem Klavierhocker Schlange zu stehen. Er spielte Mozart im trauten Familienkreis, auf Parties jedoch Gershwin, und hoffte, wie er später gestand, daß eines schönen Tages eine attraktive junge Dame auf die Tasten blicken und bemerken würde: »Gott, was für sensible Hände.« Doch er hoffte vergebens.

Sein größter Kummer war, daß alle begehrenswerten Mädchen ihn »nett« fanden, keine jedoch »sexy«. Er hatte »es«, seit jener schmerzlichen Erfahrung in der Schule, an die er sich ein Leben lang erinnern würde, noch mit keinem Mädchen »gemacht«.

Die anderen Jungs prahlten damit, daß ihnen Mädchen auf Autorücksitzen erlaubt hätten, ihre Büstenhalter zu öffnen und ihre Brüste zu streicheln, während sie ihnen tief in die Augen schauten. Alles, was man sah, wenn man in Dustins Gesicht blickte, waren Pickel.

Er versuchte, seine Sorgen in anderen Aktivitäten zu ertränken, und belegte einen Lehrgang am Los Angeles Conservato-

ry of Music. Es machte ihm viel Spaß. Er war talentiert, wie ihm seine Lehrer bestätigten. Aber genügte Talent? Wie sich Jahre später zeigen sollte, war es nur sinnvoll weiterzumachen, wenn man eines Tages der Beste von allen würde.
Er gab das Klavier auf, weil er überzeugt war, daß es über kurz oder lang ihn aufgeben würde. Vielleicht sollte er sich lieber mit dem Gedanken anfreunden, Arzt zu werden ...

Nach der Schule bekam er einen Platz am Santa Monica College.
Die Jungs dort sahen alle aus, als ob sie in einem von Elvis Presleys Beachparty-Filmen mitspielten, und die Mädels wirkten, als seien sie nicht sonderlich an dem kleinen, pickeligen Dustin interessiert.
Und als sei das nicht schon genug, tauchte eine zusätzliche Schwierigkeit auf, mit der die meisten anderen Jungens nicht zu kämpfen hatten. Lillian entschied plötzlich, sie sei jünger als ihre Jahre, begann sich wie eine sehr junge Frau zu kleiden und schrieb sich ebenfalls am Santa Monica College ein. Sie versuchte mehr denn je, ihren Jüngsten in seiner Entwicklung zu behindern.
Glücklicherweise war der Vater mit dem Sohn einer Meinung. Lillian zog sich zurück, bevor das Problem in eine Krise ausartete. Dennoch war es ihr gelungen, Dustin in Verlegenheit zu bringen, bevor sie von dannen zog: Ihre Noten waren deutlich besser als die ihres Sohnes. Dustin wurde klar, daß er nicht fürs Studentenleben geschaffen war.
»Mir fehlte einfach die nötige Konzentration und Disziplin«, erinnerte er sich, »und ich hatte schlechte Noten.« Zu diesem Zeitpunkt begann er mit einer Analyse. Aber das hielt nicht lange vor. Den Entschluß, die Analyse abzubrechen, hätte man auch als gutes Zeichen interpretieren können. Aber Dustin hatte einfach keine Lust mehr weiterzumachen; ein Charakterzug, der bereits seinen Lehrern aufgefallen war.

Das einzige, was das College ihm noch bieten konnte, war die Möglichkeit, Rollen zu spielen. Er belegte den Schauspielkurs »aus keinem bestimmten Grund, eher als eine rein negative Reaktion auf die Notwendigkeit des Studierens. Ich dachte, als Schauspieler könne ich den ganzen Verpflichtungen entkommen; das reizte mich daran.«

Aber es war mehr als nur das. Plötzlich gewann der Wunsch, Schauspieler zu werden, die Oberhand. »Etwas in meinem Innern hat Klick gemacht«, versucht er es zu beschreiben. Das hatte er nicht erwartet, selbst nachdem er mit der Schauspielerei am College begonnen und Spaß daran gefunden hatte. »Ich wollte kein Schauspieler werden.«

Sein Schauspiellehrer Barney Brown war einer der Menschen, die Dustin halfen, seine Meinung zu ändern. Er gab ihm ein von Brewster Ghiselin herausgegebenes Buch mit Aufsätzen und Briefen namens *The Creative Process*. Es enthielt fünfunddreißig Beispiele von Männern, die zweifellos genial waren. Dustin war besonders von einem Brief Mozarts fasziniert. Noch Jahre später erinnerte er sich, weshalb ihn dieses Buch, besonders Mozarts Brief, so beeindruckt hatte. »Er schreibt, wie ihm auf dem Nachhauseweg eine bestimmte Melodie mit allen Instrumenten eingefallen ist. Zu Hause angekommen, schrieb er sie sofort nieder. Das war keine Arbeit. Die Musik flog ihm einfach zu. Das ist genial.« Dustin dachte nicht im entferntesten daran, daß auch er ein Genie sein konnte. Möglicherweise entschied er sich deshalb, hart zu arbeiten – sehr zum Leidwesen all derer, die mit ihm gearbeitet haben und noch arbeiten.

Auf dem College hielt er seine schauspielerischen Ambitionen anfangs noch geheim. Ein Jahr lang gab er vor, Medizinstudent zu sein. Er machte die Examen und fiel mit Pauken und Trompeten durch. Er hätte sie wiederholen können, wie es seine Eltern von ihm erwarteten. Aber er haßte das College

und verließ es nach einem Jahr. Zugleich nahm er Abschied von seiner, oder besser seiner Eltern Idee, Arzt zu werden. Statt dessen festigte sich sein Plan, Schauspieler zu werden. Das nahegelegene Pasadena Playhouse nahm hoffnungsvolle junge Leute auf, die meinten, ihnen sei eine Karriere auf der Bühne bestimmt. Die Verantwortlichen entschieden, daß Dustin einer davon sein könnte.
Was ihn betraf, so war es eine spontane Entscheidung und nicht das Ergebnis ernsthafter Überlegungen, wie die Leute am Santa Monica College vielleicht meinen mochten.
Er schrieb sich ein, nahm am Unterricht teil und demonstrierte sein eben erworbenes Können auf der Bühne. Er betrachtete das Pasadena Playhouse als eine Erweiterung seines Studiums, so wie Assistenzärzte die letzten Jahre ihrer Ausbildung in einem Krankenhaus arbeiten.
Es war die Rolle eines älteren Mannes in einem Sketch, die man als eigentlichen Start seiner Karriere betrachten muß. »Dusty«, sagte einer seiner Dozenten, »möglicherweise wird es einige Zeit dauern – vielleicht zehn oder fünfzehn Jahre –, aber du bist für ein Leben am Theater geschaffen.«
Für den Teenager war es genauso, als würde ein Beichtvater einem Meßdiener raten, Priester zu werden.
Er wußte instinktiv, wenn es einem pickeligen Jugendlichen, der sich stur weigerte, größer als 168 Zentimeter zu werden, gelang, einen alten Hasen dermaßen zu beeindrucken, sprach einiges für ihn.
Er erinnert sich: »Ich würde auf der Bühne stehen, eine Szene proben und zu einem Mädchen sagen: ›Ich liebe dich. Ich mag dich wirklich‹, etwas, was ich schon seit Jahren zu einem Mädchen sagen wollte. Mein ganzes bisheriges Leben lang habe ich mir ausgemalt, wie ich den Jungs ordentlich die Meinung sagen und den Mädchen erzählen würde, ich liebe sie. In der Klasse habe ich den ganzen Tag lang nichts anderes getan, als mich in andere hineinzuversetzen, statt zuzuhören.

Ich wollte unbedingt Schauspieler werden. Der Wunsch war genauso stark wie der Wunsch, mit jemandem zu schlafen – nein, nicht nur mit jemandem zu schlafen, sondern ein Mädchen kennenzulernen, mit ihr am Feuer zu sitzen und geliebt und akzeptiert zu werden.«
Jetzt *wurde* er zum ersten Male in seinem Leben akzeptiert, obgleich die Liebesszenen nur aus Worten bestanden, denen keine Taten folgten. Da erging es ihm im wirklichen Leben um einiges besser. Er lernte Mädchen kennen, die bereit waren, ihn in das Geheimnis des Miteinanderschlafens einzuweihen. Er betrat eine Welt, in der die Menschen einander nicht hänselten und wo alles, was geschah, wirklich und kein Theater war.
Er arbeitete an den kleinen Rollen, die er im Pasadena bekam, so begeistert, wie ihn seine Eltern gern in einem Labor oder bei den Vorlesungen gesehen hätten.
Die Hoffmans hofften, daß die Schauspielerei für Dustin nur eine vorübergehende Marotte sei. Sie sagten ihm zwar nicht ins Gesicht, daß Schauspieler kein anständiger Beruf für einen jüdischen Jungen sei – selbst für den Sohn einer in Stars vernarrten Mutter –, aber sie fühlten und dachten es bestimmt.
Dustin glaubte dagegen, er würde ein bedeutender Schauspieler werden, wenn auch nicht einer von jenen, welche die erste Fernsehgeneration hervorgebracht hatte.
Er besaß eine natürliche Abscheu davor, eines Tages in einer von Doris Days romantischen Komödien zu landen.
Man sagt ihm nach, er sei immer schon ein Antistar gewesen. Doch Dustin Hoffman war nur gegen das, was er nicht erreichen konnte.
Damit stand er im Pasadena nicht allein. Es gab da einen besonderen Freund, mit dem ihn eine gewisse Seelenverwandtschaft verband, einen nur etwas älteren Schauspieler namens Gene Hackman.

Hackman war nicht ganz so eifrig wie Dustin, an den er sich besonders wegen seiner musikalischen Fähigkeiten erinnerte: wie er Bongo spielte, nur mit einer Schaffelljacke bekleidet. Er erinnert sich auch an seine schauspielerischen Leistungen, obwohl er sie nur vier Monate verfolgen konnte. Danach beschloß der zukünftige Star aus FRENCH CONNECTION, seine Zelte abzubrechen und nach New York zu gehen. Dustin Hoffman hegte ähnliche Pläne, doch er beschloß, noch bis Jahresende im Pasadena zu bleiben.

Er war jetzt überzeugter denn je, daß sein Ziel nicht Hollywood, sondern die New Yorker Bühnen waren. »Ich träumte nur vom Broadway.« Und er ließ den Traum Wirklichkeit werden. Man fragte ihn oft, ob er aus New York käme. Das war für ihn das größte Kompliment. Er antwortete stets, ja, er sei New Yorker, ohne sich einer Lüge bewußt zu sein. »Ich habe New York immer als meine Heimat angesehen«, gestand er später.

Aber wir wollen fair sein. Auch die Leute am Pasadena Playhouse halfen, wo sie konnten. Die Beurteilung, er könne es als Schauspieler zu etwas bringen, noch im Ohr und mit der für sein Alter ungewöhnlichen Geduld zu warten, bis er seine Lehrzeit hinter sich hatte, begann er, Erfahrungen in Stücken zu sammeln, die ihm seiner Meinung nach weiterhelfen konnten.

Als man ihm eine Rolle in Arthur Millers A VIEW FROM THE BRIDGE (dt. BLICK VON DER BRÜCKE) anbot, griff er sofort zu. Ebenso, als sich ihm die Chance bot, mittels Stipendium an einem Tanzcamp für reiche Jugendliche teilzunehmen, das in Colorado stattfand. Zwei dort lehrende New Yorker Tänzer, Daniel Nagrin und Helen Tamaris, beeinflußten ihn stark, und er sollte sich noch Jahre später an sie erinnern.

Es war ein nicht zu unterschätzendes Training in einem so breitgefächerten Beruf wie dem des Schauspielers, und Dustin war klug genug, es ernst zu nehmen.

Aber er hatte Schwierigkeiten mit der Atmosphäre des Playhouse. Es schien, als würde hier eine neue Generation wunderschöner Menschen herangezüchtet, die von nichts anderem träumten, als gut auszusehen, in einem offenen Cadillac herumzukutschieren, Strandhäuser in Malibu zu besitzen und mit Autogrammwünschen überhäuft zu werden.
Hier hatte ein aufstrebender Charakterdarsteller, der glaubte, vor dem großen Durchbruch zu stehen, und der nicht in einer Seifenoper landen wollte, nichts zu suchen.
Seine Kollegen hatten keine so hehren Ideale. Cowboys waren der Hit im Fernsehen, und alle Jungs vom Pasadena standen in der Halle herum und übten sich im Pistolenziehen. Nur Dustin nicht.
Er stellte sich seine Zukunft anders vor. »Ich mußte von dort fort«, erinnert er sich.
Zum Leidwesen seiner Eltern bedeutete das gleichzeitig, Kalifornien zu verlassen. Der sonnige Staat mochte die Heimat der Film- und Fernsehindustrie sein, aber Dustin Hoffman wollte mehr. Er wollte weder Film- noch Fernsehschauspieler werden, sondern Abend für Abend auf der Bühne stehen, sich selbst schminken und die Reaktionen des Publikums spüren und hören.
Es gab nur einen Ort, an dem er das konnte, dessen war er sicher, und der hieß nicht Los Angeles. Er mußte nach New York. Der Stadt, wo die Kinder mit den schmutzigen Gesichtern in noch schmutzigeren Straßen spielten und im dreckigen East River schwammen.
Man schrieb das Jahr 1958. Dustin nahm die traditionelle Route nach Osten. Seine Eltern unterstützten ihn. Sie gaben ihm genug Geld mit, um in den nächsten Wochen über die Runden zu kommen. Vermutlich packte ihm seine Mutter auch ein paar Sandwiches ein.
Er benutzte ein Transportmittel, das für mittellose Studenten mit Rucksäcken ideal war – einen Greyhoundbus. Die Reise

war nicht gerade bequem, aber damit hatte er auch nicht gerechnet. Aber auch in bezug auf New York hegte er wenige Illusionen.
Nein, er hielt nicht nach einer goldgepflasterten Stadt Ausschau. Er wußte, daß er eine Woche oder etwas länger würde kämpfen müssen. Doch eines schönen Tages in naher Zukunft würde er sich auf den Brettern des St. James Theater vor einem festlich gekleideten, »Bravo« rufenden Premierenpublikum verneigen. Und ein paar Stunden später würde er inmitten seiner Bewunderer an einem Tisch im Sadi's hofhalten und die Morgenausgaben der *New York Times*, der *Daily News* und der *Herald Tribune* mit den phantastischen Kritiken über seine aufsehenerregende Darbietung lesen.
Im Greyhound ließ es sich wunderbar träumen. Man fuhr scheinbar ziellos durch die Gegend, und wenn man wollte, ließen einen auch die Mitreisenden in Ruhe.
Er war nicht allein in der Stadt, die sich von Los Angeles wie der Mond von der Erde unterschied. Andere Absolventen des Pasadena Theater waren schon vor ihm hier eingetroffen. Unter anderem Gene Hackman. Ihn rief Dustin als ersten an, nachdem er in der »Großen Unbekannten« eingetroffen war. Hackman lud ihn in sein von Fliegen wimmelndes Apartment ein. Dustin blieb drei Wochen lang, in denen er sich standhaft weigerte, auch nur einen einzigen Schritt vor die Tür zu tun. Er schlief auf dem Küchenboden neben dem Kühlschrank.
Es war wie eine Szene aus einem Marx-Brothers-Film. Wir sehen Dustin neben dem nicht mehr ganz neuen Kühlschrank campieren und jedesmal zur Seite rücken, wenn es Gene und seine Frau nach einem mitternächtlichen Snack gelüstete. Dustin konnte sich auch noch gut an das exotische Verhalten des Kühlschranks erinnern. »Jede Nacht um zwei und um vier Uhr erlitt er eine Art Herzanfall. Er machte ›brrr‹, und schon war ich wach.«
Um die Wahrheit zu sagen, Dustin traute sich nicht vor die

Tür, weil er Angst hatte – wie jemand, der gerade einen Nervenzusammenbruch erlitten hat und sich davor fürchtet, morgens aufzustehen. »Ich hatte fürchterliche Angst davor, nach draußen zu gehen und Schauspieler zu werden.«
Da er sich die ganze Zeit in Genes Apartment aufhielt, bestand keine Möglichkeit, eine Rolle auf irgendeiner Bühne zu ergattern und der großartige Schauspieler zu werden, der er hatte werden wollen. Er träumte nicht vom Starruhm. Junge Schauspieler, die wissen, daß sie besser sind als andere, neigen dazu, sich über derlei Vorstellungen erhaben zu fühlen. Jeder gutaussehende, dahergelaufene Kerl mit einer annehmbaren Stimme konnte ein Star werden. Ein Schauspieler zu sein war etwas völlig, *völlig* anderes.
Das Problem war nur, wie sollte er sein Können beweisen? Nach drei Wochen nahm er all seinen Mut zusammen, während Gene Hackman für den nötigen Druck sorgte (denn auch ein Küchenboden muß ab und zu gewischt werden).
Seine Befürchtungen bestätigten sich: Der Broadway wartete nicht auf ihn. Dustin suchte die Agenten heim. Wenn er Glück hatte, schrieb man seinen Namen auf eine Karteikarte. Hatte ihm denn niemand gesagt, daß er nicht der erste und einzige Schauspieler sei, der nach New York gekommen war, um sich einen Job zu suchen? Wußte er denn nicht, daß sogar die wirklichen Stars auf die richtige Gelegenheit warteten? Waren ihm denn nicht die vielen Glöckchen schwingenden Weihnachtsmänner in diesen Wochen vor Weihnachten aufgefallen?
Manchmal hatte er Glück. Er setzte sich mit den beiden Tänzern Daniel Nagrin und Helen Tamaris, die er vom Tanzcamp in Colorado her kannte, in Verbindung. Durch das Paar bekam er seinen ersten Job in der Stadt, die damals noch nicht Big Apple genannt wurde.
Er spielte während der Unterrichtsstunden in ihrem Tanzstudio Klavier. Tänzer haben ihn stets sehr beeinflußt. Dustin

wußte, daß von ihnen auch schauspielerische Qualitäten verlangt wurden und stellte fest, daß man im Tanzstudio nicht genügend über die Kunst des Schauspiels wußte. Der sicherste Weg, an Geld zu kommen, war demnach, eine Schauspielklasse für Tänzer einzurichten.
Dustin kaufte bei der Heilsarmee fünfundzwanzig Stühle, die er in einem rasch gemieteten kleinen Zimmer aufstellte. Er gab auch seinen Freunden Unterricht. Natürlich umsonst. Die meisten seiner Freunde waren Männer. Dustin hielt es nicht für sinnvoll, eine reine Frauenklasse zu unterrichten. Es war auch nicht besonders klug, eine Schauspielschule für Tänzer zu leiten; jedenfalls konnte man damit kein Geld machen. Ergo ließ er den Unterricht bleiben und sah sich nach einer anderen Arbeit um.
Er wußte nicht, ob er je ein Star werden würde, aber er spürte, daß er auf dem Weg war, ein ernsthafter Schauspieler zu werden. Sein Ziel war der Off-Broadway, wo er gelegentlich eine Rolle zu erhaschen hoffte.
Als es nicht so klappte, wie er es sich vorgestellt hatte, machte er sich auf den Weg nach Bronxville, einem baumbestandenen Villenvorort, der nichts mit der nahegelegenen Bronx zu tun hatte. Eine von Bronxvilles besonderen Empfehlungen war, daß dort eine Reihe Prominenter wohnte, zu denen auch Jerome Kern gehörte.
In Bronxville, um genauer zu sein, im Sarah Lawrence College, wollte man ein Stück von Gertrude Stein aufführen: YES IS FOR A VERY YOUNG MAN. Ob er nicht Lust hätte, eine kleine Rolle zu übernehmen?
Lust? Ihm war, als hätte man ihn nach zwei Wochen Ernährung aus den Abfalleimern der Bowery zu einem opulenten Mahl eingeladen.
Er würde mit Frauen zusammentreffen, denn das Sarah Lawrence College war ein angesehenes Mädchencollege.
Das Stück förderte weder seine Karriere, noch brachte es sein

Konto in Ordnung – er bekam dreißig Dollar für die Erfahrung, und wenn man die Hin- und Rückfahrten abrechnete, blieben ihm noch ganze drei Dollar –, aber es tat seinem Ego gut. Bei den Studentinnen des Sarah Lawrence Colleges weckte der 1,68 Meter große Dustin Hoffman Gefühle, die seinen eigenen nicht unähnlich waren.

Auch in seinem Lebenslauf, dem Resümee, wie strebsame junge New Yorker es nannten, würde es sich nicht schlecht machen. Nur das war wichtig – ein angemessenes Resümee zu haben und sich als New Yorker zu betrachten. Obwohl die Stadt seelenlos zu sein schien und die Taxifahrer hinter ihm herbrüllten, wenn er nahe der George-M.-Cohan-Statue ohne nach rechts und links zu schauen ihre Spuren kreuzte.

Zweifellos war es nicht das, was sich Harry und Lillian für ihren Jungen gewünscht hatten, doch in der Woche, in der er nach Bronxville fuhr, spielte ein Lächeln um seine Mundwinkel. Er fühlte sich wohl. Es wäre schwer gewesen, ihn jetzt von dort wegzulocken. Es war schon seltsam. Das einzige, das ihn aus New York fortzulocken drohte, war ein Angebot aus einem Ort, der noch hinterwäldlerischer war als der Teil Kaliforniens, in dem er aufgewachsen war.

Man hatte ihm das Angebot gemacht, ein Stück zu inszenieren – und zwar in Norddakota. Der einzige Vorteil bei diesem Job in Fargo bestand – außer daß er arbeiten und Geld verdienen würde – darin, daß man dort besser über den Winter kam als im verschneiten Manhattan.

Er nahm das Angebot an – und bereute es nicht. Sein TWO FOR THE SEESAW war, wenigstens seiner Meinung nach, das Beste, was Norddakota bisher gesehen hatte. Aber ihm war klar, daß es nicht das war, weshalb er Los Angeles verlassen hatte. Er mußte wieder zurück. Die Wahrheit war: Er bekam keine Arbeit an den Theatern, an denen er spielen wollte.

Wie Gene Hackman bemerkte, hätte Dustin den einfachen Weg wählen und wieder nach Los Angeles zurückgehen, sich

im Swimmingpool seiner Eltern amüsieren und einen Job beim Fernsehen annehmen können. Doch er wollte mehr.
Am Ende war er davon überzeugt, daß sein wirkliches Problem darin bestand, daß niemand einen 1,68 Meter (um genauer zu sein: 1,67 Meter und sechs Millimeter) kleinen Mann mit Aknenarben haben wollte. Und er war sich sicher, daß die Akne wieder auftreten würde, sobald er irgend etwas ernsthaft wollte.
Es gab Tage, an denen er nur einen Umschlag mit seinem Foto unter den Türen der Agenten hindurchschob und davonlief. Er hatte so starke Depressionen, daß er nicht mehr vernünftig handeln konnte. Wenn er nur daran dachte, brach ihm entweder kalter Schweiß aus, oder er fing an zu weinen. Manchmal verschlief er den ganzen Tag.
Und wenn er einmal einen Vorsprechtermin bekam, mußte er nicht nur damit rechnen, abgewiesen zu werden, sondern auch mit Erklärungen wie »Sie haben nicht das richtige Aussehen für die Rolle«. Dann sagte er, statt eingeschnappt zu sein, stolz: »Sie haben recht.« Schmollen konnte er später noch.
Um sich zu trösten, ließ er den Clown heraus, wie früher, wenn es ihm nicht gutging. Dann stellte er sich an eine Straßenecke und beschimpfte die völlig ahnungslosen, freundlichen Frauen. Sie wurden wütend und drohten ihm mit dem Finger oder ihren Schirmen. Manchmal schien es fast, als wollten sie ihn schlagen – bis er ihnen hoch und heilig versicherte, sie seien auf Sendung und dies sei eine weitere Folge der CANDID CAMERA*.
Jemand, der derartig überzeugend wirkte, war auch fähig, den Passantinnen zu empfehlen, nach Hause zu gehen und sich die Folge anzusehen, statt einen Polizisten zu holen. Die Frauen zogen befriedigt von dannen, aber im Fernsehen

* Ähnlich dem deutschen »Verstehen Sie Spaß?« (früher »Vorsicht! Kamera« mit Chris Howland). (Anm. d. Übers.)

haben sie sich nie erblickt. Glücklicherweise sahen sie auch Dustin Hoffman niemals wieder, es sei denn, auf der Kinoleinwand.

Andere Frauen (in anderen Situationen) fanden Gefallen an ihm, besonders die jungen und schönen. Es war jetzt offensichtlich, daß Dustin, der bei den Agenten keinen Staat machen konnte, das andere Geschlecht magisch anzog.

Er war der beliebteste Typ des Kreises, den Gene Hackman um sich geschart hatte. Und nicht nur bei anderen Schauspielern. Der kleine, lustig aussehende Dustin Hoffman hatte keine Schwierigkeiten, die hübschesten Mädchen ins Bett zu bekommen.

Zu der Gruppe gehörte auch der junge Robert Duvall, der sich später durch seine eindrucksvolle Darstellung von Charakteren wie den Adoptivsohn in THE GODFATHER (dt. DER PATE) einen Namen machte. Duvall war beeindruckt von der Leichtigkeit, mit der Dustin es schaffte, die jungen Damen davon zu überzeugen, ihre Kleider fallen zu lassen und mit ihm ins Bett zu gehen. Er erinnerte sich, daß die Mädchen vor Dustins Wohnung Schlange standen.

Aber auch Dustin stand Schlange und versuchte, einen Job zu bekommen. Als ihm klar wurde, daß er keine Arbeit am Theater bekam, nahm er jeden Job an, den er kriegen konnte. Eine Zeitlang arbeitete er als Pfleger in einer Nervenheilanstalt. Vielleicht spürte er instinktiv, daß er später einmal Gelegenheit haben würde, seine Erfahrungen in eine Rolle einzubringen, wie es ja auch der Fall war.

Anfangs machte ihm der Job Spaß. »Geisteskrankheiten haben mich immer schon fasziniert«, gestand er. »Diese Menschen sind so wehrlos.«

Zuerst sah es so aus, als sei er wie geschaffen für diese Arbeit. Er mochte die Patienten, besonders die Volleyballgruppe. Dustin spielte für sie Klavier – und es schien ihnen zu gefallen; er spielte mit ihnen Scrabble – und verlor.

Aber er gab die Arbeit auf, als er begann über die Sinnlosigkeit vieler Dinge nachzudenken, die man von ihm verlangte, ganz zu schweigen von dem Elend und den Demütigungen, deren Zeuge er war.
Einer der Patienten, ein Arzt, besaß ein »Rufzeichen«, das ihn zum Leben zu erwecken schien. Er liebte das Lied »Goodnight Irene«. Dustin spielte es für ihn.
Der Mann erkannte seine Frau, mit der er jahrelang glücklich verheiratet gewesen war, nur ein einziges Mal, ehe ein Schlaganfall ihn niederstreckte. Dustin sah, wie er schreiend auf sie zulief: »Ich kann nichts dafür! Ich kann nichts dafür! Ich versuche es ja!« Das Erwachen dauerte nur Sekunden, dann war er wieder der alte. Er konnte sich an nichts mehr erinnern. Der Mann der Wissenschaft hatte sich wieder in eine Pflanze verwandelt.
Es gab noch einen Patienten, der ihn faszinierte. Er wirkte anrührend und erschreckend zugleich. Der Mann hatte die Angewohnheit, seine Wächter mit völlig unlogischen Sätzen zu plagen, wie zum Beispiel: »Ich gehe nächsten Sonntag aus meine Frau ist eine alte Schreckschraube und du hast schöne Zähne Sonnyboy sind das deine?« – das alles in einem Atemzug.
Noch interessanter – besonders für einen Pfleger, der davon überzeugt war, ein Schauspieler zu sein und die Nervenheilanstalt für eine sehr interessante Schauspielschule hielt – war, wie der Patient urplötzlich die »Persönlichkeit« der Dinge annehmen konnte, mit denen er sich soeben beschäftigte. Ohne ein Wort zu sagen, »wurde« er der Elektrorasierer, mit dem er sich gerade rasierte, und machte fortwährend »Bzzzzzz«. Dustin wurde nachdenklich. »So muß man spielen«, sagte er sich. »Ich dachte, wenn er es kann, warum nicht auch ich?«
Er übernahm die Technik, als er bei dem angesehenen Lonnie Chapman Schauspielunterricht nahm. »Werde das Wort ›Le-

ben‹, befahl Chapman. Dustin erinnerte sich an den menschlichen Elektrorasierer und beschloß, zu einer Flipperkugel auf einer Kirmes zu werden.
Er rollte sich zu einem Ball zusammen, ließ sich gegen die Stühle und jedes andere Möbelstück prallen und schrie »Bommmkkkk! Brrrr!« Das mochte ihm vielleicht nicht viele Jobs einbringen, aber er fühlte sich wenigstens eine Zeitlang wie ein Schauspieler.
Während der Arbeit mit den Patienten spürte er, daß er auf dem besten Weg war, selbst zu einem Patienten zu werden. »Ich träumte schlecht«, sagte er. »Ich mußte aufhören.«

Das einzige, was der junge Dustin Hoffman anstrebte, war eine Laufbahn als Schauspieler. Aber das war leichter gesagt als getan.
Bei einem anderen Job mußte er sich um ein menschliches Lebewesen kümmern, mit dem er sich eher identifizieren konnte.
Im Alter von vierundzwanzig Jahren wurde Dustin Gefährte und ehrenwerter Onkel eines Kindes, das der Ehe eines siebzig Jahre alten Multimillionärs mit einer um Jahre jüngeren Karrierefrau entsprungen war. Dustin erinnerte sich: »Ihr Kind war ein einsamer kleiner Kerl, der den ganzen Tag in einem zwanzig Zimmer großen Stadthaus herumwanderte. Es war eine kreative Herausforderung für mich.«
Sie legten Sammelalben an und machten Ausflüge; in den Zoo, zur Spitze des Empire State Building oder zur Staten Island Ferry.
»Ich wußte natürlich, daß ich ihn irgendwann einmal verlassen mußte, und befürchtete, er würde sich zu stark auf mich fixieren und noch unglücklicher werden, als er schon war, wenn ich ginge. Wir unterhielten uns stundenlang darüber, wie es wäre, wenn ich einmal nicht mehr bei ihm sein könnte. Er sagte, er hätte verstanden, aber als der Tag kam, an dem ich

wirklich von ihm ging, weinten wir beide. Damals habe ich mir geschworen, daß keines meiner Kinder unter einem Mangel an elterlicher Führung leiden sollte, falls ich je Vater würde.«

Andere Jobs waren zwar besser für Dustins Psyche, aber nicht für seine Füße. So zum Beispiel, als er in einem Tanzstudio arbeitete. Nicht als Tänzer oder Lehrer, sondern als Hausmeister.

Gut zu Fuß mußte er sein, als er den absoluten Höhepunkt seiner Laufbahn als arbeitsloser Schauspieler erreichte und Verkäufer bei Macy's wurde. Es ist faszinierend, einmal darüber nachzudenken, wie viele zukünftige Stars wohl gerade in diesem Augenblick durch Macy's Gänge wandeln und versuchen, nichtsahnenden Männern und Frauen Dinge aufzuschwatzen, die sie nicht brauchen und nie brauchen werden. Leider erkannte 1959 niemand bei Macy's, daß der Einundzwanzigjährige, der gerade die lebensgroße, auf der Theke sitzende Puppe verkaufte, eines Tages zweifacher Oscar-Gewinner sein würde.

Dustin hielt es zwei Jahre bei Macy's aus. Aber nicht einmal Christopher Hackman war klar, wie glücklich er sich hätte schätzen müssen, von Dustin Hoffman bedient zu werden, denn Christopher war damals gerade zwei Jahre alt.

Sein Vater Gene brachte ihn ins Macy's, damit er Dustin bei der Arbeit zusehen konnte. Er setzte das Kind auf die Theke und sagte ihm, es solle sich nicht bewegen. Der Kleine befolgte den Befehl so gut, daß ein Kunde das Portemonnaie zückte, um die lebensgroße Puppe zu kaufen. Damals wurde Gene klar, daß Christopher ein noch besserer Schauspieler war als Dustin.

Das bedeutete aber nicht das Ende von Dustins Verkäuferlaufbahn.

Wenn man ihm sagte, er solle eine Eishockeyausrüstung vorführen, zog er sich eine karierte Holzfällerjacke und ein

paar Ohrwärmer an und begrüßte die potentiellen Käufer mit seiner Version eines frankokanadischen Akzents.
Das kam der Bühnenarbeit schon sehr nahe und war ohne Frage dem Spülen vorzuziehen, bei dem er genauso beständig zu sein schien wie die Maschinen, für die jetzt überall im Fernsehen, in Zeitungen und Magazinen geworben wird.
In Rudley's Restaurant in Manhattan bediente er die Gäste, die vor der Theke thronten. Eine der Vergünstigungen des Jobs war, daß er alles essen durfte, was er auf einen Sitz herunterkriegte. Eines Mittags überredete er seinen Magen, sechs Steaks zu konsumieren. »Sie waren papierdünn«, sagte er später, als wolle er sich rechtfertigen. Sein Arbeitgeber entschied, das sei entschieden zuviel des Guten und feuerte ihn.

Wieder stand der junge Hoffman auf der Straße, sah sich nach einem neuen Job um und – fand einen. Diesmal mußte er Schreibmaschine tippen, was er in der Schule gelernt hatte.
Er arbeitete bei den Yellow Pages (dt. »Gelbe Seiten« des Branchentelefonbuches), die von so vielen Leuten benutzt wurden, daß er dort Jahre hätte bleiben können, zumal er abends noch als Kellner arbeitete.
Dieser Kellnerjob konnte für seine Zukunft wichtig sein – wenigstens glaubte er das. Er würde wichtige, betuchte Menschen kennenlernen; Menschen mit Einfluß. Menschen, die sich im Theatergeschäft auskannten.
Es war eine Gelegenheit zu zeigen, was er konnte. Dustin gehörte nicht zu den Menschen, die sich eine solche Gelegenheit entgehen ließen. Aber das war, um bei der Wahrheit zu bleiben, nicht der einzige Grund, weswegen er Platten mit heißem Roastbeef servierte, Schecks einsammelte und sich nach Feierabend nach Hause schlich, um seine wunden Füße zu pflegen.
Dustin hatte das allgegenwärtige Verlangen, »dabei« zu sein,

was wahrscheinlich das erste Bedürfnis für jemanden ist, der Karriere machen will. Er legte sich einen französischen Akzent zu, was seiner Meinung nach für einen Kellner genauso wichtig war wie der frankokanadische Akzent für den Verkäufer von Eishockeyausrüstungen.

Das ging so lange gut, bis ein Gast ihn auf französisch ansprach. Monsieur Dustin, *le pauvre homme*, wurde von einem so bösartigen Husten heimgesucht, daß man ihn in die Küche bringen mußte.

Dustin hoffte darauf, daß sich für ihn aus dieser Arbeit an einem Ort, an dem sich die Leute aus dem Showbusineß trafen, irgendwann etwas ergeben würde. Aber bei Sam Spiegel hatte er sich verrechnet.

Mr. Spiegel wollte einfach nur von seiner Produktion von LAWRENCE VON ARABIEN abschalten und entspannen. Was ihm auch gelang, bis ein Kellner ihn mit Kaffee begoß.

Der Kellner war natürlich Dustin. »Eigentlich bin ich kein Kellner«, entschuldigte er sich, »sondern Schauspieler.«

»Von jetzt an«, fauchte der Produzent, »sind Sie Kellner.«

Später mußte sich der Kellner mit einem Job als Tellerwäscher zufriedengeben. Aber auch bei dieser Arbeit gab es manchmal optimistische Momente, besonders wenn er glaubte, eine Gelegenheit zu haben, andere zu beeindrucken.

Der Premise Club in Greenwich Village wurde von Menschen besucht, in deren Gesellschaft sich Dustin wohl fühlte, hauptsächlich von Künstlern, Schauspielern, Produzenten und Regisseuren.

Seine Bemühungen sollten Früchte tragen. Man erwartete von den Angestellten Schichtarbeit. An dem Abend, als Dustin an der Reihe war, befand sich die Produzentin Joan Darling unter den Gästen. Sie lud ihn zu einem Vorsprechen ein. Eine Gelegenheit – nicht mehr –, die wahrscheinlich wichtigste Lektion von allen zu lernen: daß ein Schauspieler sich seines Materials sicher sein sollte.

An diesem Abend verwandelte sich Dustin in eine Art Lenny Bruce – welche Ironie, wenn man an die Filmrolle denkt, die er später einmal spielen soll.
Miss Darling versicherte ihm, diese Spielart der Vulgarität sei nicht ihr Fall. Dustin mußte wieder zurück und sich nach mehr Arbeit umsehen.
Manchmal versuchte er, sich über sein bisheriges Leben klarzuwerden. Das war nicht leicht. Eigentlich lief es darauf hinaus, daß er seinem Schuldgefühl entkommen mußte, das ihn plagte, weil er in nichts gut genug war, um Beifall zu erhalten; weder von seiner Familie, noch von den Menschen, die er an Orten wie dem Pasadena kennengelernt hatte und denen es um einiges besserging, als es ihm seiner Meinung nach je gehen würde. Er wußte, daß er seine Eltern von New York aus leichter täuschen konnte als von Los Angeles. »Es ist einfacher, fast fünftausend Kilometer von seiner Familie entfernt zu versagen.«
Es zog ihn immer wieder zum Theater zurück, wo er Jobs annahm, bei denen er darum betete, daß niemand seiner Schauspielerkollegen ihn bemerken möge.
Im Longacre Theater arbeitete er an der Garderobe. Einer seiner denkwürdigsten Jobs. Eine der Personen, die ihm ihren Mantel anvertrauten, war Mrs. Eleanor Roosevelt. Dustin ließ den Mantel der ehemaligen First Lady während der ganzen Vorstellung nicht aus den Augen. Er kam nicht darüber hinweg, daß es ihr, *ihr* Mantel war.
Andere Jobs, die er in dieser Zeit annahm, forderten ihn mehr heraus. Dem *Time*-Magazin schien er ein wertvoller Mitarbeiter gewesen zu sein, obwohl es niemanden im Archiv gab – er arbeitete in der Bücherei des Magazins –, der erkannte, daß Dustin innerhalb der nächsten zehn Jahre das Titelblatt schmücken würde, vermutlich eine der höchsten Auszeichnungen, die eine Person des öffentlichen Lebens erringen kann.

Schließlich fand er Arbeit an einem anderen Broadway-Theater – als Orangensaftverkäufer. Tiefer konnte er nicht mehr sinken.
Es stimmt nicht, daß ein strebsamer Schauspieler nur Schminke riechen oder den Jubel der Menge hören muß, um glücklich zu sein. Der Job war erniedrigend und frustierend, aber er verschaffte ihm ein paar dringend benötigte Cents.
Wer Dustin kannte, fragte sich, wie lange er dieses Leben wohl noch durchhalten würde. Schließlich verliert jeder irgendwann einmal die Geduld. Aus den Monaten, in denen er nach Rollen Ausschau gehalten hatte, waren Jahre geworden.
Wie konnte ein Mann, der es ablehnte, Arzt zu werden, als er sah, daß er keine Chancen hatte, der aus dem gleichen Grund der Musik abschwor, nur so hartnäckig sein?
Die Intensität, die er in einigen seiner künftigen Filmrollen zeigen sollte, entspringt deutlich diesen Jahren.
Dustin würde von nun an nur machen, was er machen wollte; nur das, wofür er sich begabt hielt. Wenn dies niemand erkannte, war das nicht sein Problem. Er würde es ihnen schon zeigen. Wenn er nur eine Möglichkeit hätte.
Gelegentlich sah er, daß das, was er tat, nützlich war, wenn auch nicht für ihn persönlich. Eine Zeitlang verdiente er sein Geld damit, Menschen mit Muskelschwund zu helfen. Das war sinnvoll und diente der Gesellschaft. Aber es machte ihn nicht glücklich und war für ihn, der glaubte, schon bald das Tagesgespräch am Broadway zu sein, ohne jeden Nutzen.
Manchmal, aber nur manchmal, liefen die Dinge besser. Im Jahre 1963 inszenierte er mit einer kleinen Summer-stock-company* in New Jersey Arthur Millers DEATH OF A SALESMAN (dt. TOD EINES HANDLUNGSREISENDEN). Eine entmutigende Aussicht für jeden jungen Regisseur. Für Dustin Hoffman war es nicht nur ein wichtiger Wendepunkt, sondern

* Theaterproduktion durch Stock-companies ohne prominente Stars, die im Sommer aufgeführt werden. (Anm. d. Übers.)

eine Art Katharsis. Willy Loman war immer sein eigener Vater, der Handlungsreisende. Es war die Geschichte seiner eigenen Familie, besonders jetzt, wo Harry in den Sechzigern wie Willy Loman ein Handlungsreisender geworden war, den man plötzlich entlassen hatte. Harry hielt sich, wie Willy, für einen Versager.

Dustin ahnte damals noch nicht, daß er in Kürze eine Inszenierung des Stücks mit Lee J. Cobb in der Hauptrolle sehen und später einmal seinen eigenen Vater auf der Bühne und im Film darstellen würde.

Dustin war eigentlich selten ohne Arbeit und auf Unterstützung angewiesen, obwohl es manchmal vorkam. Er besaß für jemanden seines Alters, der nicht in dem gewünschten Beruf arbeiten konnte, eine erstaunliche Arbeitsmoral. Doch all seine Bemühungen reichten gerade aus, ihn über Wasser zu halten. In den ersten zehn Jahren seines Arbeitslebens verdiente er nie mehr als dreitausend Dollar im Jahr. Und noch immer mußten die Menschen darauf warten, daß er über Nacht eine Sensation würde.

Glaubte überhaupt noch jemand daran? Hackman und Duvall schienen es zu tun, während sie Dustin zuhörten, der, für gewöhnlich mit einem hübschen Mädchen im Arm, in den Klubs herumhockte und hofhielt.

Währenddessen schickten ihm seine Eltern zwei oder drei Jahre lang Monat für Monat zweihundert Dollar. Sie konnten es sich eigentlich nicht leisten, aber es war ihnen klar, daß Dustin es nie über sich bringen würde, seine schauspielerischen Ambitionen aufzugeben, um nach Kalifornien zurückzukehren.

Die Jobs, die er annahm, waren für jemanden, der entschlossen war, Schauspieler zu werden, angemessen. Dennoch sollte man sich der Wahrheit nicht verschließen: Der Erfolg ließ sehr lange auf sich warten.

Die einzige Möglichkeit für die alten Hoffmans zu zeigen,

daß ihnen sein Leben mißfiel, bestand darin, die monatliche Zuwendung einzustellen. Sie hofften auf eine Reaktion. Aber nichts geschah. Obgleich Dustins Chancen, an irgendeinem Theater Erfolg zu haben, immer geringer wurden.
Manchmal bot sich Dustin eine Gelegenheit zu zeigen, was in ihm steckte. Die »Modells Army-and-Navy-Läden« entschieden, er sei genau der richtige Mann, um für sie Kapital aus dem Unglück der Zeitungsindustrie zu schlagen, die wieder wegen eines anscheinend endlosen Streiks darniederlag.
Sie steckten ihn in Kleider, die ihn wie einen englischen Stadtausrufer aussehen ließen. Derart herausgeputzt lief er den Times Square, den Sitz der *New York Times*, die ebenfalls von dem Streik betroffen war, auf und ab und verkündete die neuesten Nachrichten. Dabei verdiente er genug, um sich ein paar Sachen aus dem Army-and-Navy-Laden leisten zu können.
Wenn er gewahr wurde, daß eine Firma jemanden brauchte, der hawaiische *leis* webte, bot er seine Dienste an. Die waren bei seinen Arbeitgebern nicht ganz so willkommen wie bei der weiblichen Bevölkerung der Viertel Manhattans, die er frequentierte. Die Mädchen standen immer noch Schlange. Aber nicht vor einem jungen Mann im Anzug, der bei Macy's oder in einem Schreibsaal arbeitete, sondern vor einem, der eine Schaffellweste – ohne Hemd –, Bluejeans, Lederstiefel und schulterlange Haare trug und ein heißes Motorrad fuhr. Die Mädchen flippten aus. Dustin Hoffman hatte sich entschieden. Nichts, was für Harry und Lillian gut genug gewesen wäre, wäre auch gut genug für ihn.
Doch selbst jetzt übermannte ihn manchmal Mutlosigkeit. Dann wollte er sich nur noch verkriechen, einschlafen und alles vergessen.
Er dachte daran, wieder Schauspielunterricht zu nehmen. Es gelang ihm, sich Einlaß in Lee Strasbergs Actor's Studio zu verschaffen, das so viele Menschen, die er bewunderte, beein-

flußt hatte – von der erst unlängst verstorbenen Marilyn Monroe bis hin zu Marlon Brando und James Dean.
Mr. Strasberg war nicht leicht zu überzeugen, obwohl Dustin von zweien seiner ehemaligen Studenten, Robert Duvall und Gene Hackman, in den höchsten Tönen gelobt wurde.
Nach fünfmaligem Vorsprechen wurde Dustin endlich aufgenommen. Aber damit war er nicht am Ziel. Aus ganz Amerika, selbst aus dem Ausland, kamen hoffnungsvolle Menschen, um dem großen Strasberg vorzusprechen. Und manche fuhren wieder nach Hause zurück, ohne weiter als bis zum Vorsprechraum vorgedrungen zu sein.
Was Dustin damals noch nicht wußte, war, daß Jane Fonda ähnliche Gedanken wie er hegte und Privatstunden bei Mr. Strasberg nahm. Aber Jane hatte mehr Geld und bei weitem mehr Einfluß als Dustin. Und immer, wenn Strasberg etwas von sich gab, das Hoffman nicht gefiel, hielt der junge Mann seine Meinung nicht zurück. Es schien hoffnungslos zu sein. Und um ehrlich zu sein, auch mit seiner zukünftigen Laufbahn als Schauspieler sah es alles andere als hoffnungsvoll aus.
Bis 1962 hatte er fast fünf Jahre lang nur in Küchen oder Kaufhäusern gearbeitet und sich notgedrungen damit begnügt, anderen Schauspielern bei der Arbeit zuzusehen.
Einer, den er mehr als andere bewunderte, war der manchmal ein wenig sonderbare Schauspieler Zero Mostel, der sich noch nicht völlig von dem Schock erholt hatte, auf Senator McCarthys »Schwarzer Liste« zu stehen. Er spielte die Hauptrolle in Ionescos DIE NASHÖRNER. Das war kurz vor seinen größten Erfolgen als FIDDLER ON THE ROOF und THE PRODUCERS (dt. FRÜHLING FÜR HITLER). Dustin sah sich die Aufführung wenigstens ein halbes Dutzend Mal an. Aber er sprach nur einmal mit Mostel. »Lewis Gilbert wünscht Ihnen das Beste«, rief er dem um Jahre älteren Star zu, der das Theater verließ. »Gib es ihm wieder zurück«, antwortete Mostel. »Ich wäre am liebsten im Erdboden versunken«, erinnerte sich Dustin.

Er fing wieder an, Schauspielunterricht zu geben, wobei er den bekannten, leider zu wahren Spruch verdrängte, daß die Guten es tun und die Unfähigen es lehren.
Seine Schüler im East Harlem Boy's Club schienen ihn zu schätzen. Und er schätzte sie. »Es klingt vermutlich wie ein Klischee, aber es gab eine Menge ungeschliffener Diamanten darunter.«
Im Jahre 1962 unterbreitete man ihm ein Angebot, das er für den großen Durchbruch hielt. Er bekam die Möglichkeit, am Broadway zu spielen. Eine kleine Rolle in einem kleinen Stück, das nur drei Wochen lang lief. Er war einer aus einer Gruppe kauziger Armeeangehöriger in A COOK FOR MR. GENERAL.
Seine Rolle machte ihn auch nicht bekannter als alles andere, was er bisher gemacht hatte. Er mußte nur über die Bühne gehen und hatte nicht mehr zu sagen, als die Kritiker über ihn schrieben. Nämlich nichts. Sollte das alles sein, was der Broadway ihm zu bieten hatte?
Wie er später sagte, schien er sein Leben damit zu verbringen, auf den Sommer und die damit verbundenen Stock-productions zu warten. »Nur noch sechs Monate bis Juni. Noch zwei ... noch einen ...«
Man sagt, Dustin habe es sich größtenteils selbst zuzuschreiben, daß er die Rollen, nach denen er sich sehnte, nicht bekam.
Der Mann, der es stoisch ertrug, Geschirr zu spülen, zu tippen und auf Babys aufzupassen, um seinen Lebensunterhalt zu verdienen, weigerte sich, Rollen anzunehmen, die nicht seinem Talent entsprachen. Jeder andere hätte mit Handkuß eine Rolle akzeptiert, in der er nichts anderes zu tun hatte, als mit einem Tennisschläger oder Teetablett über die Bühne zu spazieren, aber Dustin nicht.
Seine häufigen Absagen ließen Produzenten und Regisseure vorsichtig werden. Und die Art, *wie* er absagte, sicherte ihm

einen Platz in jenen schwarzen Büchern, die immer gezückt wurden, wenn sein Name fiel.
Mußte er eine Zeile lesen, die er für lächerlich hielt, nahm er kein Blatt vor den Mund. »Zu platt« gehörte noch zu den nettesten Ausdrücken. Wenn ein Regisseur ihn kritisierte, konnte er so wütend werden, daß er das Drehbuch zerriß und die Papierschnipsel nach dem Produzenten warf, der vorher willens gewesen war, ihm eine Chance zu geben.
Ein solches Verhalten bringt einen nicht sehr weit. Doch Dustin konnte mit seinem Geld haushalten. Er verteilte das wenige, das er verdiente, auf eine Reihe von Einmachgläsern. Da gab es eins für Essen, eins für Fahrgeld und ein drittes für die Miete. Und nie vergriff er sich an einem Glas, weil in einem anderen gerade Ebbe herrschte.
Wären da nicht die Angebote für die Summer-Stocks gewesen – er nahm alles an, was man ihm anbot –, hätte er vermutlich deprimiert seine Sachen gepackt und wäre nach Kalifornien zurückgekehrt. Doch sobald der Saisonbeginn näher rückte und er genau wußte, daß irgend jemand irgendwo dort draußen wollte, daß er eine Rolle oder auch zwei spielte, entschied er sich gegen die Rückkehr.
Er ging noch immer zum Vorsprechen und verlor noch immer Jobs. Er beteuerte immer noch: »Ja, Sie haben recht«, und meinte es auch immer noch so – obwohl er in Wirklichkeit sagen wollte: »Ich bin nicht bereit, die Rolle so zu spielen, wie Sie es wollen.«
Er war immer noch in den Zwanzigern und unverheiratet, und so sollte es, wenn es nach ihm ging, auch bleiben. Er wollte Sex, nicht die Fesseln einer Ehe. Wenn er Lust auf ein Mädchen hatte, brauchte er nur zuzugreifen. Konnte sich ein Mann mehr wünschen? Einige vielleicht, aber Dustin nicht.
Er war noch immer sehr beliebt, und das nicht nur bei den Damen. Robert Duvall erinnert sich, daß er manchmal wie eine verkleidete Barbra Streisand aussah. Dustin gewann

ständig neue Freunde. Unter ihnen befand sich ein strebsamer junger Schauspieler, der sich in fast allen Dingen von Dustin unterschied. Es war ein großer, gutaussehender blonder junger Mann, hieß Jon Voight, und war genauso wie alle anderen von Dustins sagenhaftem Erfolg beim weiblichen Geschlecht beeindruckt.

Die Mädchen waren Dustin ein Rätsel. Er wußte, daß sie ihn attraktiv fanden, aber nicht, weshalb. Aber wenn er Vorstöße machte, die nicht zum erwarteten Erfolg führten, verstand er es ebenfalls nicht. Er hätte nie etwas mit einem jüdischen Mädchen angefangen. Sie reizten ihn nicht. Es war, als fürchtete er, eine Affäre mit einem jüdischen Mädchen würde das Leben zurückbringen, dem er gerade entronnen war.

Man stellte ihm Marisol vor, eine Bildhauerin, die gerade en vogue war. Da er nie Angst hatte, sich lächerlich zu machen – obwohl er immer damit rechnete –, bat er sie um ein Rendezvous. Er wußte zwar nicht, weshalb sich eine emanzipierte Frau mit einem stellenlosen Schauspieler verabreden sollte, dennoch traf ihn die Antwort, mit der sie ihn abschmetterte, unvorbereitet.

»Ich werde nicht mit dir ausgehen«, beschied sie ihn, »weil du ein Kriecher bist.« Er war genau ihrer Meinung, was aber nicht hieß, daß es ihm nichts ausgemacht hätte. Es war ein Schlag unter die Gürtellinie, und das war ganz und gar nicht die Art, wie er von einer Frau behandelt zu werden wünschte.

Dustin konzentrierte sich wieder auf seine Arbeit. Er hatte jetzt einen Agenten. Vorher hatte er sich in einer Catch-22-Situation befunden: Er bekam keine Arbeit, weil er keinen Vollzeitagenten hatte und bekam keinen Vollzeitagenten, weil er keine Arbeit hatte. Aber das gehörte jetzt der Vergangenheit an.

Er würde zwar zwischendurch Tellerwäscherjobs annehmen, aber nie mehr zwei Jahre lang bei Macy's arbeiten. Die Vorstellung gefiel ihm, auch wenn sie seinem Bankkonto nicht guttat.

In den Klubs war er wie ausgewechselt. Er unterhielt die Gesellschaft mit seinen Geschichten. Sie waren von dem ungeheuren Optimismus beeindruckt, mit dem er an seinen zukünftigen Erfolg glaubte.
So erging es ihm auch im Improvisation Club in Greenwich Village, wo er sich mit einer hochgewachsenen, stattlichen Brünetten unterhielt, die sein Blut in Wallung brachte. Ihr Name sei, so sagte sie, Anne – Anne Byrne.

3

ANNE BYRNE WÜRDE ZWEIFELLOS die Vorstellung, sie sei eines von Dustin Hoffmans Groupies gewesen, weit von sich weisen.* Sie gehörte nicht zu jenen Mädchen, die Dustin anzog wie ein Magnet Eisenspäne.
Anne war phantastisch geschmeidig, dunkelhaarig, besaß ein bezauberndes Lächeln – und war acht Zentimeter größer als er. Aber wie er stets zu sagen pflegte: »Ich mochte sie immer groß.«
An dem Abend, als sie sich im Improvisation Club in Greenwich trafen, wurde sie von einem Mann aus dem Hoffmanschen Zirkel begleitet, einem von Dustins ehemaligen Zimmergefährten. Dustin war im Klub, um sich ein mageres Zubrot zu verdienen. Diesmal spielte er Klavier.
Als der Abend seinem Ende zuging, war sie aus den gleichen Gründen an dem Sechsundzwanzigjährigen interessiert wie all die anderen Mädchen.
»Wir waren augenblicklich voneinander fasziniert«, gestand sie mir. »Ich hielt ihn für gutaussehend, wenn auch auf eine seltsame Art. Das war das erste, was mir an ihm auffiel.« Aber es gab noch gewichtigere, oder wie sie sagen würde, seriösere Gründe.
»Mein Freund hatte mir von Dustin erzählt. Ich sah, daß die Menschen ihn mochten. Er wirkte auf mich sehr ernsthaft. Ich war damals, glaube ich, im reifen Alter von neunzehn Jahren, und mir war es mit dem Tanzen ernst. Es sah aus, als hätten wir eine Menge gemeinsam.«
Sie gingen zusammen aus, aber sie hätte sich nicht träumen lassen, daß sie Zeugin des Erblühens eines bedeutenden Stars

* Es war ja auch lange Zeit, bevor sein Name allgemein bekannt und berühmt war.

war. »Ich habe an ihn nie als einen Star gedacht. Das war eine völlig andere Welt. Filme gehörten nicht zu meinem Leben.« Um die Wahrheit zu sagen, Filme waren für sie nichts besonders Ernsthaftes (wieder dieses Wort, das ihr so viel bedeutete), sondern Tand; Blendwerk.

Sie verbrachten in diesem Sommer des Jahres 1963 viel Zeit miteinander. »Dann schloß ich mich dem Pennsylvania Ballett an, und wir verloren uns aus den Augen.« Das Pennsylvania Ballett war eine neue Company, zu dessen Gründervätern unter anderen George Balanchine gehörte. Eine Einladung, sich ihr als Ballerina anzuschließen, stellte für ein Mädchen, das sich dem Tanz verschrieben hatte – für welches Tanzen das Leben war –, eine zu große Versuchung dar.

Wenn sie an Dustin dachte, dann als an einen Mann »der nur ein Ziel hatte, und zwar ein sehr erfolgreicher Schauspieler zu werden, aber ich sah in ihm nicht einen Augenblick lang den Star«.

Um zu illustrieren, wie weit 1963 zurückliegt, sei hier berichtet, daß Dustin sich einen Anzug kaufte, um bei seinem ersten Rendezvous mit Anne einen guten Eindruck zu machen.

Er erinnerte sich daran, ihr gesagt zu haben, wie sehr ihm die Art gefiel, wie sie sich kleidete. Sie gestand, daß sie die Bluse, die er so an ihr bewunderte, bei einem fliegenden Händler auf der Orchard Street in New Yorks Lower East Side erworben habe. Eine Straße, die durch den ersten Tonfilm – Al Jolson's THE JAZZ SINGER– international bekannt wurde. Die Bluse hatte sie nur einen Dollar fünfundzwanzig Cent gekostet.

Bei ihrem zweiten Treffen nahm Dustin sie mit zum Strand. Es war ein schöner, angenehmer Tag, mehr nicht – bis sie unsanft aus dem Schlaf gerissen wurden.

Sie dösten beide im Sand, sittsam fast einen Meter voneinander entfernt, als ein Flugzeug die Idylle zerstörte. Der Höllenlärm trieb sie im wahrsten Sinne des Wortes einander in die Arme.

Dustin wußte: Er war verliebt. Anne schien es genauso zu gehen. Doch beiden war klar, daß es sich nur um eine Liebelei handelte. Nichts sprach dafür, daß sich mehr daraus entwikkeln könnte. Bald darauf trennten sie sich.
Es dauerte fünf Jahre, bis sie sich wiedersahen. Währenddessen hatte Anne dem New York Ballet und Les Grandes Ballets Canadiens angehört und Gastauftritte in Europa absolviert. Auch Dustin hatte sich weiterentwickelt. Er arbeitete in Boston mit Ulu Grosbard, einem hervorragenden Regisseur, und verdiente bei der Theater Company of Boston fünfundsechzig Dollar die Woche. Sie führten Stücke von Ionesco, Sartre, Bertolt Brecht und Harold Pinter auf. Grosbard ließ Dustin als Pozzo, den Sklaventreiber aus WARTEN AUF GODOT auf der Bühne glänzen. »Erst als er sie spielte, habe ich die Rolle richtig verstanden«, sagt Grosbard.
Grosbard ging mit dem Stück an das Off-Broadway-Theater Circle In The Square, und für einen Abend konnte sich Dustin wie ein New Yorker Star fühlen. Dustin brillierte. Als Grosbard später Arthur Millers BLICK VON DER BRÜCKE inszenierte – wie der Zufall es wollte, in New York –, gab es wieder Arbeit für Dustin. Aber diesmal war nicht sein schauspielerisches Können, sondern sein Talent als Regieassistent gefragt. Anfangs reagierte er beleidigt. Sein Freund Robert Duvall sollte die Hauptrolle spielen. Aber es dauerte nicht lange, bis er es genoß. Grosbard stellte ihn auch Arthur Miller vor. »Denken Sie an Hoffman, wenn Sie eine neue Inszenierung von TOD EINES HANDLUNGSREISENDEN planen«, riet Grosbard dem Dramatiker. Miller merkte es sich – Hoffman auch. Als Regieassistent bei BLICK VON DER BRÜCKE zu arbeiten war ungemein aufregend. Am liebsten hätte er nur noch Regie geführt.
»Von ihm (Grosbard) lernte ich mehr als von irgend jemand anderem. Die Schauspielerei ist eine heikle Sache – man ist zu abhängig von den Neurosen anderer. Ich wollte damit nichts

mehr zu tun haben. Als Schauspieler stimmst du deine Violine, um das Beste zu geben, und dann kommt jemand und sagt dir: ›Nein. Der Ton gefällt mir nicht.‹ Ich will nur meine Arbeit tun und sagen können – zur Hölle mit euch. Es heißt immer, es gäbe zu wenig gute Schauspieler. Tatsache ist, daß es jede Menge gute Schauspieler gibt, aber zu wenig gute Regisseure.«

Doch Dustin wußte ganz genau, daß er, sollte man ihm eine »bedeutende« Rolle anbieten, begierig zugreifen würde, oder er wäre nicht der gute Schauspieler, für den er sich hielt. Doch selbst wenn man ihm die beste Rolle der Welt anböte: Wenn er mit dem Regisseur nicht übereinstimmte, würde er sie ablehnen.

Aber, o Wunder, auf einmal wurden ihm Jobs angeboten, die seinen Ambitionen näher kamen. Denn es gab noch Menschen, die so ähnlich dachten wie Grosbard. Unter anderem der Schriftsteller Robert Ribman, der Dustin einmal außerhalb New Yorks auf der Bühne gesehen hatte und von seinem Spiel sehr angetan gewesen war.

Als der Agent Dustin vorschlug, auch Ribmans Stück HARRY, NOON AND NIGHT auf die Liste der Vorsprechtermine einzutragen, stimmte Dustin zu. Was hatte er schon zu verlieren? Ribman hielt einiges von ihm und bot ihm die Rolle eines buckligen deutschen Homosexuellen an. George Morrison, der Regisseur des Stückes, meinte nach dem Vorsprechen, es sei das Beste gewesen, das er jemals gesehen hätte. »Es war unglaublich.« Er hatte bis dahin noch nie einen Schauspieler gesehen, der so improvisieren konnte wie Hoffman.

Dustin ging gern zum Vorsprechen, denn dort brillierte er meistens. Aber Proben waren etwas gänzlich anderes – sowohl für Dustin als auch für Morrison. »Eines Tages verschwand er direkt vor meinen Augen«, erinnerte sich der Regisseur. »Er war unerreichbar. Doch am nächsten Tag war er wieder da. Als die Proben zu Ende waren, hatte er seine Rolle hervorragend interpretiert. Es war ein unglaubliches Zusammentreffen zwischen Dramatiker und Schauspieler. Das Ganze erinnerte an Tennessee Williams und Geraldine Page, Eugene O'Neill und Jason Robards. Ein Schauspieler findet seinen Dramatiker und erkennt sein Talent.«

Ribman sagte dem *McCalls*-Magazin: »Dustin besitzt die Fähigkeit, sein eigenes Ego verschwinden zu lassen und die Persönlichkeit zu werden, die er werden will.«

Ein großes Kompliment. Es war zwar nur eine kleine Rolle, aber man merkte sich seinen Namen. Besonders Ribman, der ihn bereits für sein nächstes Werk vormerkte.

Doch selbst jetzt, wo er eine Arbeit und einen Ruf hatte, lebte er immer noch am Rande des Existenzminimums, obwohl ihn Lillian zwar nicht mit Geld, aber mit Essenspaketen versorgte.

Dustin war dabei, sich in New York einen Namen zu machen, was er dem Dramatiker Frank D. Gilroy zu verdanken hatte. Gilroy besetzte sein Stück THE SUBJECT WAS ROSES neu, mit dem er den Pulitzerpreis gewonnen hatte. Es war in New York so erfolgreich gewesen, daß der größte Teil der Originalbesetzung nach Los Angeles gegangen war, um es dort weiterzuspielen, etwas, das man nur bei einem Kassenschlager tat. Ob Dustin Hoffman vielleicht daran interessiert sei, in der zweiten New Yorker Besetzung mitzuspielen?

Er würde eine Rolle spielen, die von Martin Sheen gestaltet worden war, der mit den anderen gen Westen gezogen war. Das Stück handelte von einer irischen Familie, die sich gravierend von der Dustins unterschied.

Ob er interessiert sei? Eine Frage, die nur jemand stellen konnte, der Dustin Hoffman nicht kannte. Natürlich war er interessiert. Ihm wurde keine kleine Rolle, sondern eine der Hauptrollen angeboten, und zwar die des Sohnes. Und das am Broadway.

Sie probten. Alles lief wunderbar. Dustin riß sich zusammen. Sein Verhalten war so engelsgleich wie sein Spiel.

Wenn das kein Grund zum Feiern war. Und wie feiert ein Schauspieler, der den größten Teil seiner wachen Stunden damit zugebracht hatte, sich nach Arbeit umzusehen, wenn sie schließlich kommt? Er ißt, und zwar gut.
Dustin bereitet also ein Festessen für seine engsten Freunde vor, und zwar, weil es so bequem war, in der Wohnung seiner momentanen Freundin. Er lud Leute ein, die zu würdigen wußten, daß er an einem Meilenstein seiner Laufbahn angekommen war.
Alles schien glattzugehen. Er hatte dem Regisseur kein Textbuch ins Gesicht geworfen und sich mit unmöglichen Forderungen an das Management zurückgehalten.
Dustin war guter Dinge. Der Höhepunkt des Abends sollte ein Fleischfondue werden. Er wußte, wie man es zubereitete. Das Rezept war in seinem Hirn eingemeißelt, wie die Zeilen, die er tagsüber im Theater gelesen hatte. Das Fleisch war gewürzt, das Öl heiß. Zu heiß.
Er wußte, wie heiß es war. Deshalb wagte er auch nicht, das Fleisch langsam in den Topf zu geben. Statt dessen warf er alles auf einmal hinein. Das war, als gieße man einen Schwall Wasser in kochendes Öl. Das Fleisch zischte nicht nur, es sprang buchstäblich aus dem Topf auf die herumstehenden Möbel.
Es brach ein kleines Feuer aus, das Dustin mit bloßen Händen zu ersticken versuchte. Der Schmerz war unbeschreiblich. Seine Hände fühlten sich an, als habe er versucht, sie zusammen mit dem Fleisch zu garen. Erst später wurde ihm bewußt, daß er Verbrennungen dritten Grades erlitten hatte.
Was sollte er jetzt tun? Wenn er sich in ärztliche Behandlung begab, könnte er gezwungen werden, im Krankenhaus zu bleiben. Die Ärzte würden bestimmt sagen, so könne er nicht arbeiten. Und selbst wenn sie es nicht sagten, würde die Zeit, die er als ambulanter Patient im Krankenhaus verbringen müßte, seinen ganzen Probenplan durcheinanderbringen.

Was seinem Arbeitgeber bestimmt nicht gefallen würde. Man könnte sich entschließen, seine Rolle einem anderen zu geben.
Dustin ging zur Probe, bis er auf der Bühne zusammenbrach. Die Ärzte nahmen ihm die Verbände ab, die er sich selbst angelegt hatte (er hatte niemandem verraten, wie ernst die Verletzungen wirklich waren) und entdeckten, daß die Brandwunden sich entzündet hatten. Aber das schlimmste war, daß der Blutkreislauf bereits infiziert war. Es sah so aus, als sei die Chance, berühmt zu werden, zusammen mit dem Teppich, den Möbeln und der verkohlten Masse, die einst ein Fleischfondue gewesen war, in Rauch aufgegangen. Genauso wie die Möglichkeit eines langen Lebens.
Natürlich verlor er seine Rolle. Mr. Gilroy konnte es sich nicht leisten, auf einen Hauptdarsteller zu warten, der mit Blaulicht ins Krankenhaus gebracht worden war, von dem niemand sagen konnte, wann er wieder gesund sein würde. *Wenn* er je wieder gesund würde.
Der Arzt, der Dustin untersucht hatte, ordnete eine sofortige Operation an. Die Verbrennung konnte man immer noch behandeln, wenn er am Leben blieb. Die Blutvergiftung jedoch war lebensbedrohend.
In dieser Situation kam Hoffmans zweites Ich wieder ans Licht. Genauso wie damals in der Schule – oder wenn die Mädchen nicht so reagierten, wie er es wünschte – stellte er sich der Krise, indem er den Clown spielte.
Als der Chirurg ihn kurz vor der Operation noch einmal besuchte, lachte Dustin. Als er hörte, daß die Operation riskant werden würde, erzählte Dustin einen Witz. Er alberte herum, während er in den Aufzug, aus dem Aufzug, durch die Gänge zum Operationsraum gerollt wurde.
Der Narkosearzt traf die nötigen Vorbereitungen. Der Blutdruck wurde überprüft. Der Puls gemessen. Man fragte ihn, ob er kürzlich etwas gegessen hätte. Er hatte. Der Arzt horchte

auf. Jedermann weiß, daß Anästhesisten es für bedenklich halten, Patienten mit vollem Magen zu narkotisieren, weil die Gefahr besteht, daß der Patient sich erbricht.
Dustin wurde also mitgeteilt, man würde ihm mittels eines Schlauches den Magen auspumpen. Was nicht einfach war, weil man nie genau sagen konnte, wann der Schlauch seinen Bestimmungsort erreicht hatte. »Wann weiß ich, daß er angekommen ist?« fragte Dustin. »Wenn Sie nicht mehr sprechen können«, antwortete der Arzt.
Der Anästhesist versuchte es dreimal. Vergeblich. Beim vierten Mal rief der Arzt: »Jetzt ist er angekommen.« »Das stimmt nicht«, schrie Dustin, »ich kann immer noch sprechen.«
Und das war kein Witz. Dustin bestand darauf, wieder auf sein Zimmer gebracht zu werden und die Prozedur am anderen Morgen fortzusetzen. »Sie könnten sterben«, gab man zu bedenken. Worauf Dustin vor sich hin murmelte, er würde ganz bestimmt sterben, wenn der Schlauch nicht an der richtigen Stelle landete. Der Narkosearzt schwitzte Blut und Wasser. Das Operationsteam war einhellig der Meinung, daß er – wenigstens unter den gegebenen Umständen – nicht fähig sei, seinen Job richtig zu machen.
Dustin überlebte die Nacht. Die Operation am nächsten Morgen ging erfolgreich über die Bühne. Das ist mehr, als man von Dustins Auftritt in THE SUBJECT WAS ROSES sagen kann.
Aber da gab es noch ein Problem. Um die quälenden Schmerzen zu dämpfen, verabreichte man ihm drei- bis viermal täglich hohe Dosen Demerol. Es dauerte nicht lange, bis ihm klar wurde, was mit ihm los war: Er war süchtig. »Ich sagte mir, jetzt weiß ich endlich, wie sich ein Junkie fühlt, denn ich konnte die Spritze kaum erwarten. Ich bekam jeden Morgen, bevor meine Verbände gewechselt wurden, eine Ladung, und im Laufe des Tages weitere. Ich wußte jetzt, wie sich ein Süchtiger fühlte und was er sich von der Droge erhofft.

Ich war richtig euphorisch. Mein Sexualtrieb war verschwunden. Den hatte die Droge ersetzt. Drogen zu nehmen hat etwas sehr Sexuelles an sich. Ich will damit sagen, daß man alle Welt liebt. Wenn du auf Dope bist, fühlst du weder Haß noch Furcht. Du ißt auch nichts, selbst wenn du hungrig sein solltest, denn die Vorstellung, eine Gabel in die Hand zu nehmen, ist schon zu viel für dich.«

Dustin erinnerte sich, etwas über dreiundsechzig Kilogramm gewogen zu haben, als er ins Krankenhaus eingeliefert wurde. Bei seiner Entlassung wog er nur noch knapp fünfzig Kilogramm. Aber er hatte nicht nur Gewicht, sondern auch seinen Lebenswillen verloren. Er entzog sich das Demerol selbst und fühlte sich schrecklicher als je zuvor; selbst in den schwärzesten Momenten. »Ich hätte wirklich nicht geglaubt, daß ich es durchhalten würde«, gestand er einem Journalisten des *Family Circle*-Magazins. »Mein Leben war unerträglich geworden. Die Verbrennungsschmerzen waren von einem Schmerz abgelöst worden, der noch tausend Prozent schlimmer war. Ich fühlte mich, als würde ich ständig von einer Menschenmenge geschüttelt; als würde ich völlig durchgeschüttelt, bis ich vor Schmerz aufschrie. Doch allmählich gelang es mir, dem Verlangen nach der Droge zu widerstehen.«

Doch dem Verlangen, auf der Bühne zu stehen, erfolgreich zu sein, konnte er nicht widerstehen. Ein Ersatzmann namens Walter McGinn übernahm seine Rolle, und weder er noch das Stück schlugen ein, trotz des Rufes, den sich das Stück bereits erworben hatte.

Als Dustin drei Wochen später aus dem Krankenhaus entlassen wurde, gestattete man ihm, der Ersatzmann des Ersatzmannes zu sein. McGinn war ein netter Mensch, der sofort gemerkt hatte, was mit Dustin los war. Als er hörte, daß Harry und Lillian Hoffman in der Stadt waren, nahm Walter McGinn mit ihnen Kontakt auf und deutete an, daß sie Karten für die Abendvorstellung bekommen würden. Als er sicher war, daß es geklappt hatte, meldete er sich krank. Dustin trat an seine Stelle. Aber nur für diesen einen Abend. Dustins Eltern hatten ihren Sohn am Broadway spielen gesehen.

Dustins Glück, wenigstens soweit es seine zukünftige Laufbahn betraf, schien unaufhaltsam. Er bekam eine Rolle in einer Off-Broadway-Inszenierung von SERGEANT MUSGRAVE'S DANCE, aber er benahm sich wieder ganz wie der alte Dustin Hoffman. Er besaß einen Charakterzug, der ihn bei den Menschen, mit denen er arbeitete, nicht sonderlich beliebt machte und seiner Karriere nicht gerade förderlich war. Es sah fast so aus, als sehne er sich unbewußt nach dem Tod. Er mochte sich nicht. Wieder einmal brachte ihn seine Selbstverachtung auf die Couch des Analytikers.
Diesmal ging es darum, daß seine Vorstellung, wie die Rolle des Sparky am Theatre de Lys zu spielen sei, sich vollkommen von derjenigen des Regisseurs unterschied, der ihm riet, sich einen Tag frei zu nehmen. »Oder zwei ... oder eine Woche.« Dustin wußte, was das bedeutete. Man forderte ihn auf, Leine zu ziehen. Er gehorchte.
Sally Kempton erklärte es in einem scharfsichtigen Artikel im *Esquire*-Magazin folgendermaßen: »Sein Problem, das er im Ansatz bereits damals und später noch besser verstand, war, daß er sich seine Rollen erst erarbeiten mußte. Regisseure, die ihn zwangen, mit seiner Rolle zu verschmelzen, bevor er dazu bereit war, versetzten ihn damit in eine Art katatonischer Trance, aus der er vor Wut und Frustration brüllend auftauchte.«
Dustin und der Regisseur beschlossen, daß es für alle Beteiligten das beste sei, wenn sich ihre Wege trennten.
Aber Robert Ribman vertraute ihm. Er hatte eine Rolle, von der er meinte, sie sei Dustin Hoffman auf den Leib geschrieben.
1967 bot er Dustin eine Rolle an, die seinem Ruf förderlicher

sein sollte als alles, was er bis dahin gemacht hatte. Es war die Rolle des Zolditch, eines russischen Schreibers, der seine Mitmenschen nicht mochte. Was man bitte nicht auf Dustin beziehen möge, obwohl einige dieser Meinung waren. Zolditch war die Hauptrolle in dem Schauspiel THE JOURNEY OF THE FIFTH HORSE, das am American Place Theater herauskommen sollte.
Es bot Dustin Gelegenheit, einfach nur Schauspieler zu sein und einige seiner Vorstellungen zu realisieren. Zolditch war wenigstens zehn Jahre älter als Dustin, aber Ribman war überzeugt, daß er genau der Richtige sei. Sein Vertrauen sollte belohnt werden.
In *The New York Times* schrieb Stanley Kauffman über die »Vitalität« dieses, wie er meinte, frischgebackenen Schauspielers (er wußte offensichtlich nicht viel über Dustin), der bereits »eine vorzügliche Kontrolle über sich besitzt«. Und fügte hinzu: »Seine scharfgeschliffenen komödiantischen Techniken lassen diesen unattraktiven Mann sowohl drollig als auch pathetisch wirken.«
Doch der aufschlußreichste Teil der Kritik war die vorausschauende Behauptung: »Vielleicht – wenn es der Wahnsinn der Theaterwelt erlaubt – werden wir Zeuge einer außergewöhnlichen Karriere.« Nur wenige konnten sich damals vorstellen, wie außergewöhnlich diese Karriere sein sollte.
Das Stück lief jedoch nur ganze drei Wochen. Gleichwohl war Dustin jetzt überzeugt davon, daß er Macy's vergessen konnte. Die Kritiker waren derselben Meinung. Er bekam für die beste Off-Broadway-Darstellung des Jahres den Obie, der ungefähr dem On-Broadway-Tony und dem Hollywood-Oscar vergleichbar ist.
Das war bestimmt eine berauschende Erfahrung, sowohl für ihn als auch für die Menschen, die ihn spielen sahen. Natürlich gibt es auch jetzt wieder einige, die sagen, sie hätten schon damals in ihm den zukünftigen Filmschauspieler gesehen.

Was auch nicht besonders schwer zu erkennen war. Wenn einer noch daran zweifelte, dann Dustin selbst.
Und wieder einmal hatte er Probleme damit, die Rolle so zu spielen, wie er es wollte. Wieder einmal erlebte ein Regisseur, was Dustin nur für einen Mangel an Geduld hielt. Sie stritten sich, bis es aussah, als würden beide gleich explodieren.
Als der Regisseur Larry Arrick wissen wollte, wann Dustin denn mit seiner Rolle soweit sei, bekam er die nebulöse Antwort: »Ich habe nicht sieben Jahre meines Lebens geopfert, um eine Summer-Stock-Vorstellung abzuliefern.«
Dustin stand wieder einmal dicht vor dem Rausschmiß und mochte sich insgeheim wohl gefragt haben, weshalb es so lange dauerte. Er wußte nicht, daß bereits ein Ersatzmann bereitstand, seit man ihm in der ersten Probe das Stichwort gegeben hatte.
Doch dann stand er endlich auf der Bühne und führte sich als russischer Herausgeber/Redakteur derart hysterisch auf, wie er es auch im wirklichen Leben manchmal tat. Er sprach mit einer Stimme, die man nicht einfach durch Proben erlangte. Eine überdrehte Stimme, von der er nicht wußte, woher sie kam. Aber sie kam und blieb. Der bedeutende Kritiker Walter Kerr bemerkte dazu: »Dustin Hoffman besitzt einen scharfen, nasalen Biß, dem man seine Wirksamkeit nicht absprechen kann.«
Dem Bühnenstück folgte eine Fernsehversion. Die Menschen begannen auf ihn aufmerksam zu werden.
Seine Schauspielkollegen wollten von ihm wissen, weshalb er so unberechenbar sei: brillant bei den Vorsprechterminen; miserabel bei den Proben und bemerkenswert während der Vorführung. »Sinn des Vorsprechens ist es, den Job zu bekommen«, verriet er ihnen. »Du greifst nach allem, was du weißt; nach allem, was dich stimuliert. Dann hast du den Job, und sie meinen, jetzt würdest du anfangen, alle Hin-

dernisse zu beseitigen. Aber ich verschwinde im Keller und sondiere erst einmal.«

Er gestand, daß er »ganz schön tief« gründelte. »So tief, daß sie denken, ich tue überhaupt nichts. Ich weiß genau, wenn ich auf der richtigen Fährte bin. Und kein Regisseur kann mich davon abbringen. Doch die meisten Regisseure sagen: ›Du mußt die Person, die du spielen sollst, fesseln. Du mußt sie einsperren.‹ Alte Methoden zu benutzen, ist das letzte was ich möchte.«

Er verfügte über andere Möglichkeiten. Er übernahm kleinere Rollen in Fernsehserien. Unter anderem wirkte er in einer Folge von THE NAKED CITY mit, die gelegentlich spätnachts noch Fans erfreut. Er spielte in der beliebten Serie THE DEFENDERS, in der auch Robert Duvall zu sehen war, einen Gauner und bekam fünfhundert Dollar dafür. Das war für ihn damals, gegen Ende der sechziger Jahre, viel Geld.

Aber noch wichtiger war für ihn die Möglichkeit, in einem Kinofilm mitzuwirken. Aber er unterlag nicht den Versuchungen jenes Hollywoods, das er immer so verachtet hatte, indem er sich und seine Kunst verkaufte. Er taucht dreißig Sekunden in dem Eli-Wallach-Film THE TIGER MAKES OUT (dt. DER TIGER KUNDSCHAFTET ES AUS) auf, der in New York gedreht wurde. Was für Dustin ideal war, denn dadurch konnte er sowohl den Film drehen als auch auf der Bühne stehen.

»Ich war um zehn Uhr morgens da und um ein Uhr nachmittags fertig«, sagte er später. »Dann rief ich alle meine Bekannten an und sagte: ›Übrigens, ich habe gerade meinen ersten Film abgedreht.‹«

Eine Vorstellung von der Bedeutung dieses Films gibt uns Douglas Brodes bemerkenswert umfassendes Buch *The Films of Dustin Hoffman*, welches DER TIGER KUNDSCHAFTET ES AUS über sechs Seiten widmet, aber kein einziges Foto von Dustin als Freund eines Mädchens bringt, das Wallach auf sein Lager locken möchte.

Dustin versucht seither, alle vorhandenen Kopien des Films aufzukaufen oder wenigstens die für ihn so wichtigen dreißig Sekunden.
Durch den Film wurde seine Freundschaft zu dem Drehbuchschreiber Murray Schisgal gefestigt, den er zum ersten Mal bei einer Summer production in Stockbridge, Massachusetts getroffen hatte, wo Dustin in drei von Schisgals Einaktern die Hauptrolle spielte.
Schisgal gestand, daß Dustin »niemand war, mit dem man leicht zusammenarbeiten konnte«. Was er so erklärt: »Er war von der Arbeit besessen.« Das war er schon damals in Stockbridge, wo der Dramatiker gern frühe Morgenspaziergänge unternahm und dabei ständig auf Dustin stieß, der, mit dem Text in der Hand und einer Menge Fragen wie »Was meinen Sie hiermit?« und »Was soll ich hier machen?«, vor seinem Hotel wartete.
»Ich habe noch nie mit einem Schauspieler wie ihm gearbeitet. Er ist ständig mit dem Erreichten unzufrieden.«
Nun, es gab bestimmt nichts, mit dem er bei DER TIGER KUNDSCHAFTET ES AUS zufrieden sein konnte, außer seiner Arbeit mit Schisgal.
Aber es ging weiter aufwärts mit Dustin. Während ihm der Applaus von THE JOURNEY OF THE FIFTH HORSE noch im Ohr nachhallte, wurde ihm eine noch bessere Rolle angeboten, die er umgehend annahm. Er sollte in Henry Livings' EH? einen Cockney spielen; und zwar am Circle in The Square Theatre, das nicht gerade klein war. Hoffman, in Los Angeles geboren, mit Leib und Seele New Yorker, sollte einen Cockney spielen?
Die Rolle eines schizophrenen Nachtwächters war – um das überbeanspruchte Wort einmal zu benutzen – eine Herausforderung. Dustin griff begierig, wenn auch ein wenig ängstlich zu. Er war großartig. Walter Kerr nahm ihn erneut zur Kenntnis und beschrieb ihn als eine Kreuzung zwischen Bu-

ster Keaton und Ringo Starr, was alle Liverpooler amüsiert haben würde, die gewohnt waren, daß man ihnen Schimpfnamen gab … aber Cockneys? Niemals. Doch auch Wilfred Sheed, der für den *Commonweal* schrieb, kam zum gleichen Schluß. Er verglich Dustin mit einem Beatle.

Dustin sagte, er hätte die Rolle genossen. Er liebte es, Exzentriker zu spielen. »Es ist so leicht« (Da tut er sich selbst unrecht. Er würde selbst aus einer leichten eine schwere Rolle machen, denn alles, was leicht war, war für ihn nicht viel wert.). »Man hat die Freiheit, hinter einer Maske zu agieren.«

Zwei Regisseure wollten mit Dustins Art zu spielen nichts zu tun haben und gaben auf. Der dritte Regisseur, ein anarchischer Komödiendarsteller namens Alan Arkin, war nahe daran, die Flinte ins Korn zu werfen und rief die gesamte Besetzung auf die Bühne, um Mr. Dustin öffentlich zu verwarnen.

Trotzdem waren sich die Kritiker wieder einmal einig, daß Dustin die beste Off-Broadway-Vorstellung gegeben hatte. Er gewann den New York Drama Desk Award. Gerade noch rechtzeitig, denn man hatte, nachdem er wieder einmal mit dem Regisseur aneinandergeraten war, beschlossen, ihm den Laufpaß zugeben.

Dustin spürte, daß sich jetzt kein Regisseur mehr gegen ihn behaupten konnte. Was im großen und ganzen stimmte. Wenn man einen solchen Preis gewann, dann eilten die Menschen ins Theater, um den ausgezeichneten Schauspieler zu sehen. Wenn man Dustin Hoffman feuerte, konnte man das Stück begraben. Dustin blieb. EH? auch. Dustin war das Beste am ganzen Stück. Er zog ständig ein Bündel Zeitungsausschnitte hervor, die das bewiesen.

Dustin war jetzt zwar sichtlich glücklicher, wenn er zum Psychiater ging, aber sein Leben war immer noch nicht in Ordnung. Er wohnte auf der Lower East Side, einem Teil der Welt, der Menschen wie seinen Großeltern sehr vertraut vorgekommen wäre.

Anne Byrne war aus seinem Gesichtsfeld verschwunden, und es gab niemanden, für den er ähnliche Gefühle hegte. In einer Analyse-Stunde gestand er einmal, alles, was er sich wünsche, sei, irgendwo angestellt und verheiratet zu sein und Kinder und ein Stadthaus in einem der besseren Viertel Manhattans zu haben.

Er war auf dem Weg dorthin. Sein Kontostand war erst kürzlich auf fünftausend Dollar im Haben geklettert, was er einem Film zu verdanken hatte, den er am liebsten aufgekauft hätte.

MADIGAN'S MILLIONS (dt. MADIGANS MILLIONEN) wurde fürs Fernsehen gedreht. Er begann mit einem kurzen, doch theatralischen Prolog, der gnädigerweise von Kritikern und Publikum übersehen wurde. Angeblich sollte auch Cesar Romero mitspielen, der aber nur zu Anfang, ganz kurz zu sehen war. (Es war eigentlich George Rafts Rolle gewesen, der jedoch krank wurde, bevor die Crew in Rom landete, wo der Film gedreht wurde. Entweder hatte Raft wirklich ernsthafte medizinische Gründe für seine Abwesenheit, oder er zeigte mehr Geschäftssinn als je zuvor in seiner Schauspielerlaufbahn.) Während Dustin nur an den zu erwartenden Scheck, die kostenlose Reise und fünf Wochen Aufenthalt in Italien dachte, als er die Rolle des unfähigen Agenten der US-Finanzbehörde übernahm, der auf der Suche nach dem beiseite geschafften Vermögen eines Gangsters war.

Die meisten Menschen, die ihn in dieser Rolle sahen, waren zweifellos überzeugt, daß Dustin keine Zukunft hatte. Doch Dustin hatte die Rolle nur wegen der Reise nach Italien angenommen und wegen der Möglichkeit, mit Elsa Martinelli zu spielen, die einfach hinreißend aussah.

Glücklicherweise erinnerten sich die meisten Menschen, wenn sie seinen Namen hörten, an seine Rolle in EH?.

Einer derjenigen, die damals im Zuschauerraum gesessen hatten, war ein junger Filmregisseur namens Mike Nichols.

4

NIEMAND AHNTE AUCH nur im entferntesten, was Mike Nichols Kauf einer Karte für das Stück EH? bewirken würde. Der Regisseur von WHO'S AFRAID OF VIRGINIA WOOLF? (dt. WER HAT ANGST VOR VIRGINIA WOOLF?) suchte Schauspieler für seinen neuen Film, hatte aber keine genaue Vorstellung davon, nach wem er eigentlich suchte.

Jemandem, der Charles Webb's Erfolgsroman THE GRADUATE (dt. DIE REIFEPRÜFUNG) gelesen hat, fiele es schwer, darin eine Rolle für die EH?-Truppe zu finden, besonders für Dustin. Es sei denn als Platzanweiser in der Hochzeitsszene oder als Fahrgast im Bus oder möglicherweise – nur rein hypothetisch – als der Student, der später von einem anderen jungen, kleinen jüdischen Schauspieler namens Richard Dreyfuss gespielt wurde. Die Rolle des Benjamin Braddock war, wie Dustin es ausdrücken würde, die eines »wandelnden Surfbretts«. Verglichen mit denen, die normalerweise auf diesen Surfbrettern standen, konnte Dustin kaum kriechen, geschweige denn gehen oder surfen. Er wäre der letzte gewesen, der sich für die richtige Besetzung des Benjamin gehalten hätte.

Aber irgend etwas an der Art, wie Dustin Hoffman den Cockney-Nachtwächter spielte, brachte ganz leise eine Saite in Mike Nichols zum Klingen. Es war keine, die Dustin unter normalen Umständen davor bewahrt haben würde, in Hollywood ausgelacht zu werden. Aber das hier waren keine normalen Umstände. Es war nicht normal, einen Hit wie VIRGINIA WOOLF zu landen. Deshalb hörte er auf seine innere Stimme.

Was Dustin anging, so hatte er keinerlei Ambitionen, nach Los Angeles zurückzukehren. Besonders nach seinen Fernsehauftritten, von denen keiner darauf hindeutete, daß er ein

überwältigendes Verlangen verspürte, beim Film Karriere zu machen.
Die einzigen Menschen, die sich über die Vorstellung, daß Dustin zurückkehrte, gefreut hätten, waren Lillian und Harry und Dustins Bankdirektor. Keiner von ihnen ahnte auch nur, was Nichols im Kopf herumging. Und Dustins Leben schien endlich Gestalt anzunehmen. Er wollte ein New Yorker Schauspieler sein, und es war ihm gelungen, als solcher anerkannt zu werden. Was wollte er mehr?
Nichols war gewillt, ihm jenes bißchen »mehr« anzubieten. Er rief Dustin von Kalifornien aus an und schlug ihm vor, gen Westen zu reisen, um Probeaufnahmen für die Rolle des Braddock zu machen – die Hauptrolle in dem Film DIE REIFEPRÜFUNG –, der kurz vor der Produktion stand. Was in Dustins Kopf vorging, während er das Angebot annahm, ist schwer zu sagen. Wahrscheinlich reizte ihn die Vorstellung, von Ost nach West zu fliegen – und das erster Klasse – am meisten. Das war etwas anderes als im Greyhoundbus zu reisen, wie damals, als er in die entgegengesetzte Richtung aufgebrochen war.
Ihm stand nur ein Tag zur Verfügung, denn EH? lief immer noch.
Trotzdem sagte er zu. Er hatte das Buch gelesen und war ebenso verblüfft wie all die anderen Menschen, die ihn bei den Probeaufnahmen in dem von Embassy Pictures angemieteten Studio sahen. Wenigstens mußte er nicht wieder einen jener Exzentriker spielen, die so gut zu ihm zu passen schienen.
Natürlich geriet auch Benjamin Braddock in recht exzentrische Situationen, wie die, von einer Frau verführt zu werden, die alt genug war, um seine Mutter zu sein, und deren Tochter er vom Traualtar (vor dem sie auf ewig mit einem anderen Mann verbunden werden sollte) weg entführte. Doch Benjamin war ein anständiger Kerl, wie schon die ersten Aufnahmen zeigen, in denen er sich im Familienpool aufhält.

Benjamin entstammt nicht nur einer kalifornischen Familie – besitzen eigentlich alle kalifornischen Familien einen Swimmingpool? –, sondern dazu noch einer mit so viel Geld, daß sie nicht wußte, was sie damit anfangen sollte, aber so tat, als wüßte sie es. Der Gedanke an Geld beherrscht Benjamin Braddocks Mutter genauso wie der an die reizenden Hüte, die sie sich in einem der eleganteren Läden auf dem Wilshire Boulevard kauft.

Dustin sollte einen Sohn und Erben spielen, dessen Heimat der Sand von Laguna Beach war.

Einen Jungen, der mit den hübschen Mädchen aus der Nachbarschaft Ball spielte und es als selbstverständlich betrachtete, daß sie beim Anblick seiner Muskeln, seines Blondschopfs und der Aussicht, in seinem offenen Cadillac mitgenommen zu werden, in Ohnmacht fielen. Natürlich gehörte er den Episkopalisten oder einem Ableger einer dieser neumodischen Methodistenkirchen an. Völlig unwahrscheinlich, daß die Familie katholisch war – die Geschichte spielte nicht in Boston, und die Braddocks waren nicht die Kennedys. Doch mit hundertprozentiger Sicherheit war keiner von ihnen Jude. Und Benjamin war natürlich neunzehn, oder wenn es hochkam, zwanzig Jahre alt.

Doch die Hauptsache ist, daß er, was die Welt anging, noch naiv war; daß er dabei war, in eine Affäre mit der Frau des besten Freundes seines Vaters hineinzuschlittern. Einer Frau, die ihn, wenn sie in einem Hotelzimmer die Strapse löste, wie einen nach seiner Mami rufenden kleinen Jungen aussehen ließ.

Nichols war überzeugt davon, daß Dustin leicht damit fertig würde. In JOURNEY OF THE FIFTH HORSE hatte er einen zehn Jahre älteren Mann gespielt. Jetzt sollte er jemanden spielen, der mindestens zehn Jahre jünger war.

Er mußte versuchen, es einfach nur wie eine neue Rolle zu betrachten. »Ich versuchte mich daran zu erinnern, wie ich mich damals, 1958, in dem Alter gefühlt hatte. Ich machte keinen Versuch, den Geist der Sechziger einzubringen«, erklärte er später.

Bei den Probeaufnahmen führte sich der dunkelhaarige Dreißigjährige wie ein nervöser Welpe auf (was ihm höchstwahrscheinlich die Rolle einbrachte).

Er betrat das Studio mit dem gleichen Gefühl, das er gehabt hatte, als man ihn mit den verbrannten, entzündeten Händen in den Operationssaal rollte.

»Ich fühlte mich schrecklich und paranoid«, gestand er dem *Time*-Magazin kurz danach. »Ich war fest davon überzeugt, daß die Crew sich fragte: ›Jesus, wo hat man denn den aufgegabelt?‹« Womit er nicht ganz unrecht gehabt haben mag.

Tatsächlich ging alles schief, was schiefgehen konnte. Er sollte zusammen mit der wunderschönen Katherine Ross Probeaufnahmen machen, die das Mädchen spielte, das er während der Trauung entführte. Die Tochter jener Frau, die ihn ins Bett gelockt und ihm die Unschuld geraubt hatte.

Es war eine äußerst befremdliche Situation für ihn. Nicht nur, weil er Probeaufnahmen für seine erste bedeutende Rolle machte; es war auch das erste Mal, daß er in aller Öffentlichkeit jemanden lieben sollte. »Ich habe nie ein Mädchen in der Schauspielschule gebeten, mit mir eine Liebesszene zu spielen. Und kein Mädchen bat mich darum.« Nach den Aufnahmen war es unwahrscheinlich, daß Katherine Ross ihn jemals wieder darum bitten würde.

Sie saßen auf dem Bett und sollten eine Liebesszene spielen. Um, wie Dustin es ausdrückte, »mehr Leben hineinzubringen«, packte er ihren Allerwertesten und zog sie an sich. Das machen noch nicht einmal alte Freunde, die in einem Film mitwirken, geschweige denn Fremde vor den Fremden im Set. Miss Ross war nicht sehr erfreut. »Machen Sie das nicht noch einmal«, schrie sie. Dustin entschuldigte sich anschließend bei ihr und Mike Nichols und versuchte, sein Motiv zu erklären: »Ich war unsicher. Ich brauchte etwas, woran ich mich festhalten konnte.«

Miss Ross wußte den Witz nicht zu würdigen, was wiederum Dustin leid tat. Er spürte das immer stärker werdende Verlangen, sich für seine Vorstellung zu entschuldigen, die er einfach schrecklich fand.

Katherine meinte danach, sie habe gedacht, er sähe aus, als sei er etwa neunzig Zentimeter groß und »todernst, humorlos und ungekämmt. Das wird bestimmt ein Reinfall.«

Die Probeaufnahmen kamen ihm wie ein grausamer Scherz vor. Als hätte man ihn in der High School zum Kapitän der Footballmannschaft gemacht. (Was natürlich niemand, der noch bei klarem Verstand war, getan hätte.) Genauso unpassend fühlte er sich jetzt für die Rolle des Benjamin Braddock in DIE REIFEPRÜFUNG.

Er erinnert sich, beim Anblick von Miss Ross gedacht zu haben: »So ein Mädchen würde sich auch nicht in Millionen Jahren in einen Jungen wie mich verknallen.« Ihm war klar, daß das Ganze ein Fehler gewesen war.

Er sagte, es sei die schlimmste Erfahrung seines Berufslebens gewesen. Es war noch schlimmer, als beim Vorsprechen durchzufallen und sich davonzutrollen. Es war so schlimm, weil er die Chance, eine völlig neue Laufbahn zu beginnen, vertan hatte, ehe überhaupt Gelegenheit war zu zeigen, was in ihm steckte. Dustin wußte, daß er schrecklich gewesen war, und die Techniker um ihn herum wußten es auch.

Als er die Klangbühne verließ, war er so deprimiert, daß ihm vor dem Gedanken graute, seinen stets neugierigen Eltern, die er am Abend besuchen würde, Bericht zu erstatten.

Als er das Gebäude verließ, in dem die Probeaufnahmen stattgefunden hatten, zog er seine Jacke an, wobei ihm eine New Yorker Fahrkarte aus der Tasche fiel. Ein Crew-Mitglied hob sie auf. »Hier, Kleiner«, sagte er übertrieben freundlich, »die wirst du brauchen können.« Dustin war überzeugt, wenn die Studioleitung eine Möglichkeit gefunden hätte, den Rückflug nach New York zu stornieren und ihn statt dessen per Bahn reisen zu lassen, dann hätte sie es getan.

Sechs Tage später rief Nichols an. »Wir sind im Geschäft«, sagte der Regisseur. »Sie besitzen gerade die richtige Art verwirrter Panik, die ich für die Rolle brauche.« Dustin war nicht gerade entzückt von der Idee und machte den scheinbar großen Fehler, es Nichols zu sagen. »Das wäre ein Fehler. Ben Braddock ist kein Jude.«

»Das stimmt«, antwortete Nichols, »aber in seinem Innern ist er jüdisch.« Er erklärte nie, was er damit meinte, aber dadurch gelang es ihm, Dustin davon zu überzeugen, die Rolle zu übernehmen.

Es sollte noch fünf Monate dauern, bevor Nichols das erste Mal »Action« rief. Fünf Monate, in denen ihm nichts anderes übrigblieb, als zu warten, den unterzeichneten Vertrag zu studieren und über seine Zukunft nachzusinnen, die eine neue und möglicherweise verhängnisvolle Wendung genommen hatte.

Endlich war es soweit:

Das Erste-Klasse-Flugticket nach Los Angeles lag im Briefkasten. Er flog los und meldete sich in seinem Hotel. Am nächsten Morgen erschien er auf dem Set, wobei er sich noch schlimmer fühlte als damals bei den Probeaufnahmen. Die konnte man abschreiben und vergessen, denn nur wenige Menschen hatten sie gesehen.

Aber jetzt ging er daran, eine Rolle zu spielen, die der Nachwelt auf Zelluloid erhalten bliebe. Wäre er schlecht, hätten nicht nur Mike Nichols und das Studio darunter zu leiden, sondern auch er selbst. Alle Welt würde es erfahren.

Oder wenigstens der Teil der Welt, um den es ihm ging. Ein Schauspieler ohne Ruf war ein Nichts.
Er fragte sich insgeheim, auf was er sich da eingelassen hatte. Er beabsichtigte nicht, das Theater aufzugeben. Nach dem, was ihm bei den Probeaufnahmen widerfahren war, war er überzeugt davon, daß alles stimmte, was er je über Hollywood gedacht hatte. Das einzige, was ihn daran reizte, in DIE REIFEPRÜFUNG mitzuwirken, war das Geld. Siebzehntausend Dollar, von denen er sich damals, im Jahre 1967, gerade einen dieser kalifornischen Swimmingpools hätte leisten können.
Da gab es noch jemanden, der seine Zweifel teilte...
Anne Byrne war nach New York und somit in sein Leben zurückgekehrt. Kurz bevor er in Richtung Kalifornien aufbrach, hatte er in einer Manhattaner Zeitung ein Foto von ihr gesehen und ihr einen Brief geschrieben, worauf sie sich getroffen hatten. Sie erzählte ihm, sie sei mit einem Geschäftsmann verheiratet gewesen, von dem sie eine Tochter namens Karina habe, doch jetzt sei sie geschieden. Sie trafen sich häufiger. Diesmal war es ernster als früher.
Sie wurde seine Vertraute. Er erzählte ihr von seinen Befürchtungen und Wünschen. Er gestand ihr, wie aufgeregt er wegen DIE REIFEPRÜFUNG sei. Sie antwortete ihm, sie sei es nicht.
»Mir gefiel das alles nicht«, erzählte sie mir. Ihr mißfiel die Vorstellung, fünf Monate lang von ihm getrennt zu sein (so lange sollten die Dreharbeiten dauern). Doch sie machte sich nicht nur wegen der Trennung Sorgen.
»Ich hatte Angst, er würde seine Karriere ruinieren«, verriet sie mir. »Er war endlich ein seriöser Schauspieler geworden, den man wegen seiner schauspielerischen Fähigkeiten anerkannte. Ich wollte nicht, daß das zunichte gemacht wurde. Ich habe ihn auch damals nicht als Star gesehen.«
Es gab noch einen persönlichen Grund. Dustin erinnert sich: »Wir wußten, daß unser beider Leben sich ändern würde.

Eine derartige Erfahrung konnte eine Beziehung entweder festigen oder zerstören.«

Das *Time*-Magazin zeigte Dustin achtzehn Monate nach der Premiere des Films (zusammen mit Mia Farrow, mit der er damals gerade einen Film drehte) auf ihrem Titelblatt unter der Überschrift: »Die jungen Schauspieler – Stars und Antistars«. Dustin gehörte, wie wir gesehen haben, zu den letzteren. Aber im Film selbst gab es nur wenig, das »anti« war.

DIE REIFEPRÜFUNG war ein sehr erotischer Film. Er wurde gedreht, bevor die Filmindustrie den Sex, oder besser gesagt, die Nacktheit entdeckte, die ab 1968 jeden Film zu beherrschen schien. Doch obgleich 1968 noch ein Jahr entfernt war, sah man schon die ersten Zeichen kommender Dinge: zum einen die Geschichte selbst; die Vorstellung, seine Kleider abzulegen und sie auf den Boden fallen zu lassen. Sachen, die das Hays Office, wenn es noch eine moralingetränkte Truppe in Hollywood gehabt hätte, die darauf aufpaßte, daß in den Filmen keine Doppelbetten, keine langen Küsse, keine Dekolletés, geschweige denn nackte Körper zu sehen waren, sofort mit Balken versehen und die Legion of Decency zu Proteststürmen aufgestachelt hätte.

Dustin wurde nicht gebeten, in voller Frontale zu agieren, und Katherine Ross war immer schicklich angezogen. Nur Anne Bancroft als verführende und verführerische Mrs. Robinson zeigte ihre Schenkel.

Es war sowohl Miss Bancrofts, deren Schönheit ihr Ehemann, Mel Brooks, als erster zu würdigen wußte, als auch Dustin Hoffmans Film. Ungefähr zur gleichen Zeit, als Mike Nichols sich Dustin Hoffman wegen DIE REIFEPRÜFUNG näherte, gedachte Brooks, dem Dreißigjährigen die Rolle eines homosexuellen deutschen Dramatikers in seinem Film FRÜHLING FÜR HITLER anzubieten, mit Zero Mostel und Gene Wilder in den Hauptrollen. Dustin hätte

es bestimmt gefallen, wenn man bedenkt, wie sehr er Mostel schätzte. Er konnte sich jetzt immerhin damit trösten, daß er mit Mel Brooks Frau zusammenarbeitete.
Für die Rolle der Mrs. Robinson war unter anderem Susan Hayward im Gespräch gewesen, die bestimmt ausgezeichnet und sehr sexy gewesen wäre. Doch Susan war bereits krank und lehnte die Rolle ab. Nichols hatte auch die französische Schauspielerin Jeanne Moreau in Erwägung gezogen. Sie hätte bestimmt eine feurige Mrs. Robinson abgegeben, jedoch eine, die nicht kalifornisch genug war. So übernahm Anne Bancroft die Rolle, und die Nachwelt – und Mr. Hoffman – konnten sich glücklich schätzen.
Während der Dreharbeiten schloß Dustin Freundschaft mit Elizabeth Wilson, einer Schauspielerin mittleren Alters, die die Mrs. Braddock spielte, Benjamins Mutter. Sie wohnten im selben Apartmenthaus und gingen gelegentlich zusammen essen. Plötzlich tauchte das Gerücht auf, sie hätten eine Affäre, genauso wie Benjamin und Mrs. Robinson. Das war etwas, was Dustin schnell lernte: Kaum hat man eine gute Filmrolle, wird man durch die Gerüchtemühle gedreht, und jeder glaubt, einen in- und auswendig zu kennen.
Joseph E. Levine, der Direktor von Embassy Pictures, bildete da eine Ausnahme. Er war sich nicht so sicher. Aber er hielt sich zurück. Er gestand, daß es ihm bei einem Treffen mit Dustin Hoffman so vorgekommen sei, als stünde er einem Fensterputzer gegenüber, und sagte es ihm.
Dustin verstand den Wink, zog sein Taschentuch hervor und begann, die Fenster zu putzen. Später verriet Levine, daß er zwar gewußt habe, weshalb Nichols gerade auf Dustin verfallen war, doch man könne erst sagen, ob der Pudding gut sei, wenn man ihn gegessen habe, und er könne so früh noch nicht sicher sein, ob das Mahl ihm munden würde.
Als er sicher war, daß der Pudding ihm schmeckte, bot er Dustin eine Option auf seine Dienste für zwei weitere Filme

an. Der stets vorsichtige Hoffman antwortete, er müsse erst seinen Psychoanalytiker fragen.

Aber manchmal fragte sich Nichols, ob er selbst nicht einen Psychiater brauchte, um herauszufinden, weshalb er gerade Dustin die Hauptrolle gegeben hatte.

Die Hoffmansche Psyche verschonte ihn nicht mit den Traumen der Off-Broadway-Regisseure, und so hörte man Nichols über seinen neuen Star klagen: »Nun, wir werden nie wieder miteinander arbeiten, soviel ist sicher. Das hier ist mein wichtigster neuer Film, und auf dem Weg zum Hit. Ich habe zu viele neue Sachen gemacht.«

DIE REIFEPRÜFUNG und Dustin Hoffman gehörten zu den neuen Sachen. Also beschloß er, geduldig zu sein. Was ihn nicht daran hinderte zurückzuschlagen. Er beschied Dustin kurz nach obigem Ausbruch: »Wir werden diese Szene nur heute drehen, und ich möchte – egal wie erschöpft oder elend Sie sich auch fühlen –, daß Sie sich daran erinnern, daß alles, was Sie heute tun, auf Zelluloid gebannt wird, damit es sich die Leute immer und immer wieder ansehen können.

Ich weiß, daß Sie müde sind. Aber wenn Sie sich den Film irgendwann einmal ansehen sollten, und die Szene gefällt Ihnen nicht, dann denken Sie stets daran, das war der Tag, an dem Sie jemand Besonderer geworden sind.«

Dustin wußte, daß er es sich nicht leisten konnte, hochmütig zu werden, weder jetzt noch später.

Er versuchte so zu tun, als hätte sich nichts geändert, als sei er noch immer einer von den Jungs, die alle Mädchen neckten, nicht nur die mit Sternen an der Tür des Umkleideraumes oder einem eigenen Wohnwagen. Er stellte sich auch für einen Kaffee an. Und wenn die Frau hinter der Theke ihn fragte, was er haben wolle, antwortete er: »Kaffee. Schwarz, mit Zucker – und einem Kuß.« Meistens mußte er sich mit dem Kaffee begnügen.

Später jedoch ließ er verlauten, er habe das in den Studios

herrschende Betriebsklima gehaßt. Jeder habe ihn mit »Sir« angeredet, so daß er sich bald wie ein »Kentucky Colonel« vorkam, doch niemand sprach mit der Crew. Und die Statisten seien »wie der letzte Dreck behandelt« worden. (Worauf es hieß, er habe es genossen, wie ein Kentucky Colonel behandelt zu werden und sei auch nicht besonders nett zu den niedrigen Chargen gewesen.) Doch damals lieferte er keinen Hinweis dafür, daß er nicht rundum zufrieden gewesen wäre.

Dustins Vater machte die Filmerei noch mehr Spaß als seinem Sohn. Die Hoffmans kamen so oft sie konnten zum Set, was, da sie in der Nähe wohnten, sehr oft war. Mike Nichols freute sich nicht so sehr darüber. Besonders als Harry ihm nach einer besonders heiklen Szene gratulierte, die Nichols seiner Meinung nach gut hingekriegt hatte.

Man drehte im Taft Hotel. Harry und Lillian standen hinter den Absperrseilen, die eine Barriere zwischen den Schaulustigen und den Schauspielern samt Crew bildeten. Dustins Eltern hatten versprochen, sich zu benehmen. Dustin ahnte, was sie anrichten konnten, und ermahnte sie, nicht nur hinter den Seilen zu bleiben, sondern auch den Mund zu halten.

In Wirklichkeit befürchtete er, sie könnten ihn bitten, vorgestellt zu werden, und so bat er sie, sich ruhig zu verhalten, nicht mit ihm zu sprechen und nicht in die Blickrichtung eines anderen Schauspielers zu geraten. Manchmal sah Dustin zu ihnen hin und nickte. Dann nickten sie zurück und lächelten. Er war ihnen dankbar, daß sie nicht winkten. Sobald er befürchtete, daß sie winken würden, steckte er die Nase ins Drehbuch. Die Hoffmans benahmen sich musterhaft.

Harry war so begeistert von dem, was er gesehen hatte, daß er es unbedingt Nichols mitteilen wollte. Als die Szene im Kasten war, näherte er sich dem Regisseur und fragte: »Wie geht es Ihnen? Ich bin Dustys Vater.« Dann fuhr er fort, wie überaus kompetent Nichols doch die Szene gedreht hätte.

»Ein guter Schuß«, meinte er professionell. Aber er beließ es nicht dabei, sondern fügte hinzu: »Meiner Meinung nach sollten Sie die nächste Szene so drehen ...«
Der Regisseur, der gerade seinem Star mit Rausschmiß gedroht hatte, war nicht sonderlich erfreut darüber, von einem alten Ex-»Columbianer« belehrt zu werden. Doch er behielt die Nerven und hoffte, daß man es dem Endprodukt ansehen würde. Mit der Zeit lernte er die lustige Seite der Eltern Dustins kennen. Er mußte Dustin recht geben. Seine Eltern waren wirklich »nette Menschen«, besonders, weil sie ihn zum Lachen brachten.
Auch der junge Hoffman machte ihn lachen, wenn er sich nicht gerade über seine Primadonna-Allüren ärgerte. Einmal lachte er dermaßen, daß er den Set verlassen und von einer benachbarten Bühne aus »Schnitt« rufen mußte.
Nichols war der erste, der zugab, daß der Film nicht allein sein Werk oder das der Drehbuchautoren Buck Henry und Calder Willingham war.
»Dustin sagt immer, er verdanke seinen Erfolg einzig und allein mir; er hätte nichts dazu getan. Er ist ein sehr eigenwilliger Schauspieler und schrecklich lustig, aber vor allem ist er Dusty. Und allein die Tatsache, daß er Dusty ist, hat den Film zu dem gemacht, was er ist. Dustin improvisierte bei jeder sich bietenden Gelegenheit. Er ist sehr schöpferisch.«
Das Problem war nur, daß beide, sowohl der Star als auch der Regisseur, unsicher waren. Im Theater wäre Dustin bei der geringsten Meinungsverschiedenheit sofort explodiert. Hier, bei den Dreharbeiten, war er eher geneigt, klein beizugeben. Eines Tages sprach ihn Nichols darauf an. »Manchmal kriege ich Sie, nicht wahr?« fragte Nichols. »Aber Sie geben mir immer recht. Warum sagen Sie mir nicht, ich soll mich zur Hölle scheren?«
»Das kann ich nicht«, antwortete Dustin.
»Warum nicht?«

»Weil Sie der Regisseur sind.« Doch nach diesem Gespräch war er nicht mehr so nachgiebig, und mit der Zeit ließ er etwas mehr von sich selbst in die Rolle einfließen.

Dustin improvisierte öfters, was Nichols wahrscheinlich manchmal wahnsinnig gemacht hat.

Da gab es zum Beispiel diese Szene, in der der Empfangschef des Hotels nach einem Pagen klingelte, nachdem Benjamin Braddock ihm zugeflüstert hatte, er wünsche ein Doppelzimmer für sich und Mrs. Robinson.

Als der Mann klingelte, legte Dustin seine Hand über die Klingel, damit niemand das Läuten hörte.

Dustin hatte sich diese Geste ausgedacht, weil er meinte, genau das würde ein nervöser Junge in einer solchen Situation tun. Es war so ähnlich, wie in eine Drogerie zu gehen, um ein Päckchen Kondome zu kaufen, und herumzudrucksen, bis ein männlicher Verkäufer einem zu Hilfe eilt.

Bei einer anderen Gelegenheit zeigte er seine Frustration über die ätzenden Bemerkungen, mit denen Mrs. Robinson Benjamin bedenkt, indem er mit dem Kopf gegen die Wand schlug, wie er es damals in der Schule getan hatte, nachdem er dem Mädchen an die Brust gegangen war. »Es war nie meine Absicht, so zu tun, als sei Benjamin noch ›Jungfrau‹, wie eine Menge Leute zu glauben scheint. Ich versuchte zu zeigen, daß er in *dieser* Situation eine Jungfrau war, daß er sich in Mrs. Robinsons Gegenwart wie eine ›Jungfrau‹ fühlte.« Aber, fuhr er fort, er wisse nie, was er tue, wenn er bei Filmaufnahmen improvisiere.

DIE REIFEPRÜFUNG war nicht nur Dustin Hoffmans erster wichtiger Film, sondern es war auch der erste Film, bei dem er bei den Aufnahmen improvisierte. Er improvisierte vor und hinter der Kamera. So bei einem jungen Mann namens Irwin, der als sein Double fungierte.

Irwin brachte seine Freundin mit. Dustin beäugte sie und fragte: »Sind Sie noch Jungfrau?«

»Aber natürlich bin ich noch Jungfrau«, antwortete das Mädchen, das nicht wußte, ob es wegen Dustins Offenheit beleidigt oder amüsiert sein oder sich geschmeichelt fühlen sollte, daß ein Star sich herabließ, mit ihr zu sprechen.
»Warum?« wollte Dustin wissen.
»Weil ich meine, man solle nicht vor der Hochzeit miteinander schlafen«, erwiderte das Mädchen.
»Sie bewahren sich also für ihren Ehemann auf?«
»Ja.«
»Glauben Sie, daß Ihre Eltern es vor der Heirat jemals miteinander getrieben haben?«
»Oh,nein«, schnappte das Mädchen, wütend über Hoffmans Verhör.
Aber das war seine Natur, die Natur eines Charakterdarstellers; und genau das, was er mit dem Mädchen gemacht hatte, versuchte er auch vor der Kamera zu tun. Wenn er sein Publikum genauso schocken konnte wie dieses Mädchen, dann hatte er gewonnen.
Aber er spürte kein Verlangen, länger als nötig am Ort des Geschehens zu verweilen. Sobald der Film abgedreht war, verabschiedete er sich von seinen Eltern, packte seine Taschen und eilte nach New York zurück – und fühlte sich erheblich besser als bei früheren Gelegenheiten.
Er wußte, daß er gute Arbeit geleistet hatte. Aber, wie er später hinzufügte: »Ich konnte es kaum erwarten zurückzukehren.« Einer der Gründe dafür war natürlich Anne. Aber der Gedanke an DIE REIFEPRÜFUNG und seine Rolle ließen ihn nicht los.
Er glaubte damals nicht, daß der Film ein Erfolg werden würde. »Ich hielt ihn für einen guten Film, der, wenn es hochkam, eine Zeitlang in den Kinos laufen würde.«
Erst als der Film anlief, wußte Dustin, daß er erreicht hatte, was er sich damals, als er zum ersten Mal am Set erschienen war, vorgenommen hatte.

Nichols habe, so Dustin, ihn gegen Ende des Films genausowenig ermuntert wie zu Anfang. »Ich hatte nie das Gefühl, daß er mit dem, was ich machte, zufrieden war, obwohl er mir manchmal ein ›Zuckerbrot‹ zuwarf. Aber ich hatte immer das Gefühl, ihn enttäuscht zu haben.«
Andererseits meinte Dustin, trotz seines angespannten Verhältnisses zum Regisseur hätte er den Film nie gemacht, wenn Nichols nicht die Leitung gehabt hätte.
Dustin war erst richtig zufrieden, nachdem er sich in einem Kino in der 86th Street in eine Pressevorschau geschmuggelt hatte. Er saß, mit einer alten Sportjacke und einem Hemd ohne Krawatte angetan, auf dem Balkon. Keiner seiner Sitznachbarn erkannte ihn, was ihm sehr gelegen kam, denn so konnte er aus erster Hand erfahren, was sie über den Film dachten, was mehr aussagte als die Zahl der verkauften Karten.
Dennoch wurde er von einigen erkannt. Die Kolumnistin Sheilah sagte, er hätte das Kino wie ein »unbekannter Beatnik Boy« betreten und »von der Menge gefeiert« wieder verlassen. Ihn ärgerte sowohl der »Beatnik« als auch der »Boy«, und er sagte, es sei nicht wahr, daß die Menge ihn gefeiert habe. Er hörte, daß der Film den Leuten gefiel. Ihm selbst gefiel er auch. Als der Abspann lief, hatte Dustin nur diejenigen seiner Kollegen enttäuscht, die gehofft hatten, er würde auf seine jüdische Nase fallen.
Die meisten Kritiker lobten DIE REIFEPRÜFUNG. Bosley Crowther von *The New York Times* verkündete seinen Lesern, sie hätten jetzt die Chance, sich einen Film anzusehen »der nicht nur einer der besten des Jahres, sondern auch eine der besten tragikomischen Gesellschaftskomödien ist, die uns Hollywood seit den Zeiten Preston Sturges schenkte«. Das klang nicht übel. Aber für Dustin Hoffman sollte es noch besser kommen. Er war beschrieben als »ein neuer junger Schauspieler, der geradezu superb ist.«
Stanley Kauffman gab zu, daß ihm das Spiel Dustin Hoffmans

gefiel. Er schien sich an dessen frühere Rollen zu erinnern, als er in *The New Republican* schrieb: »Dustin Hoffman, in der Theaterwelt bereits als außergewöhnliches Talent bekannt… vergrößerte hiermit seinen Ruf.« Es tat wirklich gut, nach all den Jahren zu lesen: »… in der Theaterwelt bereits bekannt.« Auch Anne war zufrieden mit den Kritiken.

Mr. Kauffman fuhr fort, er habe natürlich auch die Schwächen des Films bemerkt, und fügte hinzu: »Was das filmische Geschick, die Absicht und die direkte Beziehung zu uns anbelangt, so ist DIE REIFEPRÜFUNG ein Meilenstein in der amerikanischen Filmgeschichte.«

Die Kritikerin Renata Adler geizte nicht mit ihrem Lob: »Sich DIE REIFEPRÜFUNG anzusehen ist ein wenig so, als habe man einen seiner geistreichsten Freunde zum Essen eingeladen, der mit jeder Minute witziger und lebhafter wird, bis einem schlagartig bewußt wird, daß man in Wirklichkeit Zeuge eines beginnenden Nervenzusammenbruches ist.«

Dustin hätte das auf sich beziehen können, aber er beschloß, es zu ignorieren. Mit einem Film in Verbindung gebracht zu werden, der derartige Aufmerksamkeit erregte, vom Lob ganz zu schweigen – was wollte er mehr.

Hollis Alpert von der *Saturday Review* war noch überschwenglicher als seine Kritikerkollegen: »Dustin Hoffman ist der wunderbarste Filmheld unserer Generation. Ein wenig klein und vollkommen ernst, macht er seinen Weg durch eine Reihe schrecklicher und schmerzlicher Erfahrungen.«

Anne begleitet ihn zur Weltpremiere von DIE REIFEPRÜFUNG. Sie war die passende Begleitung für einen neuen Star, einen Mann von einunddreißig Jahren, der vor ein paar Monaten noch U-Bahn-Freikarten gesammelt und sich Gedanken darüber gemacht hatte, ob er jemals eine bedeutende Rolle in einem Broadway-Stück bekommen würde.

Anne fuhr mit ihren und seinen Eltern in der Limousine vor, die das Studio Dustin bereitgestellt hatte.

Die Zeitungen veranstalteten einen Riesenwirbel darum, daß sich Dustin für die Weltpremiere extra ein Dinnerjacket leihen mußte. Die bloße Tatsache, wie sehr sie daran interessiert waren, über dieses – ach so wichtige – Ereignis zu berichten, sagte einiges über den Schauspieler aus und den Film, in dem er mitwirkte. Es war seine erste Erfahrung als Gegenstand des öffentlichen Interesses. Als die geliehene Jacke Schnee von gestern war, stürzten sich die Medien darauf, daß Lillian und Harry bei der Premiere dabeigewesen seien. War es nicht seltsam, daß ein Star seine Familie so nahe bei sich haben wollte? Das verstand man genausowenig wie die Sache mit dem Dinnerjacket. Dustin Hoffman wiederum konnte nicht begreifen, wieso irgend jemand sich dafür interessieren sollte.

Der wirkliche Beweis für den Erfolg, den er als Benjamin hatte, ist die Tatsache, daß es unmöglich war, sich den Film ohne ihn vorzustellen und an einen großen blonden statt an einen kleinen dunkelhaarigen jüdischen Jungen zu denken. Ein Junge mit all den Unsicherheiten, die sich bereits bei den Probeaufnahmen gezeigt hatten. Ein linkischer Student, der vielleicht ein paar schmutzige Bücher gelesen hatte und den *Playboy* in seinem Nachtschränkchen versteckte, aber zum Geschlechtsverkehr ebensowenig bereit war wie Andy Hardy. Fast genauso unverhofft wie sein Ruhm kam die Nachricht, daß er für den Oscar nominiert worden war. Anne hätte es vorgezogen, wenn er sich am Broadway etabliert hätte. Sie beide waren jetzt praktisch unzertrennlich.

Es war klar, daß sie heiraten würden. Der kleine jüdische Dustin und die hochgewachsene Anne, die einer christlichen, in Westchester County lebenden Mittelstandfamilie entstammte, einer der vornehmsten Gegenden in der Nähe New Yorks. Obwohl sie mir gegenüber darauf bestand, daß ihre Familie nicht wohlhabend sei. Ihr Vater war Bibliothekar, und ihre Mutter arbeitete mit tauben Menschen.

Als Anne und Dustin verkündeten, daß sie heiraten wollten, erhoben Annes Eltern keinen Einwand. Auch die alten Hoffmans hatten nichts dagegen, obwohl die wenigsten religiösen jüdischen Familien geneigt waren, ihre Kinder »auswärts« zu verheiraten. »Aber seine Familie war nicht im geringsten religiös«, erzählte sie mir. »Keiner der beiden Jungs war zur *bar mitzvah* gegangen – und sie fanden nichts, über das sie sich beklagen konnten.« Wahrscheinlich waren sie vom Erfolg ihres Jungen, dem Star, so entzückt, daß nichts sie erschüttern konnte. Ihr Sohn hatte schließlich in der Rolle des Jugendlichen genauso eingeschlagen wie weiland der ihm nicht gerade ähnliche James Dean, der genau an dem Tag starb, an dem Dustin ins Santa Monica College eintrat.

Dustin war als erstem bewußt geworden, daß sein Erfolg diesem Film zuzuschreiben war. Er hat es nie gesagt – aber wenn der Film schlecht geworden wäre, hätte er wahrscheinlich bei einem zweiten MADIGANS MILLIONEN geendet. »Ich habe einen Film gedreht, der wie eine Bombe einschlug, aber ich war nicht dafür verantwortlich.«

Er ließ jedoch unerwähnt, daß zwei andere Burschen etwas mit dem Erfolg des Films zu tun hatten, und zwar Simon and Garfunkel, die Paul Simons Songs sangen, wobei ich besonders »Here's To You, Mrs. Robinson« erwähnen möchte, mit dem auch Frank Sinatra großen Erfolg gehabt hatte.

Doch die Mithilfe der Beatles erkannte er an, was nur recht und billig war, nach den Vergleichen, die zwischen ihm und ihnen gemacht worden waren. »Sie haben uns europäisiert«, meinte Hoffman dazu.

Wenn jemand ihn auf der Straße anhielt und sagte: »Wissen Sie eigentlich, daß Sie wie Dustin Hoffman aussehen?«, wußte er, daß er es geschafft hatte.

Andererseits kam es vor, daß er, wenn er zu einer Veranstaltung in der üblichen Hollywood-Limousine auftauchte, mit den Worten begrüßt wurde: »Sie sind doch ... Wiewardochgleichdername?... Sie haben in Wiehießerdochgleich? mitgespielt.« Das war eine heilsame Lektion. Aber es gab auch Menschen, die genau wußten, wer er war und was er konnte. Wie seine Mutter, die sich jetzt ebenso einmischte wie Harry damals bei den Aufnahmen. Sie rief die Kinos in der Nähe an, in denen DIE REIFEPRÜFUNG lief, und fragte, wie das Geschäft gehe. Und sie bedrohte die Kinos zwar nicht gerade, die einen anderen Film zeigten, aber sie äußerte ihre Verachtung über den Mangel an Geschmack und drohte damit, sie für immer zu boykottieren. Und wenn nicht lange Menschenschlangen vor den Kinos standen, fühlte sie sich krank. Manchmal lag sie die ganze Nacht lang wach und fragte sich, ob ihr »Dustalah« es schaffen würde.

Sie hegte keinen Zweifel an seiner wahren Berufung. Sein Theatererfolg beunruhigte sie nicht. Der zählte jetzt nicht mehr. Das war nur eine Laune, der ihr Junge einst gefrönt hatte. Jetzt nahm er die Sache ernster. Bald würde er seinen Namen auf einem der goldenen Sterne des Hollywood-Boulevards verewigen, neben den Leuten, auf die es ihrer Meinung nach ankam, wie Valentino oder ihren geliebten Ronald Colman.

Dustin Hoffman war dabei, einer der bedeutendsten Stars zu werden, die es je gegeben hatte. Und sie bereute, daß sie all die Jahre bedauert hatte, Söhne geboren zu haben, die so klein und, wie sie meinte, noch nicht einmal gutaussehend waren. Aber was brauchte es jetzt einen neuen Ronald Colman, wenn es einen neuen Dustin Hoffman gab?

Wenn auch Lillian über Dustins Erfolg ganz aus dem Häuschen war, die andere Frau in seinem Leben war es nicht. In seiner Beziehung zu Anne gab es Schwierigkeiten.

Heute sagt sie, alles sei von dem Moment an vorhersehbar gewesen, in dem sie ihn gebeten hatte, die Rolle in DIE REIFEPRÜFUNG nicht anzunehmen. »Ich wollte nicht, daß er sie annahm, und ich glaube immer noch, daß ich recht hatte«, erzählte sie mir. »Wäre er ein New Yorker Schauspieler geblieben, wäre er möglicherweise in seinem professionellen Format gewachsen. So blieb er derselbe.«

Womit sie die grundlegende Tatsache ignoriert, daß gerade dieses »derselbe bleiben« ihm zu jenem plötzlichen Ruhm verholfen hatte, den er nie kennengelernt hätte, wenn er beim Theater geblieben wäre. Sie verstand zwar, was mit ihm geschehen war, aber das Zusammenleben wurde dadurch nicht leichter. »Es war sehr schwer für ihn, in dem ganzen Starrummel, umgeben von Leuten, die ihn ständig lobten, er selbst zu bleiben. Deshalb trennten wir uns.«

Dustin hatte die Probleme, die ihm der Ruhm einbrachte, nie bestritten. »Erfolg bedeutet für einen New Yorker Schauspieler etwas anderes als für einen Schauspieler aus Hollywood«, sollte er zwei Jahrzehnte später sagen. »Ich habe oft gedacht, ich hätte mich falsch entschieden, ich hätte mich durch den Erfolg des Films täuschen lassen. Ich war ja damals gerade dabei, mir einen Namen als Bühnenschauspieler zu machen.«

Doch die Menschen begannen sich mit ihm zu identifizieren. Wie Lloyd Shearer von *Parade* es ausdrückte: »Mit seinem kleinen Wuchs, der Hakennase, den kleinen, runden und glänzenden Augen und den ungekämmten Haaren sieht er wie ein Verlierer aus, und gerade dieses Verliererimage ist es, weshalb die junge Generation ihn zu einem Gewinner machte.« Nur Anne nicht.

Die Heirat des neuen Stars mit der hochgewachsenen, wunderschönen Ballerina schien gefährdet zu sein. Dustins Karriere nicht. Im Büro seines kalifornischen Agenten und überall in seiner kleinen Wohnung in Greenwich Village stapelten sich die Drehbücher. Die Wohnung kostete ihn einhundertfünfundzwanzig Dollar im Monat. Er erklärte, er wolle sie »für immer« behalten; zumindest so lange, wie die abgenutzte Geige, die er vor fünf Jahren aus einem Mülleimer geklaubt hatte, im Regal stünde.

Er gestand, daß er es haßte, sich von Sachen zu trennen, seien es alte Socken, Unterwäsche oder Bücher.
»Es ist die Angst, ein Stück von sich selbst zu verlieren«, erklärte er. Seine Wohnung – »Ich brauche diesen Ort.« – gehörte in diese Kategorie.
Er nahm keines der Angebote an, obwohl er nicht gerade reich war. Fast zehntausend der siebzehntausend Dollar, die er für DIE REIFEPRÜFUNG bekommen hatte, hatte das Finanzamt kassiert. Als er seine Schulden bezahlt hatte, waren nur noch viertausend Dollar übrig, die nicht lange reichen würden.
Es dauerte nicht lange, und er bezog wieder Arbeitslosenunterstützung. Aber dieses Mal *mußte* er nicht stempeln gehen. Er sagte, er hätte sich in die Schlange der Arbeitslosen im New Yorker Arbeitsamt in der 75 East 13th Street eingereiht, weil es ihm dabei half, eine richtige Lebensperspektive zu bekommen. Wie die Stadtverwaltung, geschweige denn die hiesigen Steuerzahler reagiert haben würden, wenn sie die wahren Motive gekannt hätten, steht in den Sternen. Aber ein paar Wochen lang kassierte er seinen Fünfundfünfzig-Dollar-Scheck in der Hoffnung, daß niemand es bemerkte.
Seine berufliche Integrität war Schuld daran, daß er keines der Angebote annahm. Für eine Rolle in fast jedem der abgelehnten Drehbücher hätte er hunderttausend Dollar verlangen können, aber er verzichtete darauf. Was Anne ein wenig gefreut haben mochte, aber nicht genug, um wieder zu ihm zurückzukehren.
In der Zwischenzeit lebte er vom Arbeitslosengeld und den leichtverdienten Honoraren, die er für seine Auftritte in Fernseh-Talk-Shows bekam. Dabei wurde offensichtlich, daß er an einem neuen Punkt seiner Laufbahn angelangt war. Er war jetzt ein wirklicher Star.
Plötzlich war er berühmt, und alle Welt sprach über ihn. Plötzlich? Das Wort scheint lächerlich, wenn man bedenkt, wie lange er darauf hatte warten müssen. Er war zehn Jahre

lang ein unbedeutender Schauspieler und noch länger Stammgast in den Mitarbeiterkantinen von Macy's und den Küchen von Klubs wie dem Improvisation Club gewesen. Aber in Anbetracht der Zeit, die seit Beendigung der Dreharbeiten verstrichen war, war es plötzlich.

Er selbst war über diesen »Über-Nacht«-Erfolg am meisten beunruhigt. »Die Vorstellung, man könnte denken, ich sei so ein dahergelaufener Kerl, der sich zufällig für eine Rolle eignete, verletzte mich«, gestand er kurz nach der Premiere. »Die Leute erkannten einfach nicht, daß ich bereits dreißig war, als ich den Zwanzigjährigen spielte.«

Man braucht schon ein gehöriges Maß an Nachsicht, um diese Episode aus der Geschichte des amerikanischen Rundfunks gelassen hinzunehmen:

> Rundfunksprecher: Oh, wie aufregend. Und es geschah über Nacht, nicht wahr?
> Dustin: Nicht ganz. Ich habe zehn Jahre gebraucht.
> Rundfunksprecher: Wie aufregend! Sie haben zehn Jahre gelernt, und dabei sind Sie erst zwanzig.
> Dustin: Dreißig.
> Rundfunksprecher: Das kann nicht sein.
> Dustin: Doch.
> Rundfunksprecher: Ich bin enttäuscht.
> Dustin: Ich auch.
> Rundfunksprecher: Ihre magische Präsenz auf der Leinwand ist so aufregend und ... mein Gott, wir haben überzogen. Das war *Lernen Sie Dusty kennen.*

Dusty war sich nicht ganz sicher, ob er auf diese Art bekannt werden wollte, und er ließ andere wissen, was er davon hielt. Noch Monate nach der Aufnahme spielte er das Band mit dem vor Witz sprühenden Rundfunksprecher seinen Gästen und den willkommeneren Interviewern vor.

Die Menschen fragten natürlich, was er als nächstes zu tun gedenke. Er wußte es nicht, und das machte ihm angst. Und wenn er ängstlich war, fiel er in seine Clown-Rolle zurück. Er sagte, er hätte sich seine Arbeit immer aussuchen können. »Natürlich«, fügte er hinzu, »bin ich dreißig Jahre lang arbeitslos gewesen.«

Die Reporter waren begierig darauf, alles über sein Liebesleben zu erfahren, und vor allem, ob er wirklich hinter älteren Frauen her sei. Das schien, zusammen mit den Gerüchten, das Haupterbe zu sein, das DIE REIFEPRÜFUNG ihm hinterlassen hatte. Dustin schien die perfekte Definition dessen zu sein, was man zwanzig Jahre später als »toy-boy« bezeichnen sollte.

Eine Journalistin meinte, es sei einen Test wert. Sie begab sich zu seiner Wohnung und machte ihm unverhohlen Avancen. Sie klimperte mit den Wimpern und berührte ihn zärtlich. Ihr Versprechen war eindeutig. Doch bevor sie sich ihrer Kleider entledigten, gestand sie ihm, sie habe das alles nur gemacht, um eine gute Story zu bekommen, für die sie auch schon einen Titel hatte: »Ich verführte Dustin Hoffman«.

Sie war nicht die einzige. Noch Jahre später boten ihm frustrierte Matronen und nymphomanische Gattinnen leitender Angestellter ihre Liebesdienste an.

Schauspieler pflegen darüber zu lachen oder geben die Geschichten auf Parties zum besten, bei denen der Champagner nur so strömt. Marlon soll man angeblich ebenso viele nackte Brüste wie Autogrammalben hingehalten haben, damit er seinen Namen darauf verewige. Doch gerade die Tatsache, daß ihm so etwas passiert war, war die sicherste Garantie dafür, daß Dustin alles geschafft hatte, was er sich vorgenommen hatte.

Dustin Hoffman wirkte überzeugend. Und zwar derart überzeugend, daß zusammen mit den Briefen der Nymphomaninnen auch Angebote ins Haus flatterten. Angebote für Filme,

in denen ältere Frauen spätpubertierende Jugendliche verführen.
Wenn Imitation die aufrichtigste Form der Schmeichelei ist, dann wurde Dustin mit Schmeicheleien geradezu überschüttet. Und – um die Wahrheit zu sagen – er genoß es.
Da sich seine Adresse nicht geändert hatte, war er Freiwild für die Launen Hunderter von Mädchen, die an seiner Tür klingelten und einfach fortrannten, sobald er öffnete. Für die eingehenden Telefongespräche hatte er sich einen Anrufbeantworter zugelegt, auf dem er sagte, »Hoffman« sei am Telefon und fragte, welche Nachricht sie für ihn hätten.
Seine Telefonnummer war ein streng gehütetes Geheimnis. Der Anruf seines Agenten, der ihn fragte, ob er seine Telefonnummer schon geändert habe, war das erste Anzeichen, daß er wirklich Erfolg hatte. So etwas hörte er gerne. Wenn er gut gelaunt war, schaltete er sein Tonbandgerät ein und sang. Manchmal eine Art Pseudoopernarien, ein andermal nur: »Ich bin glücklich.«
Er wußte nicht, wie er auf die neue Art reagieren sollte, in der die Menschen ihn behandelten. Sein plötzlicher Ruhm machte ihm zu schaffen. Was nicht heißen soll, daß er etwas dagegen hatte, überall erkannt zu werden – so war es nun mal, wenn man berühmt war –, aber er ärgerte sich über den Verlust seines Privatlebens. Und wenn ihm jemand ein Autogrammalbum oder ein Foto zum Signieren entgegenstreckte, fürchtete er insgeheim, daß sein Gegenüber statt eines Kugelschreibers eine Pistole zücken könnte.
Dennoch war es nett, wenn Taxifahrer seinetwegen anhielten und sich weigerten, Geld anzunehmen. Er mochte jetzt zwar ein berühmter Filmstar sein, aber er besaß immer noch kein eigenes Auto. Doch das war auch dann kein Problem, wenn er den Rundfunkstudios einen Besuch abstatten mußte; etwas, das er, trotz seines Bekanntheitsgrades, zu tolerieren hatte. Es gab Dutzende von Radio- und Fernsehproduzenten, die

Schlange standen, um ihn für gänzlich herkömmliche Interviews zu angeln.

Die Werbefachleute des Studios, die die Kampagne für DIE REIFEPRÜFUNG organisiert hatten, halfen ihm weder dabei, das Image noch die Gerüchte zu zerstreuen, die durch den Film entstanden waren. Und den abgedrehten Film bekanntzumachen kostete mehr Zeit, als einen neuen zu drehen. Er gab im Rahmen der Werbekampagne für DIE REIFEPRÜFUNG mehr Interviews, als mancher Schauspieler während seiner ganzen Karriere.

Er war beliebt, weil er ein Schauspieler mit einem unverbrauchten Gesicht war, der in einer neuen Art von Film mitgewirkt hatte. Aber noch wichtiger war, daß er nicht auf den Kopf gefallen war und seine Interviewer zum Lachen bringen konnte.

Die meisten neuentdeckten Schauspieler waren stattlich gebaut oder hübsch (Dustin war keins von beiden), kamen auf der Leinwand gut zur Geltung und hatten angenehme Stimmen. Doch sobald man sie ihres Drehbuchs beraubte, hatten sie nichts mehr zu sagen. Am bemerkenswertesten bei Dustin war, daß er niemals etwas sagte, was seine Bosse ärgerte. Das fürchteten die Studios nämlich am meisten, wenn sie ihre Stars im Fernsehen auftreten ließen.

Dennoch lehnte ihn Johnny Carson als Teilnehmer seiner nächtlichen Fernsehshow ab. Er soll Hoffman für »zu normal« gehalten haben, ein Urteil, das er später bereute. Was andere Talk-Show-Gastgeber nicht daran hinderte, ihn einzuladen.

In seinem Vertrag stand, daß er alle Bitten um Interviews, die an ihn herangetragen wurden, erfüllen müsse. Er hielt diese Klausel für akzeptabler als jene, die besagte, daß Embassy auch weiterhin eine Option auf seine Dienste hatte.

Er hielt es für ratsam, sich nach einem neuen Medium umzusehen. Er arbeitete drei Tage lang an einem Fernsehpilotfilm. Doch als ihm klar wurde, daß der kleine Bildschirm nicht das

geeignete Medium für eine Filmkarriere war, ließ er es bleiben.
Manchmal sah er sogar richtig bedeutend aus. Wie damals, als er im Abendanzug neben seiner Büste posierte, eine alte Hollywood-Tradition, die zeigte, wie bekannt er war. Wenn er eine wichtige Besprechung hatte, zum Beispiel mit Joe Levine, konnte man ihn sogar mit Aktentasche sehen, in der sich für gewöhnlich ein Regenhut, ein Taschenbuch und ein Paket Sandwiches befanden.
»Jeder Schauspieler träumt davon, einen Oscar zu gewinnen«, sagte er damals. »Aber ehrlich gesagt, ich glaube nicht, daß ich ihn für DIE REIFEPRÜFUNG verdiene. Es war doch nur eine unbedeutende Rolle.«
Er persönlich tendierte dazu, ihn Rod Steiger für seine Rolle in IN THE HEAT OF THE NIGHT (dt. IN DER HITZE DER NACHT) zuzusprechen. Was einiges über seinen Instinkt bezüglich guter und schlechter Filme aussagte. Rod Steiger gewann den Preis als »Bester Schauspieler« für seine Rolle als rassistischer Polizeichef, und IN DER HITZE DER NACHT bekam den Oscar für den besten Film.
Was er dem Preis gegenüber wirklich empfand, zeigte sich bei der Preisverleihung. Für die Filmpremiere hatte er sich noch ein Dinnerjackett geliehen, doch in bezug auf die Oscar-Verleihung machte er überhaupt keine Pläne. Irgendwie gelang es ihm, in den Saal zu kommen.
Um ein Uhr morgens rief er seinen Freund, den Schauspieler Stanley Beck, an und fragte ihn, ob er ihn abholen und ob er bei ihm übernachten könne. Dustin hatte weder einen Wagen noch einen Ort, wo er sein müdes Haupt zur Ruhe betten konnte. Beck bot ihm ein Bett im Wohnzimmer an, meinte aber, er solle sich ein Taxi nehmen. »Er kam, schlief und verschwand, ohne das Bett gemacht zu haben. Ich habe ihn nicht zu Gesicht bekommen«, erinnerte er sich.
In der Zwischenzeit konnte Mike Nichols sich bestätigt füh-

len. Er gewann den Oscar für den besten Regisseur. Dustin und Anne Bancroft mußten sich mit ihren Nominierungen für die besten Darsteller zufriedengeben. Gar kein so schlechter Anfang für Hoffman.

Er sagte, er sei nicht traurig gewesen, daß er den Oscar nicht bekommen habe. »Ich danke Gott«, gestand er schon bald danach, »daß ich den Oscar nicht bekommen habe. Nachdem ich nominiert worden war, dachte ich: ›Okay. Das reicht für diese Rolle.‹ Ich bin froh, daß mir das nicht mit Achtzehn passiert ist.«

Anne hätte das nur bestätigt und wahrscheinlich hinzugefügt, es wäre ihm auch mit Einunddreißig nicht gut bekommen. Aber sie sahen sich selten, so daß ihre Ansichten, soweit sie ihn betrafen, rein akademischer Natur waren.

Endlich war Dustin bereit, ja zu einem Drehbuch und zu einer Rolle zu sagen, die sich von DIE REIFEPRÜFUNG so sehr unterschied wie ein knusprig gebratener Schinken von »gefiltem Fisch«. Aus dem sauberen, anständigen Benjamin Braddock wurde Ratso Rizzo, der kranke und heruntergekommene Zuhälter aus ASPHALT-COWBOY.

5

ALLES, WAS DUSTIN von diesem Moment an tat, wurde als seine Post-REIFEPRÜFUNG-Periode betrachtet. Er mochte die harte Schule des arbeitslosen Schauspielers überlebt haben, doch jetzt mußte er sich und anderen beweisen, daß er das Zeug zu einem erfolgreichen Filmstar hatte.
DIE REIFEPRÜFUNG war die Elle, an der man ihn maß, so wie »Mrs. Robinson« Maßstäbe für Simon und Garfunkel setzte. Jetzt mußte er beweisen, daß alles, was er tat, Qualität hatte, oder, noch wichtiger, daß er auch überleben konnte, wenn er nicht in die Charts gelangte.
Dustin zitierte gerne Arthur Millers Prolog aus TOD EINES HANDLUNGSREISENDEN über die Vergänglichkeit des flüchtigen Augenblicks: »Wissend, daß jemand sorgsam seinen Namen auf einen eis'gen Kuchen schrieb an einem heißen Julitag ...«
Das lag nicht nur daran, daß das Theaterstück Dustin bis dato am meisten beeinflußt hatte; nein, diese Zeilen schienen alles auszudrücken, was er dachte und fühlte. Er befand sich sowohl beruflich als auch privat in einem Gefängnis. Er war die große neue Entdeckung Hollywoods, und um den frischgebackenen Ruf zu halten – von dem Geld, das ihm angeboten wurde, ganz zu schweigen –, mußte er sich umgehend entscheiden.
Joe Levine war erstaunt, daß Dustin sein Angebot nicht mit Handkuß annahm; nicht nur wegen der Optionen, sondern auch, weil ihm die Rolle zweihundertfünfzigtausend Dollar eingebracht hätte.
»Dustin konnte es mit jedem Jugendlichen, jedem Jungen und jedem Mädchen unter fünfundzwanzig Jahren treiben, und fünfundachtzig Prozent der Weltbevölkerung sind unter

fünfundzwanzig«, erklärte er. Von wem die ein wenig dubiose Statistik stammte, ist eine andere Sache. Wenn sie auch nur annähernd stimmt, dann gehören auch die jungen Leute in den unterentwickelten Ländern dazu, die noch nie etwas von einem Film gehört, geschweige denn ein Kino von innen gesehen hatten.

Levine lobte die Hoffmansche Qualität in den höchsten Tönen und hörte sich kein bißchen wie ein Filmmogul vergangener Zeiten an – ich denke da an Louis B. Mayer –, als er schwärmte: »Er ist so anders als die anderen Stars. Das macht seine große Anziehungskraft aus. Er ist der Junge von nebenan.« Aber nur, wenn die Lady von nebenan ihn ins Bett locken möchte.

Dennoch war es schwer, eine leichtgläubige Öffentlichkeit davon zu überzeugen, daß jemand wie Dustin Hoffman Probleme haben könnte. »Es ist immer das alte Lied«, sagte er damals. »Alle sagen, wenn du erst einmal Erfolg hattest, wenn du Geld hast und berühmt bist, dann hast du den Kampf gewonnen. Das ist genauso ein Klischee, wie wenn jemand sagt: ›Oh, ich habe Geld, ich bin berühmt, aber ich bin unglücklich.‹ Die einzige Wahrheit ist: Leben ist Leben. Wer man auch sein mag, man täuscht sich selbst, wenn man sagt, man hätte nicht zu kämpfen.«

Er hatte fast alles, nur kein Geld.

Er war an Komplimente gewöhnt. Diejenigen, die ihm am besten gefielen, kamen von Kollegen. Es geht nichts über das Lob von Ebenbürtigen. Elizabeth Wilson, frühere Mrs. Braddock (Benjamins Mutter in DIE REIFEPRÜFUNG), beteuerte, wie hervorragend er sei, und meinte – sich der Gerüchte des Vorjahres wohl bewußt –, er hätte »ein Talent, das sich des Publikums bemächtige; ein Talent, das stärker ist als das anderer Hauptdarsteller.«

Doch irgendwann einmal würde der »eis'ge Kuchen« zu schmelzen beginnen. Im Augenblick zeigten die Tropfen nur

an, daß das Interesse bestand. Aber wenn er richtig zu schmelzen begönne, würde es nicht lange dauern, bis ...
Eingedenk des berüchtigt kurzen Gedächtnisses des internationalen Publikums konnte es passieren, daß Dustin wieder bei einem dreißig Sekunden dauernden Auftritt in Eli Wallachs neuestem Film landete. Es galt sofort zu handeln.

Aber auch über sein Privatleben mußte er sich ernsthafte Gedanken machen. Die Frauen belagerten ihn mehr denn je. Wenn er ein Mädchen ausführte, erwartete er, daß sie mit ihm schlief. Er glaubte nicht an platonische Liebe. »Ich war nie fähig, einem Mädchen zu sagen: ›Eh, wir sind gute Freunde‹, und es dabei zu belassen. Ich hatte stets das Verlangen, mit ihnen ins Bett zu gehen. Ich kenne kein Mädchen, mit dem ich geschlafen habe, von dem ich sagen könnte: ›Sie ist noch immer eine gute Freundin.‹«
Doch er wollte mehr. Er nahm wieder Kontakt mit Anne auf. Sie wußten beide, daß sie sich liebten, doch was er nicht akzeptieren konnte, war, daß sie deswegen heiraten sollten. Ergo mußte er sich mit ihrem Bild in seiner Wohnung und ihren fast täglichen Besuchen begnügen. Sie stand ihm mit Rat und Tat zur Seite und half ihm, unliebsame Anrufer und Interviewer abzuwimmeln.
Sie glaubte noch immer, daß es ein Fehler gewesen war, nach Hollywood zu gehen, aber sie akzeptierte seine Entscheidung. Es war nicht leicht, einem Angebot zu widerstehen, das soviel Geld einbringen konnte. Zweihundertfünfzigtausend Dollar waren, selbst wenn nichts mehr darauf folgen sollte, eine sehr gute Lebensversicherung.
Er verbrachte sieben Monate damit, darüber nachzugrübeln, was er als nächstes tun sollte, bevor er John Schlesingers Angebot für MIDNIGHT COWBOY (dt. ASPHALT-COWBOY) akzeptierte.
Er hatte das in der Geschichte steckende Potential bereits

erkannt, als er James Leo Herlihys Buch zum ersten Mal gelesen hatte. Man konnte die Rolle, wenigstens soweit es Enrico Salvatore Rizzo, genannt Ratso betraf, nicht eben attraktiv nennen.

Noch Jahre nach der Premiere des Films versuchten Leute, Ratsos Hinken zu imitieren, das bei Dustin wie ein gekonnter Steptanz aussah. Doch abgesehen von einigen Frauen, die aus Mitleid mit dem zitternden, unrasierten und an der Schwelle des Todes stehenden Krüppel dahinschmolzen, wünschte das weibliche Geschlecht insgesamt nicht, ihn an ihr Herz zu drücken und ihn in ihr Bett zu bekommen, wie es nach DIE REIFEPRÜFUNG der Fall gewesen war.

Doch bot die Rolle Reize gänzlich anderer Art, besonders für einen Schauspieler, der bereits kundgetan hatte, wie gern er Charakterrollen spielte.

Es war seltsam, daß jemand, der bereits ein Star war – wie Dustin – in ASPHALT-COWBOY nur eine Nebenrolle spielen sollte. Seine zahllosen Ratgeber, ausgenommen Anne, begriffen nicht, weshalb er diese Rolle angenommen hatte. Doch Dustin plagten keine Zweifel.

Den ASPHALT-COWBOY spielte Jon Voight. Dustin und Jon brachten eine Menge von sich selbst in ihre Rollen ein. Voight in seinem Cowboy-Anzug und Dustin, der Vagabund. Sie improvisierten fast fünfundsiebzig Prozent der Handlung und der Dialoge.

Die Drehbuchautoren nahmen jedes ihrer Worte auf Band auf und fügten sie in das Skript ein, um es bei der zweiten, dritten und vierten Aufnahme zu verwenden. Es war ein sinnvoller Kompromiß zwischen dem, was Jon und Dustin, und dem, was die Drehbuchautoren und der Regisseur wollten.

Dustin gestand später, er sei nur langsam in Schwung gekommen. In einigen Szenen war er besser als in anderen. Anne erklärte, sie könne genau die Stellen benennen, in denen Dustins wahre Natur durchkam. Das sei besonders in der

Szene im Hutladen der Fall. Dustins Stimme schien sich zu verändern. Aber man mußte ihn schon sehr gut kennen oder mit ihm leben, um das zu erkennen.
Gelegentlich besuchte sie die Orte, an denen er drehte. Das war nicht so einfach. Sie hatte jetzt einen Babysitter und verbrachte viel Zeit damit, blinden Kindern das Tanzen beizubringen.
Sie sah einfach nur zu, winkte ihm im passenden Moment oder unterhielt sich zwischen den Aufnahmen mit ihm. Manchmal teilte er seinen Imbiß mit ihr oder bot ihr ein Stück Apfel an. Dustin war es tausendmal lieber, Anne im Set zu haben als seinen Vater. Sie wußte, daß er in Wirklichkeit kein Zuhälter war, daß er nicht stank und daß seine faulen Zähne nicht echt waren. Wenn er abends um sieben mit den Dreharbeiten fertig war – bei den nicht gerade seltenen Nachtaufnahmen dauerte es natürlich länger –, wußte er, daß sie auf ihn wartete. Sie lebten jetzt zusammen.
ASPHALT-COWBOY sollte der Film werden, der Dustin Hoffmans Ruf als *die* Entdeckung der späten Sechziger bestätigte. John Voight konnte das verschmerzen. Er sollte sich nach seiner Rolle als Asphalt-Cowboy einen Namen machen. Aber es war eindeutig Dustins Film. Voight gehört zur Dekoration, aber es ist Dustin, den man sieht und an den man sich erinnert.
Was das heißt, kann man erst richtig beurteilen, wenn man weiß, daß Voight in fast jeder Szene mitspielt, während Hoffman erst nach fünfundzwanzig Minuten auf der Leinwand erscheint. Es gibt ganze Episoden, in denen er nicht auftritt. Dustin alias Rizzo ist der schwindsüchtige, verkrüppelte Times-Square-Vagabund, den Voight, der Asphalt-Cowboy, kurz nach seiner Ankunft in New York trifft. Der Stadt, die er dadurch zu erobern hofft, daß er mit all ihren Frauen schläft. Er beschließt, das Angenehme mit dem Nützlichen zu verbinden und die Frauen für seine Dienste bezahlen zu lassen. Aber

es läuft nicht so, wie es sollte. Seine erste »Kundin« bleibt ihm nicht nur das Geld schuldig, sondern knöpft ihm außerdem noch zwanzig Dollar fürs Taxi ab, um ihren Mann zu treffen. Doch dann taucht Rizzo auf und überzeugt ihn davon, wie gut es doch wäre, wenn er einen Manager hätte; einen Mittelsmann, der die Kunden anschleppt. Und daß es gar nicht gut sei, »seine Fracht auf der Straße aufzulesen«.

Voight, der wie ein Cowboy gekleidet ist – Hoffman versucht ihm klarzumachen, daß die Leute sich über ihn lustig machen, aber Voight glaubt, er sähe gut aus –, vertraut dem Stadtjungen blind, der offenbar mehr über Manhattan weiß, als er jemals wissen wird. Es stört ihn nicht, daß Rizzo – der jeden haßt, der ihn »Ratso« nennt – einen keuchenden Husten hat und beim Gehen einen exzentrischen Tanz aufführt.

Bald schon wird offensichtlich, daß Rizzo an Tuberkulose sterben wird. Aber der Cowboy braucht ihn noch und bleibt in dem unbewohnbaren Apartment, in dem Rizzo sich eingerichtet hat. Er hört immer noch auf seine Ratschläge und glaubt immer noch daran, daß der unrasierte, schwitzende und zitternde Rizzo – der schon bald zu schwach sein wird, einen einzigen Schritt zu machen – ihn managen könne.

Rizzo verschafft ihm zwar keine Kundin, aber er rät ihm, seine schmutzigen Sachen in einen Waschsalon zu bringen (wo es ihm gelingt, sie in die Maschine eines anderen Kunden zu schmuggeln). Und wo man Kundinnen auflesen kann. Manchmal sind es auch Kunden. Aber immer muß der Cowboy um sein Geld kämpfen. Nur ein einziges Mal gibt ihm eine Frau die versprochenen zwanzig Dollar.

Doch dann muß er sein Geschäft aufgeben, denn er hat dem sterbenden Rizzo versprochen, ihn nach Florida zu bringen. (Eine neue Variante der Hure mit dem goldenen Herzen.) Rizzo stirbt, als der Bus in Miami ankommt.

Aber es ist der Patient und nicht der Krankenpfleger, mit dem sich das Publikum identifiziert. Und wenn Schlesinger Hoff-

man erlaubt hätte, so zu improvisieren, wie Mike Nichols es Dustin in DIE REIFEPRÜFUNG gestattet hatte, hätte man sich wahrscheinlich noch stärker mit ihm identifizieren können.
In einer Szene lungern die beiden in einem verkommenen Café herum. Keiner von ihnen hat sich jemals mieser gefühlt. Dustin schlägt vor, in diesem Augenblick äußerster Niedergeschlagenheit einen Schwarzen eintreten und sich neben ihn setzen zu lassen. Worauf er zu dem Farbigen sagen würde, er solle verschwinden, denn: »Ich will nicht neben einem Nigger sitzen.« Schlesinger weigert sich kategorisch, die Idee zu übernehmen.
Dustin hielt es für überaus ironisch, wenn ein schmutziger, stinkender Penner einem sauberen und ehrbaren schwarzen Mann sagt, er solle verschwinden. Er war überzeugt davon, daß es so ablaufen würde, besonders in jenen Teilen der Bronx, in denen sich Italiener und Schwarze mißtrauisch beäugten.
Doch spontane Improvisation war ihm gestattet. Kurz nach seinem »Erscheinen« in ASPHALT-COWBOY spaziert der unerhört optimistische und freche Rizzo über die Straße und gerät auf die den Taxis vorbehaltene Spur. Eines davon überfährt ihn fast. »Ich gehe hier«, brüllt er den Fahrer an. »Ich gehe hier.« Der Fahrer antwortet mit einer obszönen Geste. »Du mich auch«, erwidert Rizzo.
Das war Dustins Idee. Der Vorfall spielte sich auf einer überfüllten Straße in Manhattan ab und stand nicht im Drehbuch. (Nebenbei bemerkt, hätten die Kosten für die Tausende von Statisten und die Hunderte von Autos das gesamte Filmbudget verschlungen.)
Schlesinger hatte eine versteckte Kamera eingesetzt. Dustin sagte, das sei ihm eingefallen, als er sich die Szene in ON THE WATERFRONT (dt. DIE FAUST IM NACKEN) angesehen hätte, wo Marlon Brando den Handschuh einer Frau aufhebt.
Es geschah während einer Aufnahmepause. Schlesinger mein-

te, es sei nicht schlecht, die auf seinen Star gerichtete Kamera weiterlaufen zu lassen, um Dustin in einem unbewußten Augenblick einzufangen.
Für Dustin mußte alles, was Ratso – oder Enrico – tat, unbewußt wirken.
Wie jene Szene, wo er seinen Finger in den Mund steckt und dann seine Hand abrupt zur Seite reißt. Es wirkt wie eine unnötig übertriebene Art, an den Nägeln zu kauen, aber genau das hatte er einmal bei einem New Yorker Stadtstreicher beobachtet, und er war überzeugt, daß es gut zu seiner Rolle paßte.
James Cagney war bekannt dafür, daß er derartige Macken beobachtete und kopierte. Wie bei dem schulterschüttelnden zähen Knaben in ANGELS WITH DIRTY FACES, der all seine Freunde mit denselben Worten begrüßt: »Wat haste gehört? Wat haste gesehn?«
Dustins Beobachtungen und die Verwendung des Beobachteten waren reiner Cagney. Man denke nur an den Husten, der im Laufe des Films immer schlimmer wird. Heftiger, länger, lauter. Wie Jon Voight es ausdrückte, war es schwer, »ein Kotzen zu unterdrücken«.
Eine derartige Rolle zu spielen und sowohl Männer als Frauen so weit zu bringen, daß sie in ihre Taschentücher weinten, gelingt nicht jedem Schauspieler.
Doch dieser Rizzo war eine sehr ungewöhnliche Persönlichkeit, die ihre eigenen Qualitäten besaß. Sie unterschieden sich nicht sehr von denen des Russen in JOURNEY OF THE FIFTH HORSE und des Cockneys in EH?. Alle drei waren exzentrisch. Und Dustin war gut darin, Exzentriker zu spielen.
Wieder hatte er die Möglichkeit gehabt, in einem ausgezeichneten Film mitzuspielen. Einem Film, der wie DIE REIFEPRÜFUNG vom Vorspann an gut zu werden versprach, wiederum begleitet von einem außergewöhnlichen Lied – diesmal Fred Neils »Everybody's Talkin'«.

Dustin wies den Gedanken, er hätte es jetzt geschafft, von sich. Er wurde ein schwieriger Gesprächspartner, gab den Interviewern schnippische Antworten, wie zum Beispiel, er sei dreißig Jahre lang arbeitslos gewesen. »Ich versuche, mit beiden Beinen auf dem Boden zu bleiben. Plötzlich schreibt man öfter über mich als über Christiaan Barnard. Bevor das alles passierte, war ich mit mir selbst im reinen. Ich war recht gut am Off-Broadway, bevor DIE REIFEPRÜFUNG des Weges kam. Nun, dieser plötzliche Starruhm kann einen ganz schön aus der Bahn werfen.«

Man machte ihm das Angebot, als Model für Petrocelli zu arbeiten, was paradox klingt, wenn man bedenkt, wie er sich damals kleidete. Er lehnte ab. Das hatte er nicht nötig. Dustin versuchte – wahrscheinlich teilweise unter Annes Einfluß –, deutlich zu machen, daß er vor allem ein Schauspieler war, der »hofft, daß ein paar Menschen an mich glauben und nicht versuchen, mich in ein Phantasiewesen zu verwandeln«. Damit wollte er zeigen, wie sehr er sich über die Vorstellung ärgerte, er hätte, bevor er nach Hollywood ging, überhaupt nichts getan.

Manchmal allerdings hörte er sich recht arrogant an. »Wenn ich auf der Straße an einer Gruppe vorbeigehe, dann muß ich normalerweise nur bis drei zählen, bevor ich ein ›heh‹ höre.« Das gehörte zu seinem Job. Doch eine Menge von dem, was er sagte, wollte verstanden sein. Die Werte änderten sich, und es waren nicht die seinen. Der Fairneß zuliebe sei gesagt, daß er einige der neuen Werte nicht akzeptierte.

Wenn etwas des Erinnerns wert war, dann Leistungen wie die in FIFTH HORSE. Im September 1968 erzählte er dem *Redbook*-Magazin: »Ich habe den Sieg geschmeckt für eine Leistung, die ich vollbracht habe ... Momente, die sich tief im Innern eingraben ... Ich sage Ihnen, dieses Gefühl ist unvergleichlich. Und niemand kann es einem wieder nehmen.«

Er wurde gefragt, was er vom Ruhm hielt. Ob er ihn genoß?

»Natürlich. Berühmt zu sein ist ganz schön. Man kann nicht behaupten, es sei nicht schön. Man ist deprimiert, kommt sich wie der letzte Dreck vor und alles, was man tun muß, ist vor die Tür zu gehen, wo die Menschen einen um ein Autogramm bitten. Aber Ruhm kann auch störend sein ...«

Er war schon da, bevor er den Benjamin in DIE REIFEPRÜFUNG spielte, der »auch nur eine Rolle in einem Film war«. Und fügte hinzu: »Ich dachte an mein Alter, begann mich zu etablieren – arbeitete, schwitzte, bekam meinen Preis. Ich trieb mich an ...«

Das hört sich bitter an. »Ich mache nichts, was sich von dem, was ich vor zehn Jahren gemacht habe, grundsätzlich unterscheidet. Wissen Sie, als Schauspieler entwickelt man sich nicht sehr. Und jetzt werde ich plötzlich gelobt. Heißt das, daß ich vor zehn Jahren schlecht war? Die Wahrheit ist, daß jetzt das Timing stimmt. Ich bin jetzt nicht viel anders als damals. Nur älter. Der Erfolg macht erst richtig Spaß, wenn man in seiner Wohnung hockt und sich sagen kann: ›Gut, ich bin allein und arbeite nicht, aber ich bin nicht arbeitslos.‹«

ASPHALT-COWBOY wurde an Schauplätzen rund um den Broadway gedreht. Das natürliche Umfeld für die Art von Vagabunden oder hoffnungsvollen Taugenichtsen, wie sie Hoffman und Voight im Film verkörperten. Es half Dustin, wenn er sich an seine erste Zeit in New York erinnerte, als er jede Nacht zweimal von Gene Hackmans Kühlschrank geweckt wurde. »Jeder, der nach New York kommt und kein Millionär ist, fühlt sich so einsam wie Ratso Rizzo. Diese Stadt ist kalt und einsam und erschreckend.«

Es war nicht leicht, die Fans vom Drehort fernzuhalten. Zu ihnen gehörten auch die Frauen, die sich, nachdem sie ihn als Benjamin Braddock gesehen hatten, danach sehnten, sein Leben in ihre Hände zu nehmen.

Sie versuchten, das Gesicht unter dem Make-up zu entdecken; behaupteten, er röche nicht so, als hätte er sich gerade bei der

Heilsarmee eingekleidet und hofften auf ein Lächeln. Sie würden einen Kuß vorgezogen haben, aber der war noch unwahrscheinlicher.
Dustin wiederum fand es unglaublich, daß die Journalisten ihn immer noch interviewen wollten. Er gab zu, es anfangs genossen zu haben. Doch im Laufe der Zeit begann es ihn zu langweilen. Er konnte sich genau erinnern, wann das angefangen hatte. Das war, als er plötzlich begann, mehr als gewöhnlich zu rauchen. So etwas hatte er nicht erwartet. Was hatte er denn erwartet? Daß die Interviews ohne Probleme abliefen? Er gab nicht nur dieselben Antworten auf die sich unvermeidlich wiederholenden Fragen, er hörte seine Antworten auch so oft, daß er an ihnen zu zweifeln begann. Bastelte er sich eine eigene Wahrheit zurecht? Schließlich fand er sich damit ab und konnte nur noch hoffen, daß er nicht an seine eigene Publicity glaubte. »Zur Hölle«, sagte er einmal, »was die schreiben, ist doch kein Werk von Plato.«
Was er zu einem weiblichen Teenager sagte, der ihn interviewen wollte, steht nirgendwo geschrieben. Sie gestand ihm, sie wolle ihn wegen einer Wette mit ihren Freunden interviewen. Ob Mr. Hoffman bereit sei mitzuspielen? Wenn er bereit sei, nun, dann sei sie gewillt, den Gewinn mit ihm zu teilen. Wenigstens wollte sie ihn nicht verführen.
Dustin Hoffman war ein Star. Kein Antistar, wie das *Time*-Magazin behauptet hatte, sondern ein Star, der die Fallstricke seines frisch gebackenen Erfolges erkannte und akzeptierte. Der den Erfolg weder haßte noch genoß, sondern zugab, daß man für den Ruhm einen angemessenen Preis zahlen muß.
Er hatte Erfolg, und er hatte Anne, die jetzt ganztags unterrichten wollte. Er war sich da nicht so sicher und begann sich zu fragen, ob es nicht besser sei, wenn sie mehr Zeit mit ihm verbringen würde. Er grübelte darüber nach und kam zu dem Schluß, daß es nicht besser sei.
»Ich hatte nie eine Freundin, die mir im viktorianischen Sinne

ergeben war. Die sich nur um mich und sonst nichts kümmerte. Ich glaube, das wäre heutzutage sehr bedenklich.«
Er war glücklich mit Anne und ihren gemeinsamen Freunden. Anne erzählte mir: »Eine Menge von Dustins Freunden stammten noch aus seiner New Yorker Schauspielzeit, und wir genossen ihre Gesellschaft. Ich muß gestehen, mir mißfielen die Leute, die sich an ihn heranmachten, nur weil er derjenige war, der er war.«
Für die alten Freunde war es schwieriger als für Anne, seinen Erfolg zu akzeptieren. Nicht, weil er sich von ihnen entfernt hätte, sondern, weil sie den erfolgreichen Dustin Hoffman nicht mit dem Dusty, der einst mit ihnen um Arbeit angestanden hatte, in Verbindung bringen konnten. Für sie war Erfolg fast gleichbedeutend mit Krankheit. Sie fragten ihn besorgt: »Ist alles in Ordnung mit dir?« oder »Wie nimmst du es auf?«
Dustin sagte ihnen, was sie, seiner Meinung nach, hören wollten – ja, es ginge ihm gut. Doch der »eis'ge Kuchen« schmolz weiter. Was würde als nächstes kommen? Manchmal dachte er über seinen Nachruf nach. Er hatte Angst davor, man würde schreiben: »Unbedeutender Schauspieler, der in den Sechzigern einen kurzlebigen Erfolg hatte.« Freunden vertraute er an, wie er sich seinen Nachruf wünschte: »Starb in seinen Neunzigern. Begann als Schauspieler, wurde dann Regisseur und endete als ...«
Er weigerte sich zu heiraten, obwohl Anne und er sich sehr nahestanden. »Ich muß einfach drüber hinwegkommen – noch nie in meinem ganzen Leben war ich so in mich selbst verliebt ... aber heiraten ist das letzte, was man tun sollte. Auf diese Weise reduziert man die Gelegenheiten auf eine einzige schlechte. Mir wachsen noch immer Haare auf der Brust. Ich habe jetzt achtzehn!«
Derartige Bemerkungen waren schuld daran, daß sich die Mädchen reihenweise in ihn verliebten. Und egal, was er für

Anne empfinden mochte, er war noch nicht bereit, den Reizen der anderen zu entsagen.
Eines Tages erblickten Dustin und sein Manager Walter Hyman in einem Drugstore eine große, langbeinige Blondine. Später sahen sie sie vom Wagen aus wieder, als sie den Bürgersteig entlang ging. Dustin kurbelte das Seitenfenster herunter. »Schnell, steig ein«, brüllte er. »Wir nehmen dich mit. Wir haben dich im Drugstore gesehen.«
Das Mädchen wußte nicht, wie sie reagieren sollte. Aber sie stieg ein. Weder Dustin noch sein Manager verstanden, weshalb sie es tat, waren jedoch froh, daß sie es tat. Er sagte ihr, er hätte keine Hintergedanken, und sie schien ihm zu glauben. Als ihr klar wurde, daß sie mit Dustin Hoffman in einem Wagen fuhr, war sie möglicherweise traurig darüber, daß er keine Hintergedanken hatte.
Dustin war von einer kindlichen Einfalt. Er konnte sich über nichts mehr freuen als über einen vollen Briefkasten, selbst wenn er nur Reklamebriefe enthielt. Jetzt geriet er völlig aus dem Häuschen. Der Briefkasten war mit Post angefüllt, die einen großen Star am Leben hielt – mit Fanpost. Seine Fans entfernten auch immer wieder das Namensschild von seinem Briefkasten. Im Jahre 1968 hatte er zwar immer noch keine genauen Pläne für seine Zukunft, aber er war entschlossen, weiterhin Erfolg zu haben.
Damit wollte er Anne beruhigen. Sie mußte ständig beruhigt werden. Ihr gefiel nicht, daß er Filmstar bleiben wollte. Ihrer Meinung nach konnte er mehr, als im seichten Hollywood Filme drehen.
Zum anderen aber konnte Anne jetzt, genau wie Dustin, endlich die Dinge genießen, die sein neuerworbener Reichtum mit sich brachte. Er konnte sich zwar noch kein Stadthaus in Manhattan leisten, aber das Geld reichte für eine neue Waschmaschine, die sie immer wieder anschauten. Sie war für sie das Symbol seines Erfolges.

Anne mochte Dustin, wie er war; oder vielleicht, wie er in seinen alten Off-Broadway-Tagen gewesen war. Es bestand kein Zweifel daran, daß sie glücklich waren. Sie waren ein hübsches Paar, wenn man sie so mit Karina spazierengehen sah. Man muß Dustin hoch anrechnen, daß das jetzt zweieinhalbjährige Kind für seine Beziehung zu Anne kein Hindernis darstellte.

Dustin war nicht nur gern mit Anne zusammen, er liebte es auch, mit ihr gesehen zu werden. Wie alle Ballettänzer besaß sie ein sicheres Auftreten. Sie war hoch gewachsen, wie er es mochte. Sein Spitzname für sie war »Schicksen-Göttin«.

Harry und Lillian hätten sich gefreut, wenn ihr »Dustalah« seine »Schicksen-Göttin« geheiratet hätte, aber im Augenblick konnte er weder ihnen noch ihr, noch jenen Freunden, die Anne nicht mochte, etwas versprechen. Leute, deren wirkliche Motive Dustin laut Anne nicht sah. Doch er war weit davon entfernt, es sich leichtzumachen.

Selbst ein Regisseur von John Schlesingers Kaliber mußte mit einem Nebendarsteller rechnen, der verlangte, wie ein Superstar behandelt zu werden. Und nach den Kritiken zu urteilen, hat Dustin die Behandlung verdient. Hollis Alpert schrieb in *The Saturday Review*, Hoffman »tauchte* mit allen Ehren auf und bewies, daß sein berauschendes Debüt in DIE REIFEPRÜFUNG kein Zufall gewesen war.«

Stanley Kauffman sagte, der Film des jungen Schauspielers, den er zu seinem Favoriten erkoren habe, »ist nicht nur intelligent gemacht, sondern hat auch jede Menge Gefühl und Wahrnehmungsvermögen und ein zielstrebiges Geschick.«

Genau das gleiche konnte man auch von Dustin Hoffman sagen. Er besaß jede Menge zielstrebiges Geschick. Die Zielstrebigkeit war lange Zeit für jedermann sichtbar. Und das Geschick zeigte sich in seinen Darstellungen, die von einer

* in ASPHALT-COWBOY (Anm. d. Übers.)

Güte waren, die damals sehr rar war und auch heute, über zwanzig Jahre später, immer noch nicht im Überfluß vorhanden ist.

Inzwischen grübelte Dustin darüber nach, welche Rollen er am liebsten spielen würde. Holden Caulfield, die Hauptperson von J. D. Salingers CATCHER IN THE RYE (dt. DER FÄNGER IM ROGGEN) oder vielleicht Che Guevara? Aber im Augenblick wurde ihm nichts dergleichen angeboten.

Sein Geist schweifte ab. Er wollte alle Möglichkeiten ausloten. Geld war ihm wichtiger, als er zugeben wollte; es hört sich besser an, wenn man sagt, das Stück (oder der Film) sei das wichtigste, und Geld rangiere an zweiter Stelle. Aber tief im Inneren war er an großen Scheinen interessiert, was seine Finanzberater bestätigen können.

Er ging fünfmal in der Woche zum Psychiater. Es war derselbe, der ihm vor fünf Jahren noch drei Dollar fünfzig pro Stunde berechnet hatte (jetzt lagen seine Gebühren deutlich höher).

»Einmal kommt der Tag, an dem ich mit meinem Gesicht keine Arbeit mehr bekomme«, erklärte er. »In zehn Jahren werden sie sagen: ›Ich würde mein halbes Königreich für ein wandelndes Surfbrett opfern.‹«

Aber da hat er sich verrechnet. Bis jetzt hat das noch niemand gesagt, wenigstens steht es nirgendwo geschrieben. Aber andererseits hat ihm auch noch kein Produzent – oder er sich selbst – erlaubt, den Dauphin in ST. JOAN (dt. HEILIGE JOHANNA – JUNGFRAU VON ORLEANS) oder Adolf Hitler zu spielen, eine Rolle, die angeblich zu seinen geheimen Wünschen gehört.

Er hätte gern die Rolle des Raskolnikov in einer neuen Inszenierung von SCHULD UND SÜHNE gespielt und könnte sich heute noch in den Hintern treten, daß es ihm nicht gelungen ist, THE FIXER (dt. DER MANN AUS KIEW) in der gleichnamigen Verfilmung des Romans von Bernard Malamud

zu spielen. Der englische Schauspieler Alan Bates schnappte ihm die Rolle vor der Nase weg.
Auch die Studios interessierten sich dafür, was Dustin als nächstes zu tun gedachte. Sah er sich als Film- oder Bühnenschauspieler? Sollte letzteres der Fall sein – wann gedachte er zum Theater zurückzukehren? Und wenn er schon Theater spielen wollte, warum dann nicht zwischen zwei Filmen?
Dustin Hoffman wollte zu gern wissen, wieviel sein Name wert war. »Ich lasse mich gern auf die Probe stellen«, sagte er und genoß es, Millionen von Dollars angeboten zu bekommen, um eine fürchterliche Rolle in einem schauerlich schlechten Film zu spielen. »Natürlich nehme ich sie nicht an, aber ich liebe es, versucht zu werden.«
Zwischenzeitlich hatte Dustin mit seinem Bruder Ron Kontakt aufgenommen, der als Betriebswirt Karriere gemacht hatte, um sich von ihm in finanziellen Dingen beraten zu lassen. »Wenn du jemals groß herauskommen solltest«, sagte Ron (das war vor DIE REIFEPRÜFUNG), »dann ändere deinen Lebensstandard nicht. Denn wenn du das tust, bist du gezwungen, Rollen nur wegen des Geldes anzunehmen, und dann bist du nicht mehr dein eigener Boß.«
Anne glaubte es zwar nicht, aber Dustin versuchte wirklich, seinen eigenen Mann zu stehen und derselbe zu bleiben. Er hatte nicht vor, aus seiner Wohnung in Greenwich Village auszuziehen; und außer der Waschmaschine gab es nur wenige Neuanschaffungen. Nur noch einen Siebenhundert-Dollar-Schreibtisch, in den er sich unsterblich verliebt hatte.
Der Tisch war größer als alles, was er je besessen hatte, sogar größer als er selbst. Vermutlich stellte er für Dustin ein Symbol des Erreichten dar.
Währenddessen schlug die American International Pictures aus Dustin Hoffman Kapital, ohne auch nur einen Pfennig dafür zu bezahlen. Die Gesellschaft benutzte die günstige Gelegenheit, um MADIGANS MILLIONEN noch einmal auf den

Markt zu bringen. Worüber sich die beiden Stars Cesar Romero und Elsa Martinelli mehr gefreut haben mochten als Dustin.

Doch damit nicht genug. Der Werbespot für den Film täuschte vor, daß nicht nur Dustin Hoffman, sondern auch Jon Voight in dem Schinken mitspielen würde. Die Gesellschaft warf MADIGANS MILLIONEN zusammen mit einem billigen Filmchen von Jon Voight mit dem Titel FEARLESS FRANK (dt. DER FURCHTLOSE FRANK) auf den Markt. Auf den Plakaten stand: »Dustin Hoffman, Star aus DIE REIFEPRÜFUNG und Jon Voight, Star aus ASPHALT-COWBOY«. Damit machte die Gesellschaft klar, wen sie für den größeren Star hielt, obgleich sie zugab, daß Voight der Hauptdarsteller von ASPHALT-COWBOY war. Überflüssig zu sagen, daß American International Pictures nicht das geringste mit den beiden erfolgreichen Filmen zu tun hatte.

Die Kritiken waren um einiges freundlicher, als Dustin befürchtet hatte. Die Rolle hatte ihm nicht nur fünftausend Dollar und einen Italienurlaub eingebracht, sondern auch Kommentare wie diesen aus der *Film TV Daily*: »Zweifellos ist Dustin Hoffman talentiert. Er ist in MADIGANS MILLIONEN so naiv, verrückt, ungeschickt und talentiert, daß er den ganzen Film beherrscht. Offen gestanden, er rettet den Film.«

Dustin begann sich zu fragen, ob nicht er auch bald jemanden nötig haben würde, der ihn rettete.

Der Italian Anti-Defamation League war nämlich klargeworden, daß »Ratso« eigentlich Enrico hieß – Voight benutzt den Namen nur ein einziges Mal, nämlich als der Krüppel in seinen Armen stirbt –, und das gefiel den Jungs von der League ganz und gar nicht.

»Das regte meine Phantasie an. Ich stellte mir vor, nach der Premiere würden ein paar Kerle von der Mafia zu mir kommen und sagen: ›Spiel nie wieder so eine Rolle.‹«

Und wie hätte er darauf reagiert? Er würde geantwortet

haben: »Sie haben recht, absolut recht, völlig recht. Ich tu' alles, was Sie sagen! Aber schlagen Sie mich nicht.«
Das könnten Zeilen aus einem der Filme sein, die er in den kommenden Jahren drehen wird. Die abgehackten Sätze, das Kopfnicken, der Klang der Stimme, bei der sich das Publikum fragt, ob er seine Backen ausgestopft hat, obwohl er so hager aussieht – wie Ratso Rizzo, der wie unter Zwang vor jeder Telefonzelle stehenbleibt, in der Hoffnung, daß jemand sein Wechselgeld vergessen hat.

Was Dustin sich jetzt wünschte, war eine aufregend neue Filmidee. Das war ein Kompromiß. Einer von vielen Kompromissen, die Anne bereits am Horizont erscheinen sah. Denn Dustin fiel es schwer, sich den Mechanismen anzupassen, unter denen ein Film gedreht wurde.
Walter Matthau sagte einmal zu mir, in einem Film mitzuwirken sei eine Art »Ruhestands-Schauspielerei«. Eine Zeile am morgen, dann eine Pause, bevor man dieselbe Zeile am Nachmittag wiederholt. Dustin ging es ähnlich. »Es muß schrecklich sein, wie Doris Day einen Film herunterzunudeln, als arbeite man von neun Uhr morgens bis fünf Uhr nachmittags. Oder wie Sinatra. Sie drehen erst den ganzen Film, und dann kommt Sinatra für drei Wochen vorbei und spielt seine Szenen. Sinatra ist ein guter Schauspieler. Aber ich könnte so nicht arbeiten. Was ich nicht verstehe, ist, wie jemand *Spaß* an der Filmschauspielerei haben kann. Zugegeben, für den Regisseur ist es eine tolle Sache, der wirbelt die ganze Zeit herum, aber für einen Schauspieler ... oft sitzt man nur so herum.«
Man sitzt herum und hat Zeit, über Gott und die Welt zu diskutieren und über Politik nachzudenken, obwohl Dustin nie ein besonders politischer Mensch gewesen war. Er hatte den unabhängigen Kandidaten Eugene McCarthy bei der Kampagne zur Wahl des Präsidenten im Jahre 1968 unter-

stützt, aber er nahm nicht am Wahlkampf teil und war nicht besonders wild darauf, auf öffentlichen Versammlungen zu sprechen. Im Gegensatz zu Shirley MacLaine und Jane Fonda, oder, um die andere Seite der Skala nicht zu vergessen, Bob Hope oder John Wayne.

»Vielleicht bin ich zynisch, aber ich denke, es ist heute für einen Schauspieler nicht besonders mutig, eine politische Meinung zu äußern. Das gilt heutzutage als schick. Den Leuten ist es egal, ob man für Eugene McCarthy ist oder für wen John Wayne stimmt.«

Dustin beteuerte, er sei vor allem Amerikaner (ob der rechte Flügel ihm da zustimmen würde?). Möglicherweise ist ihm das auf seiner Europareise deutlich geworden. Die Reise gehörte zu jenen Dingen, die er sich von seinem neuerworbenen Reichtum leistete. Er war noch nie in der Alten Welt gewesen.

»Ich sah die andere Seite dessen, was es heißt, Amerikaner zu sein – ich sah zum Beispiel Amerikaner, die beleidigt waren, weil die Franzosen nicht ihre Sprache sprachen –, und das gefiel mir nicht.« Das war die Zeit, wo es unter den Studenten in der ganzen Welt brodelte, besonders in Paris, doch ebenso in Amerika.

»Der Ausbruch der Jugendlichen in diesem Land ist gut«, erklärte er. »Die Kids sind wütend, weil die amerikanischen Führer Fehler gemacht haben und es nicht zugeben wollen.«

Es war die Zeit, als man Muhammed Ali den Weltmeistertitel im Schwergewicht aberkannte, nachdem er sich über Vietnam geäußert hatte. »Er tut mir wirklich leid«, sagte Dustin. »Ich halte es für völlig verkehrt, ihm wegen seiner Gefühle bezüglich Einberufung und Krieg den Weltmeisterschaftstitel abzuerkennen. Ich weiß nicht, ob ich seiner politischen Meinung zustimmen soll, aber ich weiß, daß er ein großartiger Sportler ist. Ich bewundere sehr, daß er sich für die Dinge stark gemacht hat, an die er glaubt.«

Dustins Agent ließ verbreiten, daß Dustins Preis leicht gestiegen sei. Für 425 000 Dollar pro Film könne man sich jetzt seine Dienste sichern. Eine Zahl, die nicht zu hoch gegriffen schien, besonders, als bekannt wurde, daß Dustin wiederum für einen Academy Award nominiert worden war, und zwar für seine Rolle in ASPHALT-COWBOY. Und wieder sollte es bei der Nominierung bleiben. Aber er war darüber genauso glücklich wie beim letzten Mal.

Dustin hatte sich entschieden, in einem neuen Stück mitzuwirken, bei dem er viertausendfünfhundert Dollar die Woche verdiente. JIMMY SHINE hatte im Brooks Atkinson Theater am Broadway Premiere, noch bevor einer der Zuschauer ASPHALT-COWBOY gesehen hatte. Dem Stück von Murray Schisgal, damals wahrscheinlich Dustins bester Freund, war kein großer Erfolg beschieden. Dustin beschrieb es als ein Mittel, mit dem der Dramatiker »die Wahrheit durchschneiden« konnte.

Für Dustin war es die erste Rolle, in der er schauspielern, tanzen und singen konnte. Es gab da eine tolle Szene, in der Dustin auf Bierdosen tanzt, die an seinen Schuhen festgebunden waren. Er war von dem Augenblick an, wo sich der Vorhang hob, der Mittelpunkt.

Nach einer Reihe von Problemen bei den Vorführungen außerhalb New Yorks gab es mäßig gute Besprechungen. Dustin soll in Philadelphia gesagt haben, er hoffe, Gott schaue zu und wäre bei der New Yorker Premiere netter zu ihm. Er hatte gute Gründe für seine Gebete. Die Gebete eines normalerweise nicht religiösen Mannes haben gemeinhin eine größere Wirkung als die Gebete eines Mannes, für den Beten etwas Selbstverständliches ist.

Dustin hatte sich in Philadelphia auf offener Bühne den Kopf an einer Mülltonne verletzt. Dann fiel er bei einem Sprung auf ein Bett auf einen spitzen Helm. Danach fühlte er sich, als habe er sich das Genick gebrochen.

In Philadelphia kam das Stück über einen Maler nicht gut an.

Die Schauspieler hatten es schwer, das Publikum davon zu überzeugen, daß es sich lohnte, ein Stück anzusehen, in dem Dustin sagen mußte: »Ich bin ein Maler. Ich muß malen. Bevor ich mich niederlege und sterbe, werde ich das einzige tun, das meinem Leben Sinn gibt.«
Man ersetze Maler durch Schauspieler, und schon hat man Dustins Autobiographie. Doch Dustin war nicht nur ein Künstler, sondern auch der einzige in Greenwich Village, der nicht mit den Frauen herummachte, die seinen Weg kreuzten.
In Baltimore liefen die Dinge besser.
Das Publikum lachte an den richtigen Stellen. Den Zuschauern gefiel die Art, wie er mit einer Prostituierten schlief. Das war ein anderer Sex als in DIE REIFEPRÜFUNG.
Echte Probleme bereitete eine Szene, in der er seiner Frustration Luft machte, indem er eine Leinwand mit einem Palettenmesser zerstörte, einer normalerweise ungefährlichen Waffe. An diesem Abend jedoch hatte ein Requisiteur das Messer geschliffen, um es Dustin leichter zu machen. Doch der brave Mann hatte zuviel des Guten getan. Denn jetzt war das Palettenmesser so scharf, daß es sowohl die Leinwand als auch Dustins rechten Zeigefinger aufschlitzte. Dustin harrte noch eine ganze Stunde lang mit blutüberströmter Hand auf der Bühne aus, ehe der Finger behandelt wurde.
Das war der Unterschied zwischen Bühne und Film, wo man schnell zwischen den einminütigen Aufnahmen behandelt werden konnte. Aber frustrierender als alles andere war, daß er nichts dagegen unternommen hatte. Er hatte einfach nur seine blutende Hand in die Tasche gesteckt und geschwiegen. Warum hatte er nicht improvisiert? Warum hatte er nicht so getan, als gehöre der Unfall zu seiner Rolle? Am anderen Tag hätte er sich dafür am liebsten geohrfeigt. Er verstand nicht, warum er das eherne Gesetz eines jeden guten Schauspielers gebrochen hatte.
Die Baltimore *Sun* erwähnte den Finger in ihrer Besprechung

mit keinem Wort. Sie lobte Dustin mehr als das Stück. »Eine Persönlichkeit auf der Suche nach einem Stück.«
Nachdem an jenem Abend der letzte Vorhang gefallen war, begab sich Dustin in das städtische Krankenhaus, wo er sich mit Krankenschwestern herumschlagen mußte, die mehr daran interessiert waren zu erfahren, wie man sich als Filmstar fühle, als daran, sich um seine Wunde zu kümmern. Am nächsten Abend stand in den Programmheften: Mr. Hoffman erscheint mit einem Schnitt im Finger. Einige Zuschauer fanden das sehr lustig.
Die Möglichkeit, in diesem Stück mitzuwirken, war für Dustin von unschätzbarem Wert. Als im Dezember 1968 in New York Premiere war, gab Dustin nicht nur sein Debüt als Broadway-Star – obendrein noch ein Debüt, bei dem er zum ersten Mal auf der Bühne sang –, nein, JIMMY SHINE half ihm auch noch dabei, einen Geist zu vertreiben.
Er wußte jetzt, daß er noch immer Theater spielen konnte, trotz des Geredes einiger Leute, die glaubten, er sei erledigt, er hätte sich an Hollywood verkauft.
Daß er ein guter Theaterschauspieler war, bedeutete aber noch lange nicht, daß es einfach war, mit ihm zu arbeiten. Der Regisseur des Stücks, Donald Driver, verließ unter Protest das Theater, empört über die Art, wie Dustin von dem Schauspiel Besitz ergriff. Es war die alte Geschichte. Dustin blieb uneinsichtig und bereute nichts: »Mir war immer bewußt, daß ich mit meiner Auswahl recht und sie einfach unrecht hatten. Aber sie geraten in Panik, wenn sie nichts von einem wissen.«
Clive Barner, der erste »Metzger des Broadway«, sagte in *The New York Times*: »Er hat die außerordentliche Fähigkeit, auf der Bühne er selbst zu bleiben. Oder wenn nicht er es sein sollte, der dort spielt, dann doch ein Teil seiner selbst. Er ist so ungeheuer talentiert, daß es fast schon monströs ist.«
Das *Time*-Magazin gelangte fast zum gleichen Schluß. Der

anonyme Autor der Titelgeschichte vom Februar 1969, in der Dustin zusammen mit Mia Farrow unter der Überschrift »Das Mondkind und der fünfte Beatle» zu sehen war, erklärte, das Stück sei »ein reines Vaudeville des Absurden«.
»Und mittendrin wirbelt Dustin, der das Lachen, seine Mitspieler und das Publikum mit sich reißt. Er knurrt wie Durante, brummt wie W. C. Fields, watschelt wie Groucho Marx und tanzt wie ein gutmütiger Welpe.«
Dustin war ein Star, weil er sich selbst gefunden hatte. Er war Stil und Person in einem.
Der *Time*-Schreiber schien das zu akzeptieren, denn er fuhr fort: »Die Elemente sind sein – und zwar so sehr, daß andere Schauspieler bereits anfangen, ihn zu kopieren. Die Überraschung ist Hoffmans Geheimnis: Es liegt daran, daß er die Erwartungen der Leute übertrifft. Von Anfang an ist er eine chaplineske Gestalt gewesen, die vorwärtskommt, indem sie fällt.«
Emily Genauer von der *Los Angeles Times* sah das Stück und berichtete ihren Lesern in der ersten Januarwoche des Jahres 1969: »Es bleibt die vergnügliche, komische, einnehmende und auch zärtliche Geschichte eines Jungen, der mit dem romantischen Traum aufwächst, ein Künstler zu werden. Aber was uns Schisgal meiner Meinung nach wirklich erzählen will, ist die Geschichte eines heranwachsenden Künstlers. Dieses fesselnde, geheimnisvolle, äußerst anspruchsvolle Thema, die Entwicklung und Reifung von Kreativität, die verzehrende Wut, mit der man Kunstwerke schafft, harrt noch seiner überzeugenden Darstellung in einem Schauspiel oder einem Roman oder einem Film.«
Doch die gröbste Besprechung stand im *Newsweek*, dessen Kritiker, J. K., seine Rezension mit einer Warnung begann: »Aufgepaßt, Dustin Hoffman. Die Barone von Frankenstein des Broadway versuchen, Sie in ein Hoffmonster zu verwandeln. Okay, also Sie sind dieser teuflisch talentierte kleine

Knabe, der ein Gesicht hat wie der niedliche Maulwurf in Disneys THE WIND IN THE WILLOWS ... Na und?«

J. K. zerriß das Stück gnadenlos. Er haßte es so sehr, daß in seiner Kritik sogar die Sprache auf der Strecke blieb: »Eines der schlechtesten schlechten Stücke, das man sich vorstellen kann; ein schmutziger, unglaublich banaler, schamlos ausgebeuteter Mischmasch, von dem der Baron – der sich aus dem Autoren Murray Schisgal, den Produzenten Claire Nichtern und Zev Bufman und ihrem (möglicherweise) willigen Publikum zusammensetzt – denkt, er sei lebensfähig.

Das Stück selbst ist ein Monster. Es zeigt die Far-out-Kunstszene, sogar die Rockmusik-Szene – John Sebastian, ein vorzüglicher Rockkomponist, liefert ein paar akzeptable, aber unpassende Songs, deren ärgerliche Wirkungslosigkeit dieses Nicht-Schauspiel in ein Nicht-Musical verwandelt.«

Mit Dustin sprang das Magazin etwas freundlicher um. »Die Elektroden knacken, der Baron dreht wie verrückt an den Schaltern, Dustin erwacht zuckend zur Routine ... spielt mit Stil und Feingefühl jenseits jeglicher Pflichterfüllung unglaublich sentimentale Szenen.«

Für die Theaterproduzenten war Dustin genauso ein schwerer Brocken wie für die Produzenten in Hollywood. Laut Vertrag bekam er nicht nur viertausendfünfhundert Dollar die Woche, sondern auch zehn Prozent der Einnahmen.

Der Produzent Zev Bufman beschreibt Dustin als einen »harten Feilscher«, der es fertig gebracht hatte, auch noch den halben Profit aus dem Programmverkauf einzustreichen, womit er noch hundert Dollar die Woche zusätzlich verdiente. Eine Summe, die normalerweise den Produzenten zugestanden hätte.

Manche Menschen hielten Dustin für ebenso exzentrisch wie die Personen, die er spielte. Wie sollte man sich sonst seinen Entschluß erklären, jeden Tag etwas Gelbes zu essen? Er war überzeugt davon, daß er ernstlich krank würde, wenn er nicht jeden Morgen drei hartgekochte Eier und trockenen Weizentoast frühstückte. Man kann darüber lachen, aber man kann ihn deswegen nicht hassen.

Aber in New York gab es Menschen, die *er* haßte – Menschen, die er noch nicht einmal kannte. Wenn er jedoch genauer über sie nachdachte, taten sie ihm nur noch leid.

»Eines Abends sah ich in den Fernsehnachrichten, wie zwei stämmige weiße Kerle gegen einen Wagen traten und ihn zum Schaukeln brachten, in dem sich zwei kleine schwarze Kinder befanden, deren Eltern versuchten, sie sicher zur Schule zu bringen. Ich war so wütend und so voller Haß, daß ich ihn förmlich riechen konnte. Aber als ich mich wieder beruhigt hatte, dachte ich: ›Ich kann diese beiden Kerle nicht wirklich hassen. Wie kann ich Menschen hassen, wenn ich genau weiß, daß sie so etwas nur tun, weil sie ängstlich und dumm sind.‹«

Er versuchte sich gegen jene Mitmenschen zu stählen, die ihn zwar nicht haßten, aber beneideten. Er erinnerte sich daran, wie er die WASP-Kinder in Los Angeles beneidet hatte. »Man muß selbst neidisch gewesen sein, um zu wissen, wie überflüssig und sinnlos Neid ist.«

Dustin Hoffman, der Star, fand es schwer, den Neid aus seinem Leben zu verbannen. Als Hauptdarsteller in JIMMY SHINE freute er sich riesig, seinen Namen auf der Markise vor dem Theater prangen zu sehen, das erklärte Ziel eines jungen Schauspielers. Aber er hatte die Veränderungen in den vergangenen achtzehn Monaten noch nicht verkraftet. »Ich denke: ›Warum steht *sein* Name dort oben, während ich hier unten um einen Job anstehe?‹«

Dustin hätte jahrelang JIMMY SHINE spielen können. Es war ein bequemer Job. Da das Stück am Broadway lief, hätte er in New York, wo Anne und seine Freunde lebten, bleiben und der Schauspieler werden können, den Anne sich immer gewünscht hatte.

Nun wurde es kompliziert. Während er auf die Premiere von ASPHALT-COWBOY wartete und abends in JIMMY SHINE auftrat, drehte Dustin seinen dritten Film (und zwar in New York): JOHN UND MARY. Ja, genau jener, in dem er neben Mia Farrow zu sehen ist, und der *Time* zu seiner Titelstory angeregt hatte.
Der Regisseur Peter Yates hatte Dustin in Philadelphia, wo Dustin in JIMMY SHINE auftrat, überredet, die Rolle anzunehmen. Yates hatte so seine Idee zu dem Stück, die Murray Schisgal genauso gefallen hätte, wie Harry Hoffmans Vorstellungen Mike Nichols gefallen hatten. Aber er sagte nichts, um Dustin nicht zu nerven.
Dustin war damals derart überarbeitet, daß es ihn nicht kümmerte, was man über ihn schrieb. Obgleich er gestand, daß er den *Time*-Artikel haßte, der ihn so viele Interviewstunden gekostet habe und in dem alles falsch wiedergegeben worden sei. Während Twentieth Century-Fox ihr Bestes tat, um Dustin Hoffman zufriedenzustellen.
Sie zahlten Zev Bufman eine Entschädigung, damit Dustin keine Matinee-Vorstellung mehr zu absolvieren brauchte. Statt ins Theater zu gehen, begab er sich ins Biograph, ein New Yorker Studio, das extra für JOHN UND MARY ausgeräumt worden war. Das Studio stellte ihm auch eine Limousine zur Verfügung, die ihn vom Biograph abholte und zur Abendvorstellung und von dort zu seiner Wohnung brachte. Am nächsten Morgen rollte sie ihn wieder ins Studio. Und so weiter.
Eine solche Behandlung hatte es seit den Tagen der Ziegfeld-Mädchen, die mit Sirenengetön von den Folies zu den späten Shows gefahren wurden, die der Impressario präsentierte, kaum noch gegeben. Sie zeigte, wie unentbehrlich Dustin Hoffman geworden war.
Aber es zeigte auch, wie eng sein Stundenplan geworden war. So konnte es nicht weitergehen. Auch nicht mit JIMMY SHINE. Für Dustin war es mehr als nur die übliche Schwierigkeit, die

man gemeinhin mit erfolgreichen Stücken hat, nämlich, daß ein Schauspieler so lange, wie es gut läuft, daran gebunden ist. Ein Mann, der wie Dustin auf eine Filmkarriere hoffte, mußte sich entscheiden. Er verließ die Truppe – und das Stück wurde abgesetzt. Es hatte sich ohne ihn nicht halten können.
Doch Kalifornien rief, und er eilte gen Westen, um über die Fortschritte von JOHN UND MARY zu sprechen und über seinen nächsten Film LITTLE BIG MAN nachzudenken.
Die *Los Angeles Times* brachte eine Karikatur, auf der ein Haufen Hippies mit Plakaten zu sehen war, auf denen stand: ›Bereitet euch auf das Ende der Welt vor‹, und ein Mädchen sagte: ›Oh, Klasse. Dustin Hoffman kommt in die Stadt.‹
Aber er mochte nicht bleiben. Er sah sich immer noch als New Yorker Schauspieler. New York war ihm so in Fleisch und Blut übergegangen, daß er nicht lange von dieser Stadt fort sein konnte.
Bald schon war er wieder auf dem Weg nach Manhattan. Und er wollte nur noch eins – Anne heiraten.

6

DUSTIN HOFFMAN HEIRATETE Anne Byrne am 4. Mai 1969. Die »Schicksen-Göttin« stimmte einer reformierten jüdischen Heiratszeremonie in Chappaqua, New York, zu. Beide Familien waren anwesend.

Die Hoffmans waren zwar nicht religiös, dennoch wünschten sie sich, daß ihr jüngster Sohn nach jüdischem Ritus getraut würde. Die Byrnes blieben genauso tolerant, wie sie es all die Zeit über gewesen waren, in denen ihre Tochter mit Dustin Hoffman zusammengelebt hatte. Man einigte sich auf eine reformierte Trauung, da weder die orthodoxe noch die konservative Religion eine gemischte Heirat tolerierte.

Es gab einen wunderschönen Empfang im Haus der Byrnes in Mount Kisco – »Mittelklasse«, wie Anne es nennen würde –, der sich vermutlich nicht sehr von denen in DIE REIFEPRÜFUNG oder in GOODBYE COLUMBUS unterschied. Es nahmen nur fünfunddreißig Personen daran teil.

Fromme Autoritäten neigen zu der Annahme, daß eine solche Trauung den Keim des Unglücks schon in sich trägt. Die frischgebackenen Mr. und Mrs. Hoffman schienen nicht dieser Meinung zu sein. Sie sahen aus, als seien sie sich einer glücklichen gemeinsamen Zukunft sicher.

Würde sich etwas ändern? Würde es einen Unterschied machen, offiziell verheiratet zu sein, statt ein zusammenlebendes Pärchen? Es schien, als seien sie davon überzeugt. Dustin überraschte die Leute aus dem Showbusineß, wenn er gestand, wie gerne er verheiratet wäre und Kinder haben würde. Das entsprach nicht der Konvention. Anne ging es ebenso.

Für Dustin bedeutete verheiratet sein, vom »Freeway abzubiegen«. Ob er damit sagen wollte, daß er jetzt alles etwas

langsamer angehen lassen würde oder einfach nur, daß er als verheirateter Mann nicht mehr frei war, wurde nie geklärt.
Beide wußten, auf was sie sich eingelassen hatten. Dustin war in dieser Beziehung stets offen gewesen. In den vergangenen Jahren hatten sie einander »geliebt, gehaßt und verletzt«. Aber sich nie gelangweilt.
Vorausgesetzt, es stellte sich keine Langeweile ein, hatte das frisch vermählte Paar keinen Grund anzunehmen, daß sich künftig etwas ändern würde. Sie hatten die Ehe ja sozusagen jahrelang geprobt. Aber ob sie deswegen lange halten würde, stand auf einem anderen Blatt. Dustin wußte, daß er ganz schön egoistisch und egozentrisch sein konnte.
Sie verbrachten ihre kurzen Flitterwochen im Fernen Osten; etwas, das man sich leisten konnte, wenn man Erfolg hatte. Man schrieb einen Scheck für zwei Erste-Klasse-Flugtickets und eine Hotelsuite aus, ohne daß einem das Herz blutete.
Eine der ersten Veränderungen in ihrem ehelichen Leben war, daß Karina einen neuen Vater bekam. Dustin adoptierte sie offiziell und erklärte, er würde sie stets wie sein eigenes Kind behandeln. Die Vierjährige war's zufrieden. Sie hatte gar nicht mitbekommen, daß sich irgend etwas geändert hatte. Anne und Dustin waren sich einig, daß es so bleiben sollte. Sie versprachen sich, daß, sollten sie einmal gemeinsame Kinder haben, diese und Karina gleich behandelt werden sollten. Alle ihre Kinder würden den religiösen Neigungen ihrer Eltern folgen, die damals als nicht vorhanden erkannt wurden. Karina war römisch-katholisch getauft worden, aber sie würde diesen Glauben nicht praktizieren. Das schien nicht nötig zu sein. Denn es sah so aus, als würde man auch so eine sehr glückliche Familie werden.
Karina hatte jetzt einen neuen Vater, der nicht fortging, um sich mit seinen Kumpels einen hinter die Binde zu gießen. Im Gegenteil. Anne beklagte sich darüber, daß Dustin, wenn er nicht gerade mit einem neuen Film beschäftigt war, zu viel zu

Hause herumhockte. Daß er sich mit seinem Billardtisch tröstete, statt etwas Aufregendes zu unternehmen. Dustin schmiß sich, kaum zu Hause angekommen, in den Bademantel und legte sich aufs Bett.

Dustin und Anne wurden fast zur selben Zeit wie JOHN UND MARY ein Paar. Bei dem Film handelte es sich um eine leichtfüßige Sexkomödie. Es ging um ein junges New Yorker Pärchen, das sich trifft und miteinander schläft, was nicht nur gang und gäbe, sondern auch ein guter Stoff für eine Komödie war. Damals hatte noch niemand etwas von AIDS gehört. Es war die Zeit der freien Geister und der inspirierten Filme, zu denen JOHN UND MARY leider nicht gehörte.

Dustin Hoffman und Mia Farrow, alias John und Mary, gabeln sich in einer Bar auf. Die Tatsache, daß die Anmache nicht nur von einer Person ausgeht, ist zeitrelevant. John und Mary diskutieren darüber, wohin sie gehen sollen – zu ihm oder zu ihr.

Das erinnerte entfernt an Dustin Hoffmans Jahre auf dem »Freeway«. Doch er übernahm die Rolle nicht, weil er sich John verwandt fühlte. Im Gegenteil. In jedem Interview betonte er den Unterschied zwischen ihnen.

Die Quälerei, tagsüber zu filmen und abends auf der Bühne JIMMY SHINE zu spielen, lag hinter ihm. Einer der Gründe, weshalb Dustin das neue Filmangebot angenommen hatte, war sein Glaube an den Regisseur Peter Yates, dem er nach seiner Hilfe für JIMMY SHINE vorbehaltlos vertraute.

»Es lag nicht am Drehbuch. Ich wußte noch nicht einmal, ob ich die Rolle richtig verstand.« Womit es ihm genauso erging wie dem zahlenden Publikum, das sich diesen Film ansah.

Dustin war nicht wie John. Er war weder adrett noch besonders wählerisch in Bekleidungs- oder Einrichtungsfragen und konnte auch nicht kochen. Doch er dachte, wenn es dem Regisseur von BULLIT gelänge, etwas von seiner alten Magie

wiederzuerlangen, sei es einen Versuch wert. Doch dem war leider nicht so.
Das einzig Gute an diesem Film ist, daß er die damalige Zeit ziemlich genau widerspiegelt. Was man ihm eine Zeitlang als Schwäche ankreidete. Zurückblickend könnte man JOHN UND MARY als Zeitdokument betrachten. Der Film zeigt uns sowohl die Moralvorstellungen der späten sechziger Jahre als auch die Kleider, die man damals trug (oder auch nicht).
Und er verschaffte Dustin Hoffman einen schönen Batzen Geld. Seit DIE REIFEPRÜFUNG waren kaum zwei Jahre vergangen, und schon wird der Sex in JOHN UND MARY offener dargestellt. Mia Farrow ist nackt zu sehen. Dustin auch, aber nur von hinten. Wenn man auf den Dustin Hoffman des Jahres 1969 zurückblickt, scheint es, als sei dieser Film ein Versuch, der Welt zu zeigen, daß er nicht nur exzentrische Charakterrollen spielen konnte.
Die Rolle des John, die wegen Dustins fehlender Zentimeter und seines Aussehens (er entsprach nicht eben dem Bild eines gutaussehenden WASP) umgeschrieben werden mußte, hätte ebenso gut von Robert Redford, Ryan O'Neill oder von dem jungen Schauspieler Warren Beatty, den Dustin besonders bewunderte, gespielt werden können.
Es rechtfertigt seinen Ausflug in konventionellere, oder wie er es ausdrücken würde, »normalere« Gefilde, wenn er gesteht: »Ich habe mir gesagt, immer nur den Exzentriker zu spielen ist nicht gut. Für mich ist es schwierig, eine Rolle zu spielen, zu der keine besondere Stimme oder ein auffallender Gang gehört. Ich habe große Angst davor, daß ich, wenn ich nur ich selbst bin, zu direkt werden könnte.«
Tatsächlich wurde JOHN UND MARY – und was er daraus gemacht hatte – von mehreren Leuten so betrachtet.
Nicht einmal eine Spur von Anziehungskraft, die zwischen ihm und Mia hätte herrschen müssen, kam herüber. Die junge, elfenartige Frau – sie war gerade frisch von Frank

Sinatra geschieden und stand kurz davor, Mrs. André Previn zu werden – war nicht gerade die ideale Partnerin für Dustin, egal, wie sehr *Time* über das Paar auch jubeln mochte.
Mia Farrow, die durch PEYTON PLACE, eine der ersten Seifenopern, bekannt geworden war und später eine ausgezeichnete Rolle in ROSEMARY'S BABY gespielt hatte, war nicht gewillt, Dustin die Unterstützung zu geben, die er brauchte.
»Er wollte den ganzen Tag nur über seine Analyse-Sitzungen reden«, verriet mir einer seiner damaligen Filmkollegen, der nicht genannt werden möchte.
Vielleicht, weil sie so wenig voneinander wußten – oder weil das, was sie voneinander wußten, ihr Vorurteil bestätigte, zwischen ihnen gäbe es keinerlei Gemeinsamkeiten –, stimmten Dustin und Mia Farrow zu, sich einige Male zu treffen. Diese Treffen fanden in einem Hotelzimmer statt, mit einem Studioangestellten als Anstandswauwau, damit auch niemand auf falsche Gedanken käme.
Sie sprachen über Liebe und Ehe. Dustin gestand, daß er im Grunde seines Herzens ein altmodischer Junge sei und die Werte einer stabilen Ehe sehr schätzte. »Ich bin sehr viktorianisch. Ich bin ordentlich und benutze Wildroot.« Mia, die Eheerfahrung mit Sinatra noch im Kopf, meinte, wie großartig eine Ehe ohne Treuegelübde sein müsse.
Wahrscheinlich, um zu zeigen, wie tapfer doch ein jeder in diesem Hotelzimmer war, stellte Dustin klar, daß er trotz seiner Gefühle für und über die Ehe auch einige Beziehungen gehabt hatte. Er sprach über das Lieben und Verlassen von Frauen. Mia gestand ihm, daß ihre besten Freunde Männer seien.
Während Dustin ihr verriet, daß er nur eine Handvoll richtiger Freunde hätte. Mia hielt sich für glücklicher. »Weil – wow – ich so viele Freunde habe.«
Laut *Ladies Home Journal* antwortete er: »Sie sind vermutlich um einiges offener als ich. Ich habe noch immer dieselben

Freunde wie früher. Ich glaube nicht, daß in den vergangenen zehn Jahren ein neuer dazugekommen ist.« Später würde sich Anne wünschen, es wäre so gewesen.
Und weiter: »Ich begebe mich nicht in Situationen, wo ich neue Freunde gewinnen könnte. Ich gehe nicht auf Parties, weil es mir keinen Spaß macht, und ich bin jetzt an einem Punkt angelangt, wo ich mich auf mein Urteil verlassen kann.«
Für ihn war, einen neuen Freund zu gewinnen, das gleiche, wie ein Mädchen kennenzulernen. Man brauchte nur jemanden zu finden, der so dachte wie man selbst.
Dustins unbedingtes Vertrauen zu Peter Yates hatte einen Knacks bekommen.
Die Dreharbeiten verliefen nicht sonderlich gut. Dustin wollte improvisieren – die besten Szenen des Films waren improvisiert –, doch der Regisseur hielt nicht viel davon. Beispielsweise wurde stundenlang darüber diskutiert, auf welche Weise Dustin Mia am besten ein Soufflé überreichen sollte oder wie sie sich über die graphischen Darstellungen in einem Sexhandbuch unterhalten sollten. Das alles ließ kaum Zeit für ein Späßchen. Man hatte die Drehzeit erheblich überzogen. Dustin wirkte erschöpft.
Die aus Mervyn Jones' Feder stammende Geschichte wurde von Großbritannien, wo es ursprünglich spielte, in die Vereinigten Staaten übertragen. Das Drehbuch zum Film stammt von dem berühmten Schriftsteller und Rechtsanwalt John Mortimer. Der einzige faszinierende Aspekt an der ganzen Geschichte ist, daß bis zum Ende keiner der beiden den Namen des anderen kennt.
Beide können sich nicht darüber einigen, ob sie ihre Beziehung fortsetzen wollen. Es soll sogar Zuschauer gegeben haben, die sich darüber Gedanken machten.
Die Kritikerin Judith Crist faßte zusammen: »Trotz aller ›aktuellen‹ Kulissen und Äußerlichkeiten erinnert es an eine alte Komödie aus den dreißiger Jahren – ohne die Komödie.«

Leslie Halliwell, der berühmte Filmgeschichtler, entdeckte kaum Gutes an dem Film. Es war »eine schwache, enttäuschende Sexkomödie um zwei Stars, die damals gerade sehr gefragt waren«.

Zusammenfassend könnte man sagen, wenn Dustin nicht aufgepaßt hätte, würde dieser Film vielleicht zu einem Knick in seiner Karriere geführt haben. Es war das erste Mal, seit sich Kritiker mit ihm beschäftigten, daß er schlechte Rezensionen bekam.

Ein Kritiker schrieb, daß der Film ein Flop war, weil »es Hoffman einfach an Überzeugungskraft mangelte, einen ruhigen Liebhaber oder ein starkes Selbst darzustellen.«

Das ist sehr hart. Dustin war am Flop unschuldig. Tatsächlich war er das einzig Gute am ganzen Film. Aber es schadete seinem Ruf, mit einem Flop in einem Atemzug genannt zu werden. Er mußte sich möglichst schnell Gedanken darüber machen, was er als nächstes tun wollte.

Es war an der Zeit, etwas anderes zu machen. Solange es noch Regisseure gab, die wußten, wie gut er war. Seine Fans schien das alles nicht zu stören. Noch immer pilgerten Mädchenscharen zu seiner Adresse. Einmal wurde er von einem Mädchen umarmt und angefleht, mit ihm zu schlafen.

Er betrachtete sie abschätzend, lächelte und sagte: »Okay ... möchtest du mit in meine Wohnung kommen? Jetzt sofort?«

Das Mädchen erstarrte – und rannte fort.

Und was war mit Dustins Karriere? Entweder er akzeptierte, daß JOHN UND MARY kein guter Film geworden war und drehte nichts Derartiges mehr, oder er sagte sich, daß der Film ihn schließlich um fast eine halbe Million Dollar reicher gemacht hatte und war's zufrieden.

Glücklicherweise wußte er immer genau, wenn er einen Fehler gemacht hatte. Robert Benton, der Regisseur von KRAMER VS. KRAMER (dt. KRAMER GEGEN KRAMER) behauptet, Dustin hätte die instinktive »Fähigkeit zu riechen, wenn irgend etwas falsch läuft.«

Jetzt roch er, daß die Zeit gekommen war, sich wieder exzentrischen Rollen zuzuwenden. Womit er nicht ganz unrecht hatte. Ein Charakterschauspieler braucht sowohl ein äußeres als auch ein inneres Make-up, um erfolgreich zu sein. Er mußte zurück nach Kalifornien. Wenn auch nur so kurz wie möglich.

7

DUSTIN SAGTE EINMAL: »Ich habe immer den Traum gehabt – den, glaube ich, jeder Schauspieler hat –, daß ich, wenn ich es geschafft hätte, tun könnte, was ich tun wollte.«

Es ist nicht leicht herauszufinden, was er sich damals, Ende der sechziger Jahre, wirklich wünschte.

Dustin war sich seines Erfolges bewußt und zog Nutzen daraus. Er war um einiges selbstbewußter geworden, und man konnte leicht mit ihm aneinandergeraten. Für Regisseure und Manager war es noch schwieriger geworden, mit ihm zu verhandeln – er konnte Dummköpfe nicht ausstehen.

Anne bemerkte die Veränderungen nur daran, wie sehr er sich plötzlich zu den Freunden hingezogen fühlte, die sie nicht leiden mochte. Sie hätte es gern gesehen, wenn er sich als Schauspieler verändert hätte. Aber das war ihr nicht vergönnt.

Ihrer Meinung nach hatte er jetzt, wo er seine Verträge, ganz zu schweigen von seinen Schecks, selbst ausstellen konnte, die Gelegenheit, mehr zu tun, als Filme zu drehen. Damit vergeudete er nur seine Zeit, die er, wenn es nach ihr gegangen wäre, besser mit Theaterspielen am Broadway ausgefüllt hätte.

Kein großes Studio hatte ihn in den Klauen. Niemand schrieb ihm vor, was er zu tun oder zu lassen hatte, wie es die großen Filmmoguln vergangener Zeiten getan hatten, und – last not least – er war nicht auf das Geld angewiesen.

Dustin verkündete noch immer, er wolle an den Broadway zurückkehren, und sein wirklicher Wunsch sei das Regieführen, doch er unternahm nur ein paar kümmerliche Versuche in diese Richtung. Aber er nahm keine weiteren Rollen à la JOHN UND MARY mehr an.

In seinem vierten Film spielte er wieder eine Charakterrolle. Eine Rolle, in der er als Jüngling von sechzehn und als Greis von hunderteinundzwanzig Jahren zu sehen ist.
Er spielte in LITTLE BIG MAN den einzigen überlebenden Weißen aus Custers letzter Schlacht, der seine Geschichte einem leichtgläubigen Reporter auf Band spricht. Die Tatsache, daß er in dieser Rolle überzeugte, ist vor allem Dustins Schauspielkunst zu verdanken. Doch auch dem Maskenbildner gebührt Dank. Es war nicht einfach, einen Zweiunddreißigjährigen in einen Jüngling und einen Greis zu verwandeln, aber es gelang.
Anne begleitete ihren Mann nach Kalifornien und zu den Dreharbeiten nach Billings, Montana. Sie drehten in der Nähe des Schlachtfeldes, auf dem General Custers Armee aufgerieben wurde und wo es so ausgesehen hatte, als sei die Herrschaft des weißen Mannes über die Indianer bedroht, die nachgewiesenermaßen circa 4500 Jahre lang in dem Gebiet um Little Big Horn gelebt haben.
Dustin war zufrieden. Er knöpfte den Crewmitgliedern auf dem Flug dorthin acht Dollar ab. Wäre Murray, seine dänische Dogge, nicht aus dem Gepäckabteil ausgebrochen, wäre alles perfekt gewesen. Übrigens – man fand den Hund noch vor der Landung.
Und wenn sie nicht über ausgebrochene Hunde oder Pokern sprachen, dann über die Arbeit, die vor ihnen lag.
Die Filmleute rechneten damit, während ihres Aufenthaltes ungefähr eine Million zu verbrauchen.
Während der Dreharbeiten kam es zu gravierenden Klimaschwankungen. Die Temperatur in Billings betrug etwa 43 Grad Celsius. Und obwohl bis zum Ende der Dreharbeiten Monate vergingen, war es nicht möglich, Winterbilder einzufangen – aber ein Film, der hunderteinundzwanzig Jahre abdeckt, konnte schwerlich nur im Sommer spielen.
Deshalb flog die Crew nach Kanada. Das bedeutete: Tempera-

turen nahe am Gefrierpunkt. Und wohin Dustin auch reiste, Anne begleitete ihn. «Ich war nie eine von diesen Feministinnen, denen so etwas unangenehm ist«, erzählte sie mir.

Es folgte eine Prozedur, die in den folgenden Jahren zur Gewohnheit werden sollte: Sie mieteten sich ein Haus in Brentwood, einem eleganten Vorort von Los Angeles, wo es zwar nicht ganz so protzig war wie in Beverly Hills, wo es jedoch mit die kostspieligsten Immobilien der Vereinigten Staaten gab.

Filmstars, die vorübergehend in Hollywood arbeiteten, überschütteten die ansässigen Immobilienmakler derart mit Aufträgen, daß sich diese ihre eigenen Häuser und Cadillacs leisten konnten. Die Hoffmans waren eindeutig ein guter Fang. Obwohl sie es kaum erwarten konnten, wieder zu verschwinden.

Dustin und Anne mieteten ein weiteres Haus in Billings. Ein *nouveau riche*-Haus, das in Urlaub befindlichen *nouveau riche*-Leuten gehörte. Selbst in der Küche lag ein passender Teppich, was Dustin überaus interessant fand. Aber es gefiel ihnen dort nicht. Wann immer der Drehplan es erlaubte, flogen sie nach New York zurück.

Wo sie so taten, als sei das Leben ein einziger Urlaub. Anne schleppte Dustin mit auf Konzerte, und er begann Gefallen daran zu finden. Sie besuchten Kunstgalerien und ihre Lieblingsrestaurants. In einem davon teilte ihnen der Besitzer mit, einer seiner Gäste würde gerne ihre Bekanntschaft machen. Es war Christiaan Barnard. »Bitten Sie ihn an unseren Tisch«, sagte Dustin, doch Anne machte ihm klar, daß Barnard der Berühmtere von ihnen und es anmaßend sei, ihn an den Hoffmanschen Tisch zu zitieren. Ergo begaben sie sich zu Barnards Tisch und sprachen über Filme. Der bekannte Herzchirurg wußte mehr über JOHN UND MARY, als Dustin sich je hatte träumen lassen. Es wurde ein anregender Abend.

Kurz vor Ende der Dreharbeiten zu LITTLE BIG MAN gestand ihm Anne, daß sie zum zweiten Mal schwanger war.
Aber auch die Filmarbeiten bedeuteten eine aufregende neue Erfahrung für ihn.
Dustin war jetzt zweiunddreißig Jahre alt, aber er hatte seinen eigenen *Reife*-Rekord bezüglich des Alters geschlagen. Er fragte sich manchmal, was für den Maskenbildner schwerer zu bewerkstelligen war: ihn sechzehn Jahre jünger oder neunundachtzig Jahre älter zu machen.
Egal. Dustin soll gesagt haben, dieser Mann verdiene einen Sonder-Oscar. Dick Smith brachte das scheinbar Unmögliche zustande (so gut war es noch niemandem gelungen), Dustin nicht nur um einige Jährchen älter zu machen, sondern ihn auch noch natürlich aussehen zu lassen. Das gelang ihm mit Hilfe einer Gummimaske, die Dustin in den »Greisen«-Szenen trug.
Aber nicht nur das Äußere mußte verändert werden. Wie es bester Hoffmanscher Tradition entsprach, versuchte Dustin, sich wie ein Hunderteinundzwanzigjähriger zu fühlen, und zu diesem Zweck mußte er wissen, wie man sich mit hunderteinundzwanzig Jahren wirklich fühlte und anhörte.
Auf dem New Yorker Welfare Island waren leider nur erheblich jüngere ältere Menschen anzutreffen. Schließlich half ihm einer der Filmtechniker. Er hatte einen hundertvier Jahre alten Vater. Dustin wurde eingeladen, um ihn zu beobachten und ihm zuzuhören.
Am Ende zeigte der hunderteinundzwanzig Jahre alte Jack Crabb (im Film) drei Eigenarten des hundertvierjährigen: seine Stimme, die ewige Zigarette (ein wunderbarer Kommentar zu allen medizinisch-wissenschaftlichen Behauptungen über das Rauchen und den frühen Tod ab Vierzig) und die Art, wie er seine Serviette benutzte.
Mochte der Regisseur Arthur Penn darüber frohlocken, Anne machte es fast wahnsinnig. Plötzlich war sie mit einem husten-

den Greis verheiratet (ein anderer Husten als der in ASPHALT-COWBOY), der sprach, als litte er an einer Laryngitis im Endstadium (während der Dreharbeiten war Dustin kurz daran erkrankt), und mit der Serviette spielte, während ihm die Zigarette zwischen den Fingern baumelte.

»Es war nicht so, daß er die Rolle bewußt in sein Privatleben übernahm«, erzählte Anne. »Er ließ nur zu, daß sie die Oberhand gewann. Manchmal versank er völlig in seiner Rolle. Wenn etwas falsch lief, fiel er wieder in die Rolle zurück, genau, wie er es als Rizzo getan hat. Das heißt nicht, daß er sich zu Hause bewußt in sie hineinversenkte, um sie real werden zu lassen.

Er behauptete stets, das sei der Weg, eine Rolle zu lernen. Aber ich glaube, es war eine Entschuldigung, um seine Frustration loszuwerden.«

Die Stimme brauchte einige Zeit, um zu reifen. Sie wurde erst gegen Ende des Films gebraucht, als die Szenen mit dem alten Mann gedreht wurden. Doch der Weg zur Heiserkeit war schmerzhaft.

Dustin kreischte auf dem Weg zum Studio. »Ich schrie, während ich angekleidet wurde; ich schrie, wenn ich das Zimmer verließ.« Wahrscheinlich hätte er auch noch zu Hause geschrien, wenn er nicht so besorgt um Annes Gesundheit gewesen wäre. Und er wollte Karina nicht ängstigen.

Die Szenen, die Dustin als alten Mann zeigen, wurden in einem Veteranenkrankenhaus gedreht. Dort lernte er einen neunzigjährigen Patienten kennen, der überzeugt war, er sei genauso alt wie Crabb, nämlich hunderteinundzwanzig Jahre. Das brachte Dustin auf eine Idee. Er fügte dem Tonfall des alten Mannes – den er wie Professor Higgins studiert hatte – ein Westernnäseln hinzu.

Dustin hatte zwar das Problem gelöst, alt auszusehen, aber er fühlte sich noch nicht so. Doch auch diese Schwierigkeit wurde bewältigt. Er trug Kontaktlinsen, mit denen er aussah, als hätte er grauen Star. Die Linsen waren so gut, daß er wirklich kaum noch etwas sehen konnte. Man mußte ihm in den Rollstuhl helfen, in dem er seine hunderteinundzwanzigjährige Geschichte zum besten gab.

»All das half meiner Phantasiewelt«, sagte er einmal.

Die frühen Szenen waren bereits im Kasten. Unter anderem die, in welcher der sechzehnjährige Jack Crabb mit voller Kriegsbemalung in einem windumtosten Wigwam sitzt und felsenfest davon überzeugt ist, er sei ein Indianer und kein weißer Junge – der einzige Überlebende der Schlacht um Little Big Horn –, der von den Cheyenne gerettet wurde.

Die Aufnahmen mit den Indianern wirken sehr authentisch, wenn man bereit ist zu glauben, daß der Wigwam von Winden und nicht von Technikern durchgeschüttelt wurde.

Dem Regisseur standen auch echte Indianer mit unbezahlbarem Rat zur Seite, besonders Häuptling Dan George, der Old Lodge Skins spielte, den Großvater des jungen Crabb.

Für den Charakterdarsteller Dustin Hoffman mochte dieser Film genau das richtige sein, aber nicht für Dustin, den Westernhelden. Dustin Hoffman und Pferde waren keine Gefährten fürs Leben. Dustin war nicht oft geritten, und das sah man. Aber Hoffman wäre nicht Hoffman, wenn er nicht auch das gelernt hätte.

Ebenso mußte er lernen, wie man mit einer Pistole umging. Weil er nicht schnell genug zog, verbrannte er sich ständig die Finger. Aber es mußte sein. Genauso wie er selbst fallen mußte. Er genoß nicht den Luxus, daß in brenzligen Situationen jemand für ihn in den Sand plumpste, während er nichts weiter zu tun hatte, als angeschlagen in die Kamera zu schauen und sich den Staub von den Kleidern zu wischen.

Er schäkerte zwischen den Aufnahmen mit einer der Maskenbildnerinnen herum. Das tat er, damit sich die Leute wohl fühlten, und nicht, weil er herausfinden wollte, ob sie die gleiche Wellenlänge wie er hatten. Das war ihm egal. Ab und

zu benutzte er auch tyrannische Techniken, um seinen Spaß zu haben. Und das bei Menschen, die nicht in der Lage waren, ihm Kontra zu bieten. Sie lächelten. Sie lachten. Aber wie es in ihrem Inneren aussah, ging niemanden etwas an.
Manchmal lief er mit einem Kassettenrecorder herum und stellte den Menschen entweder völlig belanglose oder sehr persönliche Fragen. In einem Flugzeug zog er einmal ein Mikrophon aus der Tasche und fragte eine Mitreisende über ihre Eltern aus. Sie nahm die Sache ernst und gestand ihm ihre geheimsten Gefühle. Sollte ein Star sich derart über andere lustig machen? Vielleicht versuchte er sie nur aufzulockern, damit sie sich wohl fühlte? Im vorliegenden Fall schien es nicht funktioniert zu haben. Oder lag es an seiner alten Unsicherheit? Hatte der Clown wieder einmal den Zweifler besiegt?
Er hätte daran denken sollen, wie sehr er es haßte, von professionellen Interviewern falsch zitiert zu werden. Er kochte vor Wut, wenn in einem Interview ein Wort wie »groovy« stand; ein Wort, das nicht zu seinem Wortschatz gehörte und niemals dazu gehören würde.
LITTLE BIG MAN ist nicht nur die Geschichte eines Hunderteinundzwanzigjährigen, sondern auch die Geschichte der Eroberung des Westens durch den weißen Mann. Der Film ist eine schockierende Anklageschrift darüber, wie der weiße Mann die Indianer behandelt hat und zeigt die Heuchelei, mit der er Maßstäbe aufstellte, die niemals vorhanden waren.
Man kann LITTLE BIG MAN mit DIE REIFEPRÜFUNG vergleichen. Einmal mehr ist Dustin das Unschuldslamm, das auf seinem Weg durch das weite Land von einer älteren Frau verführt wird. Diesmal ist die Verführerin eine Pfarrersfrau, die ihm erzählt, daß die Bibel völlige Sauberkeit fordere, während sie ihm ein Bad einläßt und sichtlich lüstern seinen festen jungen Körper berührt.
Die Pfarrersfrau wird von Faye Dunaway gespielt, mit der

Penn bereits BONNIE UND CLYDE gedreht hatte. Fayes Augen sind überaus sinnlich. Für diese Augen müßte man einen Waffenschein haben. Dustin/Jack war von ihnen wie hypnotisiert. Bis er entdeckte, daß auch sie Anteil an der Heuchelei einer Welt hatten, die er eben erst entdeckte.

LITTLE BIG MAN bot ihm die besten schauspielerischen Möglichkeiten seit ASPHALT-COWBOY; und genug, um ihn JOHN UND MARY vergessen zu lassen.

Die sechziger Jahre waren vorbei, und es war vielleicht ein Hinweis auf Dustin Hoffmans Standpunkt bezüglich der Siebziger, daß er einen Film gewählt hatte, der sich intensiv mit der Geschichte seines Landes befaßte und viele Fragen aufwarf.

Douglas Brode behauptet in seiner ausgezeichneten Studie über Dustins Filme, LITTLE BIG MAN sei eine Allegorie auf den Vietnamkrieg. Doch er ist mehr als nur das. LITTLE BIG MAN ist eine Studie der Menschlichkeit, geschaffen von einer Generation, die sich gerade anschickte zu verkünden, daß sie von vielem die Nase voll hatte – nicht nur vom Vietnamkrieg, sondern auch von den Vorurteilen gegenüber Farbigen. Daß sie genug hatte von einer Gesellschaft, die der Premierminister Harold Macmillan in Großbritannien mit dem unsterblichen Satz charakterisierte, daß die meisten Menschen es noch »nie so gut gehabt hätten«. Einer Gesellschaft, zu der auch Richard Nixon gehörte; ein Mann, der für Dustin – aber nicht nur für ihn – schon bald im Mittelpunkt stehen sollte.

Aber jetzt stand erst einmal LITTLE BIG MAN im Mittelpunkt. Der allgegenwärtige Stanley Kaufmann war sich der Botschaft wohl bewußt. »Ein scharfsichtiger, und wie ich meine, einzigartiger Film, der mit amerikanischer Begeisterung ein paar Dinge erzählt, die ebendiese Begeisterung angerichtet hat.«

Der *New Yorker* hätte lieber mehr Film und weniger Bedeutung gesehen. »Ein gewitztes Epos. In der ersten Stunde nett anzusehen, doch dann nehmen Massaker und Botschaften überhand.«

Nach Beendigung des Films wollte Dustin mit Anne und Karina einen Kurzurlaub machen. Er hatte bereits eine Reise in die Karibik und die besten Hotelsuiten gebucht. Doch die Reise mußte wegen der an Grippe erkrankten Karina in letzter Minute abgesagt werden.
Sie flogen also wieder nach New York zurück – wo sie gerade noch mit dem Leben davonkommen sollten. Aber das ist eine andere Geschichte.

8

NEW YORK BESASS noch immer die alte Anziehungskraft auf Dustin und Anne. Sie flogen gut gelaunt nach Manhattan zurück; zum einen, weil Dustin einen guten Job erledigt hatte, zum anderen, weil sie froh waren, endlich wieder nach Hause zu kommen. Jetzt wollten sie nur noch eins: Greenwich Village ohne allzuviel Sorgen zu genießen.

Sie schmiedeten Pläne für das Baby und dachten über ihr Apartment nach in einer Art, wie es häusliche Menschen tun. Die Vertrautheit darüber war aufregend und sehr beruhigend. Karina war völlig aus dem Häuschen, daß die ganze Familie wieder beisammen war.

Sie waren wieder eine richtige Familie. Eine Familie, die miteinander spielte, sich unterhielt oder Musik hörte. Dustin und Anne besuchten Antiquitätenläden und Kunstgalerien oder gingen auf Konzerte. Es ist Annes Einfluß zu verdanken, daß die Kunst bei Hoffmans Einzug hielt. Dustin sperrte sich nicht gegen diese Entwicklung, im Gegenteil, er nahm rückhaltlos daran teil. Wie Anne mir verriet: »Mein Geschmack wurde sein Geschmack.«

Er hat die vergangenen, verlorenen Jahre mehr als wettgemacht.

Eines Morgens machten sie gemeinsam einen Einkaufsbummel, das heißt, Anne und Karina gingen vor, Dustin wollte später zu ihnen stoßen. Karina hatte Geburtstag, und die hochschwangere Anne wollte unter anderem Kerzen für den Geburtstagskuchen kaufen.

Seit damals ist eine Menge passiert, aber keiner von ihnen wird den 5. März des Jahres 1970 je vergessen. Sie werden immer dankbar sein, daß sie an diesem Tag alle zusammen einkaufen waren.

Denn als sie von ihrem Einkaufsbummel zurückkamen, sah ihr Haus wie nach einem Bombenangriff aus. Eine gewaltige Explosion hatte das Haus nebenan dem Erdboden gleichgemacht, die Wohnung in Flammen aufgehen lassen und ein großes Loch in die Wand gerissen, an der Dustins Schreibtisch gestanden hatte. Drei Menschen waren getötet worden. Wären sie an diesem Morgen zu Hause gewesen, hätte man drei weitere Opfer zu beklagen gehabt: Anne, Karina und Dustin Hoffman. Dessen letzter Film, LITTLE BIG MAN, als sein Vermächtnis behandelt worden wäre und ihm vermutlich posthum einen Oscar eingebracht hätte.
Doch seiner Frau, seiner Adoptivtochter und ihrem ungeborenen Kind wurde etwas Wertvolleres geschenkt – das Leben. Man barg zwei nackte Mädchen aus den Trümmern. Im Kellergeschoß fand man die Leiche eines Mannes.
Es brauchte einige Zeit, bis sie die volle Bedeutung dessen erfaßten, was geschehen war. Manchmal passieren Dinge, die sich im nachhinein als Segen erweisen.
In diesem Fall war es ein unsittlicher Angriff auf die kleine Karina. Das Mädchen spazierte eines Tages allein in den Washington Square Park, um dort zu spielen. Die Eltern hielten sich in Sichtweite auf. Als sie mit ansehen mußten, wie ein Mann die Hand unter Karinas Kleid schob, schworen sie sich, das Kind nie wieder allein spielen zu lassen und aus der Gegend fortzuziehen. Sie mieteten eine neue Wohnung in der Nähe des Central Parks, der damals noch um einiges sicherer war als der Washington Square Park. Was man heute leider nicht mehr sagen kann. Doch Anfang 1970 hielten es die Hoffmans für angebracht, aus ihrer alten Wohnung in die 18 West 11th Street auszuziehen. Und genau das war der Grund, weshalb sie an diesem Morgen nicht zu Hause gewesen waren. Sie wollten sich bei einem Einkaufsbummel Sachen für ihre neue Wohnung anschauen.
Dustin saß also allein in der Dreizimmerwohnung (es gab noch

fünf andere Mieter im Hause), während der Rest der Familie außer Haus war. Er hockte vor seinem siebenhundert Dollar teuren Schreibtisch, der an der Wand zum Nachbarhaus stand und wollte endlich einmal die Hochzeitsfotos sortieren. Das machten alle, warum nicht auch die Hoffmans? Der Hauptgrund jedoch war, daß er bis jetzt keine Zeit gehabt hatte, die Bücherregale anzubringen. Jetzt hatte er endlich genügend Zeit, da er im Augenblick weder dem Film noch der Bühne verpflichtet war.

Er verließ seinen Platz am Schreibtisch um 11 Uhr 30, um Anne und Karina zu treffen. Um 12 Uhr existierte der Schreibtisch bereits nicht mehr, und auch der Rest seiner sprießenden Sammlung war in Flammen aufgegangen. Dustin gelang es, eine Tiffany-Lampe und eine seiner neuesten Lieben, eine Schildkröte zu retten, die, genauso wie der Labradorwelpe, den Dustin und Anne »Subway« getauft hatten, zum Hoffmanschen Zoo gehörte.

»Wir verloren eine Menge Fotos von uns und ein paar Bücher«, erzählte Anne. »Das einzig wirklich Wertvolle unter den Verlusten war eine kleine Zeichnung eines amerikanischen Malers. Wir hatten die Mädchen nicht gekannt.«

Der Gedanke an die drei Todesopfer – zwei weitere Mädchen kamen mit dem Leben davon und entgingen der »Festnahme«, indem sie fortliefen – schockte Dustin sehr.

Durch seine Lebenseinstellung wurde der Schock noch verstärkt. Dustin lehnte jegliche Gewalt ab. Im Grunde war er noch immer derselbe liebe, feige Junge, der er schon in der Schule gewesen war. Und was seine Bravour auf dem Motorrad anbelangte, so gab er jetzt zu, daß er nie schneller als fünfzig Stundenkilometer gefahren sei, im Gegensatz zu seinen Freunden, die den Highway in eine Rennstrecke verwandelt hatten.

»Es gibt da eine Theorie, daß rasende Männer sexuell unzulänglich seien. Das glaube ich nicht. Ich glaube vielmehr, daß sie ihre Unsterblichkeit prüfen. Sie testen Gott. Sie sagen: ›He, du da oben. Sieh mich an. Sieh, wie schnell ich fahren kann. Ich könnte gut dabei draufgehen. Die Tatsache, daß ich überlebe, bedeutet, daß ich auserwählt bin.‹« Dustin war überzeugt davon, daß Menschen allein aus diesem Grund auf Berge steigen, und nicht, »weil die Berge da sind«.

»Diese Menschen wollen einfach nicht der Tatsache ins Gesicht sehen, daß sie nur dem Unvermeidlichen trotzen und nicht die Übermacht besiegen können.«

Was Dustin nicht im geringsten geahnt hatte, war, daß er buchstäblich auf einem Pulverfaß gesessen hatte. Die Leute nebenan, die ihre Miete an denselben Vermieter wie er überwiesen, waren Mitglieder einer radikalen Vereinigung namens »The Weathermen«.

Er hatte keine Ahnung gehabt, wie stürmisch sie das Wetter mit ihren selbstgefertigten Bomben zu verändern gedachten. Die »Weathermen« starben zusammen mit den beiden nackten Mädchen und ihrem Freund. Dustin regte das alles sehr auf.

Doch er bewunderte Menschen, die die Ruhe behielten. Wie sein Vermieter James Wilkerson, der die ganze Zeit über so gelassen blieb, daß Dustin die Idee kam, eines Tages einen Film über ihn zu drehen. Wilkerson war auch derjenige, der während des ganzen Trubels in aller Ruhe die Trümmer untersuchte und mit ein paar Negativen auftauchte, die Dustin am Morgen aussortiert hatte, und einem Buch mit dem Titel *Looking for a New House*.

»Ich wußte nicht, wer meine Nachbarn waren, geschweige denn, was sie taten. Ich weiß nur, daß ich eine halbe Stunde vor dieser schrecklichen Explosion aus dem Arbeitszimmer gegangen bin. Es hörte sich an, als sei New York bombardiert worden. Noch heute läuft es mir kalt den Rücken hinunter, wenn ich daran denke.«

Dustin Hoffman – das Machoimage

Dustin in der Rolle des Künstlers in dem 1968 aufgeführten Stück JIMMY SHINE, mit Arnold Wilkerson und Gale Dixon

Dustin ist Mrs. Robinson behilflich – mit Anne Bancroft in DIE REIFEPRÜFUNG

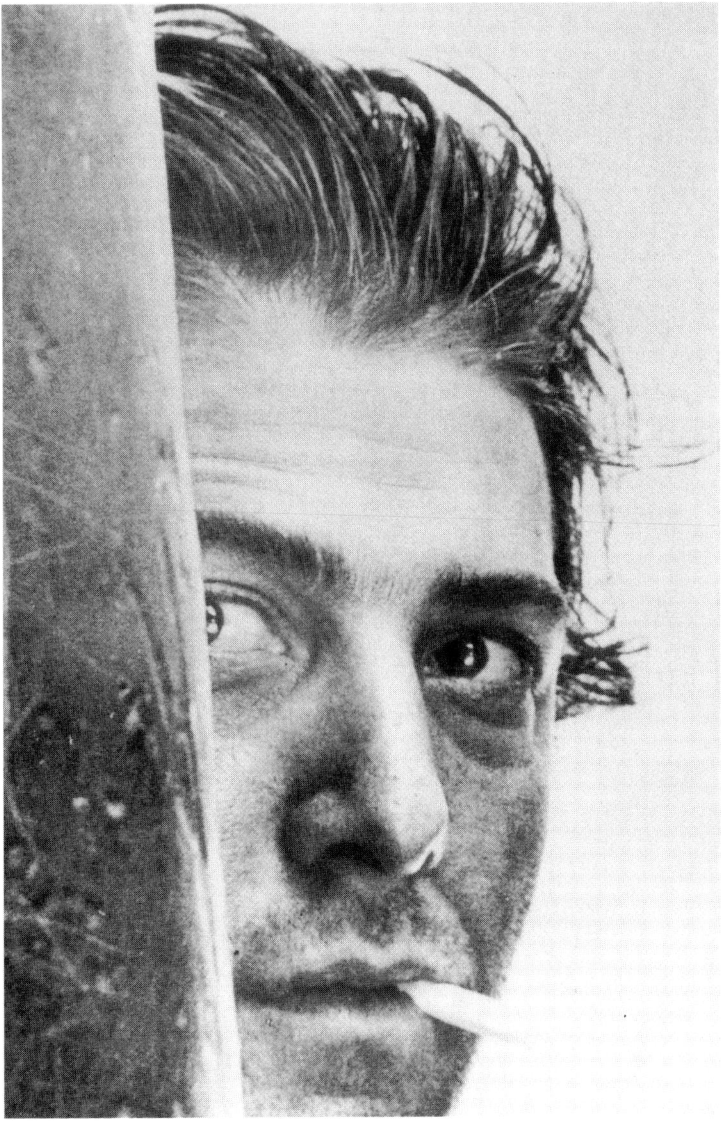

Die Macht des Visuellen – Rizzos verstohlener Blick in ASPHALT-COWBOY

Jon Voight, das Arbeitstier, und Dustin Hoffman, der Kopf des Unternehmens

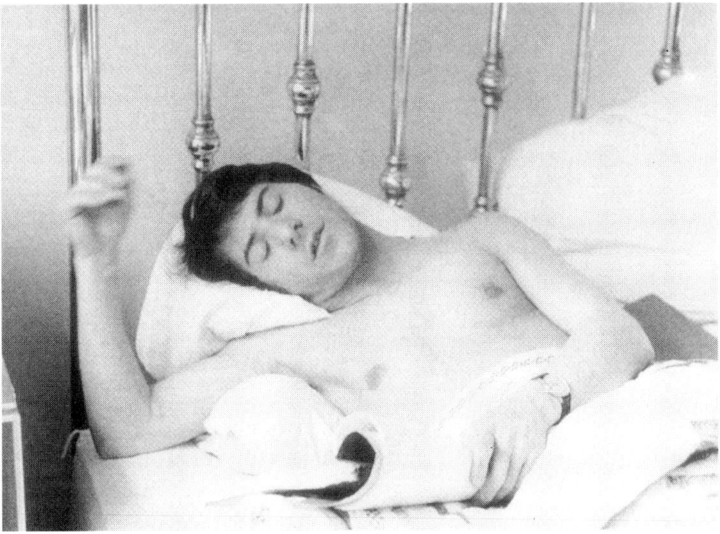

In JOHN UND MARY schläft Hoffman gelegentlich mit einem Drehbuch statt mit Mia Farrow

LITTLE BIG MAN – Reiten lernen war anstrengender als hunderteinundzwanzig Jahre alt zu werden

Dustin, der Fälscher, in PAPILLON

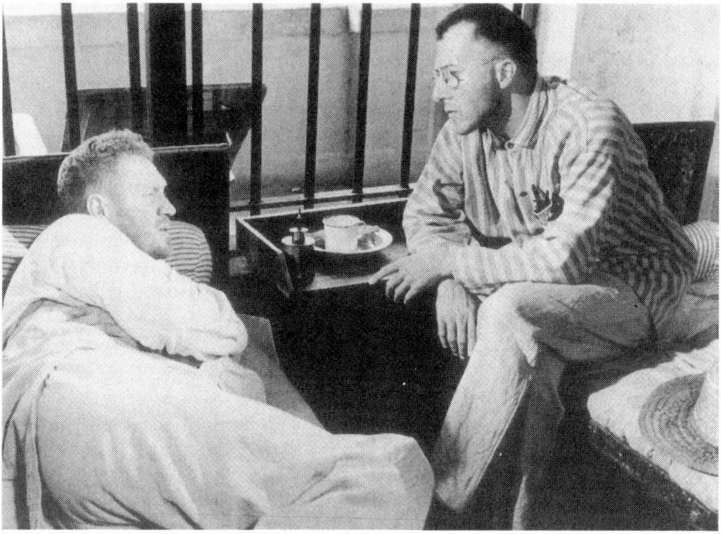

Steve McQueen *war* eine andere Art von Schauspieler, Dustin *sah* stets anders aus (PAPILLON)

Dustin bringt Susan George in WER GEWALT SÄT . . . etwas bei

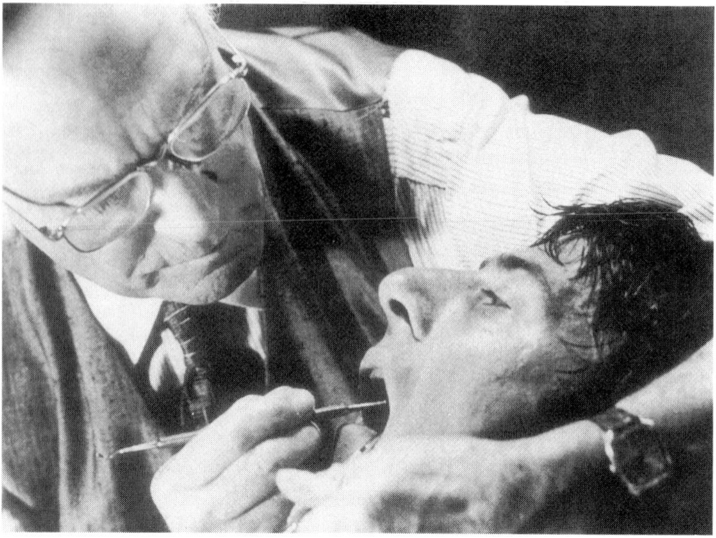

Mit Olivier in MARATHON-MANN – Hoffman gab dem älteren Schauspieler einiges zum Nachdenken, und der alte Mann zahlte es ihm mit gleicher Münze heim

Dustin mit seiner ersten Frau Anne in Cannes *(Associated Press)*

Sich unter Politiker zu mischen, gehört zum Job – Dustin mit Henry Kissinger und Robert Evans, dem Regisseur von MARATHON-MANN

So groß zu werden wie Vanessa Redgrave war das geringste von Hoffmans Problemen in DAS GEHEIMNIS DER AGATHA CHRISTIE

Ein privater Augenblick. Mit Regisseur Robert Benton im Set von KRAMER GEGEN KRAMER – ein Regisseur nach Dustins Gusto ...

Auseinandersetzung mit Meryl Streep

Dustin, Lisa Hoffman und ihr Sohn Jake 1983 auf dem Flughafen Heathrow *(Press Association)*

Redford und Hoffman in DIE UNBESTECHLICHEN; eine Geschichte, die Dustin gerne gekauft hätte. Doch Redford kam ihm zuvor

Frauenarbeit... Dustin melkt in TOOTSIE mit Charles Durnings Hilfe eine Kuh

Die großartigste Darstellung einer Frau. Dustin Hoffman in TOOTSIE, deren Charakterisierung teilweise auf Hoffmans Mutter basiert

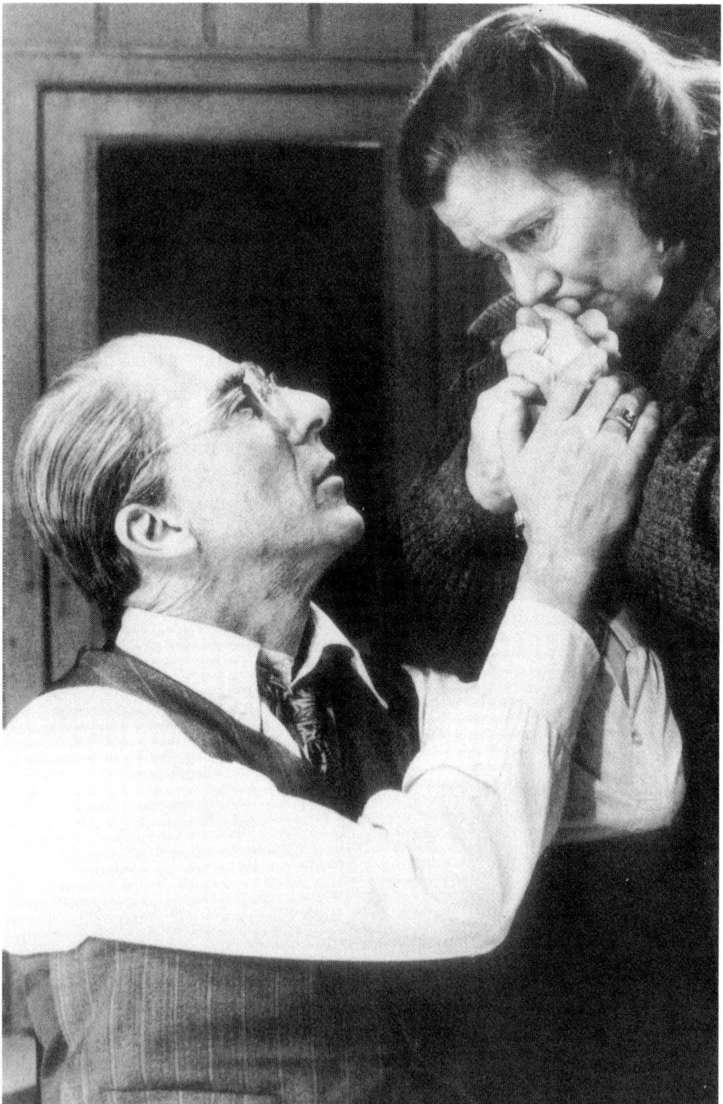

Dustin *wurde* im TOD EINES HANDLUNGSREISENDEN Willy Loman – mit Kate Reid als dessen Frau

Das Kamel drohte Dustin und seinen Filmpartner Warren Beatty in ISHTAR an die Wand zu spielen

Dustin als Shylock, in dem von Sir Peter Hall in London inszenierten Stück DER KAUFMANN VON VENEDIG, *dem* Rekordbrecher der Saison *(John Haynes)*

RAIN MAN verhalf Hoffman zu seinem zweiten Oscar und zur besten Presse, die er je hatte

Da war es erfreulicher, an die Karriere und die damit verbundenen positiven Aspekte zu denken. LITTLE BIG MAN kam beim Publikum gut an, obwohl Pauline Kael vom *New Yorker* meinte, der Film zeige einen »geschniegelten« Arthur Penn. Der Film gehörte zwar nicht zu Dustins größten Hits, aber er hielt sein Karriererad in Schwung und lockte genügend Menschen an die Kinokassen.
In der Zwischenzeit hatte Dustin mit einem Problem zu kämpfen, das sich zum ersten Mal bei JOHN UND MARY bemerkbar gemacht hatte. Wie es aussah, war er in Charakterrollen am besten. Was nicht hieß, daß die Menschen Dustin Hoffman nur hinkend oder mit einem hundertjährigen Bart, sondern, daß sie ihn »anders« sehen wollten. Die Wahrheit war, daß es für Dustin immer schwerer wurde, die »richtigen« Rollen zu bekommen.
Den Vertrag für WHO'S AFRAID OF HARRY KELLERMAN AND WHY IS HE SAYING THOSE THINGS ABOUT ME – was für ein Titel! – hätte er am besten gleich in den Papierkorb schmeißen sollen.
Aber etwas an der Geschichte über einen Popmusik-Komponisten muß ihn sehr gereizt haben, obwohl man sich im nachhinein fragt, was es gewesen sein mochte. Klar, er hatte eine außergewöhnliche Persönlichkeit zu spielen. Doch am ganzen Film ist einzig der Titel erinnernswert.
Dustin ging die ganze Sache ernsthaft an. Drei Monate lang übte er Gitarre spielen, das er als entspannend schätzen lernen sollte. Er als Klavierspieler hatte keine Schwierigkeiten damit.
Er lernte auch Singen. Was nicht so gut klappte, sich aber immer noch besser anhörte als die melodischen Laute, die er in JIMMY SHINE von sich gegeben hatte. Wenigstens wurden die bewußten Stellen nicht geschnitten. Obwohl das nicht sehr viel zu sagen hat.
Zweifellos hatte ihn auch gereizt, daß Ulu Grosbard Regie

führte (was seiner Überredungskunst zu verdanken war). Dustin brauchte beinah so viel Zeit wie früher, um sich seine Rolle zu erarbeiten, aber wer ihn kannte, bemerkte etwas Seltsames an ihm – er schien nicht mit dem ganzen Herzen dabeizusein.

In diesem Film hatte er ein Vierteljahrhundert abzudecken, und zwar die Zeit vom siebzehnten bis zum zweiundvierzigsten Lebensjahr. Nach LITTLE BIG MAN sollte ihm die Verwandlung keine große Mühe bereitet haben. Aber ein Altersunterschied von hundert Jahren bietet sowohl dem Darsteller als auch dem Maskenbildner einen erheblichen Spielraum, während fünfundzwanzig Jahre zu altern eine gänzlich andere psychische Veränderung verlangt. Es ist fraglich, ob es Dustin zu seiner und des Publikums Zufriedenheit gelungen ist.

Grosbard gestand seine anfänglichen Zweifel, sagte jedoch, nachdem Dustin ihm die Rolle des Georgie Soloway vorgetragen hätte, sei er überredet gewesen. Georgie hatte sich, genau wie Hoffman, aus bescheidenen Verhältnissen an die Spitze hochgearbeitet. »Ich entschied mich für diesen Film, weil er mich an meine eigene Geschichte erinnerte. Er hatte mehr Ebenen als alles, was ich bislang gemacht hatte.«

Dustin arbeitete an der Rolle, studierte sie und »konnte sie nicht abstreifen. Ich nahm sie mit nach Hause. Es machte mir keinen Spaß, diesen Kerl zu spielen, und dennoch genoß ich die Erfahrung mehr als bei jedem anderen Film, in dem ich bisher mitgespielt hatte.« Grosbard half ihm dabei. »Ulu greift in den Menschen hinein; versucht die Person zu verwenden und nicht das Bild, das er von ihr hat.«

Mit Herb Gardner, den Drehbuchautor, der das hochgelobte A THOUSAND CLOWNS geschrieben hatte, war Dustin genauso zufrieden wie mit Ulu Grosbard. Wenigstens gab er das vor. Dustin vertraute fest auf die eigene Publicity, oder genauer gesagt, auf die sehr teure, sehr professionelle PR-Agentur, die den Film an den Mann zu bringen versuchte.

Aber ihm war bewußt, daß der Film entweder besser oder überhaupt nicht hätte gedreht werden sollen.
Aber es gab da noch etwas, über das er sich Gedanken machte. Manchmal grübelte er über die internationale Lage nach, besonders über Amerikas Engagement in Vietnam. »Wir haben ein paar Kriege gewonnen, aber einen (Vietnam) nicht. Wir haben nicht gesiegt, weil wir ein ganzes Land in die Steinzeit zurückgebombt haben. Wir haben zwar unsere Leute dort verloren, aber wir sind nie selbst bombardiert worden. Noch nie hat uns ein fremdes Land angegriffen und uns etwas auf den Kopf fallen lassen.«
Vielleicht hätte er es als Omen ansehen sollen, daß während der Dreharbeiten eine weitere gewaltige Explosion New York erschütterte. Das Gebäude der Bank of Brazil in der Fifth Avenue war um vier Uhr morgens von Terroristen angegriffen worden. »Sie haben mich schon wieder verfehlt«, sagte er zu Anne. Aber das Bild prägte sich ihm ein.
Doch zurück zum Film. In Kürze nur soviel (aber eigentlich war nichts kurz an dem Film mit dem längsten Titel in der Geschichte Hollywoods): WHO'S AFRAID OF HARRY KELLERMAN AND WHY IS HE SAYING THOSE THINGS ABOUT ME (dt. WER IST HARRY KELLERMAN?) ist die traurige Geschichte eines Komponisten, der glaubt, verfolgt zu werden, und mit Hilfe seines Psychiaters entdeckt, daß er sich selbst verfolgt. Der Film beschäftigt sich ausgiebig mit zwei Themen, die neben Vietnam und Drogen Anfang 1970 zu des Amerikaners Lieblingsbeschäftigungen gehörten: Psychiatrie und Popmusik. Dustin Hoffmans Fans wären bestimmt glücklicher gewesen, wenn er sich mehr mit dem Talent ihres Idols beschäftigt hätte. Alles an dem Film war so hölzern wie Pinocchio.
Leslie Halliwell brachte es auf einen Nenner, als sie sagte, es sei ein »wildes, formloses, satirisches psychokomödiantisches Melodrama. Nicht sehr gut.« Aber Dustin verhielt sich seinen

Leidensgenossen gegenüber ziemlich loyal. Zu Ihnen gehörten der Drehbuchschreiber Herb Gardner, die Schauspielerin Barbara Harris, die für ihre Rolle eine Oscar-Nominierung bekam, und Jack Warden als Psychiater.

Vermutlich würde er sagen, die beste Rolle des Jahres 1970 sei die Vaterrolle gewesen. Am 15. Oktober wurde in seinem Beisein seine Tochter Jennifer, oder wie sie sofort genannt wurde, Jenna, geboren.

Wenn Dustin sagt: »*Wir* hatten eine natürliche Geburt«, dann meint er es auch so. Er war überzeugt davon, daß er ähnlich wie Anne fühlte, obwohl er bei seinem Mitgefühl nicht so weit ging, die Wehen oder die morgendliche Übelkeit für sich in Anspruch zu nehmen. Doch er absolvierte dieselben Übungen für eine natürliche Geburt wie Anne und fühlte sich ihr verbunden.

Trotzdem war er in diesem Stück nur ein Nebendarsteller. Nein, nicht einmal das. Er sagte, er sei sich wie ein »Bühnenarbeiter« vorgekommen.

Es wäre für ihn das größte gewesen, wenn sich die Naturgesetze ins Gegenteil verdreht und er Jenna austragen, gebären und, für ihn das lohnendste von allem, hätte stillen können.

Das war typisch für Dustin Hoffman. Für ihn war es – und damit will ich in keiner Weise die Liebe zu seinen Kindern leugnen – eine neue Produktion. Wenn die Geburt im Filmstudio statt im wirklichen Leben stattgefunden hätte, würde er bestimmt Mittel und Wege gefunden haben, um sie darzustellen und seine Brustwarzen so zu manipulieren, daß sie Milch gegeben hätten. Vielleicht hätte es, wie bei LITTLE BIG MAN, Monate gedauert, aber am Ende hätte es geklappt.

Es schien, als stecke tief in seinem Innersten ein Macho, der bei allem, was ihn persönlich betraf, die erste Geige spielen wollte. Die zweite Geige zu spielen war für ihn gleichbedeutend mit Impotenz. Wenn er sein bisheriges Leben Revue passieren ließe, würde er zugeben müssen, daß Frauen eine beachtliche Rolle darin gespielt haben. Wenn er dem entsagen wollte – und er wollte es –, dann mußte er sich in allem, was ihn selbst anging, sicher sein. Und Verantwortung zu tragen war ein Teil davon.

Er war willens, Jenna seine ganze Liebe zu geben. »Ich glaube nicht, daß man einem Kind zuviel Liebe schenken kann«, verkündete er nach ihrer Geburt.

Und um das zu beweisen, beschloß er, soviel Zeit wie eben möglich mit ihr zu verbringen. Ein Jahr lang las er nur Drehbücher und spielte mit seinen beiden Kindern. Er wollte keine Filmkamera mehr sehen und auf keine Bühne mehr steigen. Jetzt war Familie angesagt, und er war fest entschlossen, die Zeit zu genießen.

Aber natürlich klappte es nicht so wie geplant. Schauspieler in den Dreißigern sollten sich nicht ein ganzes Jahr lang zurückziehen.

Die Zeit der inneren Einkehr war gekommen. »Ich bin kein schlechter Vater«, erklärte er kurz nach Jennas Geburt. »Wenn ich arbeite, neige ich dazu, vage und geistesabwesend zu werden. Nennen Sie es egoistisch. Es fällt mir schwer, einen Schalter in meinem Kopf zu drehen und die Rolle zu vergessen, weil zwei kleine Mädchen ihre natürlich berechtigten Forderungen an mich stellen.«

Er verbrachte mit ihnen einen Urlaub in Cannes, in dem er ihnen seine ganze Aufmerksamkeit schenkte. Ferien waren für ihn eine Art Hölle, der er sich so wenig wie möglich aussetzte. »Sie sind absurd. Das Ermüdendste, das ich kenne.« Arbeit bedeutete ihm wirklich alles, und er würde sich wieder eine neue Arbeit suchen. So war er nun mal. Er konnte nichts dagegen tun.

Plötzlich wurde er mit Dingen konfrontiert, über die er besser ein wenig intensiver nachgedacht hätte.

Aber er unterhielt sich lieber mit Anne. Und wie es bei Paaren, die eine Mischehe führten, oft der Fall ist, sprachen sie über Religion.
Anne hatte sich bislang noch keine Gedanken gemacht, ob es gut sei, Karina und Jenna in ihrem jeweiligen Glauben zu erziehen. Sie und Dustin wußten nicht, wie sie auf die unvermeidlichen Fragen über Gott und die Welt reagieren sollten. Dustin wurde sich dessen bewußt, als er mit Anne und seinen Kindern nach London fliegen wollte, wo sein nächster Film, STRAW DOGS (dt. WER GEWALT SÄT...) gedreht werden sollte. Er versuchte Karina klarzumachen, was Fliegen bedeutet, besonders wenn man nachts flog. »Vielleicht sehen wir den Mond.«
Karina ging noch einen Schritt weiter. »Vielleicht sehen wir Gott«, kam es ihr ganz selbstverständlich über die Lippen, als würde sie vom Regen oder von einem Eis sprechen, das sie noch gerne hätte, bevor sie ins Bett mußte.
Weder Anne noch Dustin wußten, was sie sagen sollten. Sie sahen sich nur stumm an. Und diese stummen, verblüfften Blicke kündigten den Beginn einer Reihe sehr familiärer, sehr persönlicher religiöser Diskussionen an.
»Woher weißt *du* das?« fragte Dustin, als seine Frau darauf beharrte, daß sie, obwohl sie nicht mehr zur Messe ging, noch immer an Gott glaubte.
Alles, was Dustin seiner Tochter sagen konnte, war: »Manche Menschen kennen Gott, und manche nicht.«
Karina schien sich mit dieser Theologie zufriedenzugeben.
Heute ist Anne überzeugt davon, daß ihr Leben leichter gewesen wäre, wenn die Kinder eine Art religiöser Identität gehabt hätten. Wenn Karina im katholischen und Jenna – egal, wie Dustin auch zum Glauben seiner Väter stehen mochte – im jüdischen Glauben erzogen worden wäre.

Für Dustin Hoffman war das alles nicht annähernd so interessant wie WER GEWALT SÄT..., ein Film, den abzulehnen Anne Dustin förmlich angefleht hatte. Sie meinte, er würde sein Talent verschwenden und die Rolle passe nicht zu einem Mann, der in ASPHALT-COWBOY mitgewirkt habe.
Sie war noch immer der Meinung, daß er sich in erster Linie als New Yorker Bühnenschauspieler sehen sollte, und zwar als einen, der talentiert und erfolgreich genug war, um nebenbei Filmstar zu sein. Aber nur nebenbei.
Die Filmindustrie wäre da bestimmt anderer Meinung. Egal, wie viele Zweifel man auch hegen mochte; egal, wie schwierig es war, die richtige Rolle für Dustin zu finden, er war offenkundig der Big Star des neuen Jahrzehnts.
Was die Filmindustrie auf ihre traditionelle Weise kundtat. Im November 1970 versammelten sich mehr als fünfhundert führende Filmhändler im New Yorker Americana Hotel, um Dustin Tribut zu zollen. Die Motion Picture and Entertainment Division of the American Jewish Committee benutzte die Gelegenheit, um ihm den William-J.-Germain-Human-Relations-Award zu überreichen.
Aber WER GEWALT SÄT... war eine andere Sache.
Diesmal erwies sich Robert Bentons Behauptung als unrichtig, daß Hoffman in der Lage sei zu riechen, wenn irgend etwas falsch lief.
Dustin spielte einen amerikanischen Universitätsdozenten, der sich in einer Kleinstadt in Cornwall wiederfindet, und dessen Aufenthalt damit endet, daß er innerhalb von zwanzig Minuten sechs Menschen tötet; Mitglieder einer Gang, die ihn angegriffen und seine Frau (die von der englischen *ingénue* Susan George gespielt wird) vergewaltigt hatten. Das entsprach nicht dem Bild des Mannes, dessen Darstellungen bis dato darauf gerichtet waren, die Sympathien des Publikums zu erwerben.
Nun, man braucht keine Filmkritik zu lesen, um zu wissen,

daß der Film ganz und gar nicht nach dem Geschmack der Zuschauer war.
Der Film basiert auf einer Geschichte namens *The Siege of Trencher's Farm*. Dustin sagte, er habe die Möglichkeit gesehen, herauszufinden, wie er selbst in gewalttätigen Situationen reagieren würde. Er gab zu, daß die Dreharbeiten sowohl physisch als auch psychisch harte Arbeit und sehr stressig gewesen seien.
WER GEWALT SÄT..., der unter Sam Peckinpahs Regie gedreht wurde, (der auch zusammen mit David Zelag Goodman für das Drehbuch verantwortlich ist), genießt in der Filmgeschichte den zweifelhaften Ruf, das am meisten zitierte Beispiel für Filme zu sein, die mit überflüssigen Gewaltszenen die Menschen an die Kinokasse lockten.
Er ist das perfekte Beispiel dafür, was passiert, wenn Ketten entfernt und Beschränkungen aufgehoben werden.
Miss George hatte in ihrer Rolle eine Straße entlang zu spazieren – die Brüste gut sichtbar unter der Bluse –, und es wirkte so, als würde sie die ortsansässigen Gockel dazu ermutigen, sich auf sie zu stürzen und sie zu vergewaltigen – bis sie beginnt, sich zu wehren. Übrigens verbrachte Dustin in diesem Film sehr viel Zeit im Bett (natürlich mit Susan). Folge: Das Werk enthält eine der bis dato längsten Sexszenen der Filmgeschichte.
Bis dahin war in einem amerikanischen Film noch nie soviel Sex, Nacktheit und Gewalt zu sehen gewesen. Es war, als sei der ganze Film mit einem roten Filter gedreht worden.
Was die Menschen anscheinend am meisten aus der Fassung brachte, war, daß der von Dustin gespielte Mathematiker wegen des Angriffs auf seine Frau so leicht in Rage geraten konnte und daß er seine gewalttätige Reaktion zu genießen schien.
Aber Susan George blickt heute gerne auf eine Erfahrung zurück, die ihr zukünftiges Leben stark beeinflußt hat. Sie ist

nicht der Meinung, daß die im Film gezeigte Gewalt überflüssig gewesen sei.

»Es war eine wunderbare, wunderbare Erfahrung«, sagte sie mir.

Für sie war es die erste bedeutende internationale Rolle, die sie erst nach der zehnten Lesung von Peckinpah bekam (und offensichtlich nur mit Hoffmans Zustimmung). Sie wußte, daß sie auch ihm würde vorsprechen müssen. »Ich wußte nicht viel über ihn, außer daß er sehr berühmt war.«

Sie sollte im Laufe der Zeit einiges mehr über ihn erfahren, besonders über seinen ausgeprägten Sinn für Humor. »Das war eigentlich das erste, das mir bewußt wurde. Es war nett, mit ihm zu lesen. Er hatte immer so ein Glitzern in den Augen. Meine ganze Zusammenarbeit mit ihm war von seinem Sinn für Humor geprägt.«

Für die Rolle testete man fünf Mädchen. Susan George gewann aufgrund eines Ausdauertests, der dem ähnelte, dem sich Offiziere unterziehen müssen, die eine Beförderung anstreben. Er lief folgendermaßen ab: Miss George wurde zu Peckinpah gebeten. »Ich erinnere mich noch, daß ich vor seinem Büro warten mußte und nicht, wie ich erwartet hatte, hineingebeten wurde. Peckinpahs Sekretärin Katie saß davor.«

Normalerweise hätte Katie Susan sofort hineingebeten oder ein wenig mit ihr geplaudert. Doch diesmal war es anders. Katie telefonierte und ließ sich durch nichts und niemand dabei stören. »Sie ignorierte mich. So etwas war mir noch nie passiert. Ich wollte fragen: ›Kann ich hineingehen?‹, aber sie gönnte mir keinen Blick.«

Schließlich ergriff Susan die Initiative und ging zu der angelehnten Tür. Jemand sagte: »Kommen Sie herein.«

»Ich wußte nicht, ob ich der Aufforderung Folge leisten sollte«, erinnert sie sich. Katie ignorierte sie noch immer. Heute weiß Susan: »Es war ein abgekartetes Spiel.« Aber damals ahnte sie nichts. Sie trat zögernd ein und sah sich plötzlich mit drei Männern konfrontiert. Der erste war Pekinpah persönlich, der zweite Daniel Melnick, der Produzent, und der dritte Dustin.

Sie wußte noch immer nicht, ob sie erwünscht war, denn man ignorierte sie vollständig. Nur nicht so offenkundig wie Katie. Die drei schienen mitten in einer hitzigen Debatte zu sein und wedelten mit den Armen herum.

Susan wollte nicht indiskret sein und beschloß, sich zurückzuziehen. Während des Rückzugs senkte sie den Blick und entdeckte, daß allen dreien die Hosen um die Knöchel hingen. »Ich stolperte rückwärts zur Tür. Ich war schrecklich durcheinander.«

In diesem Augenblick unterbrach Peckinpah das Gespräch und sagte: »Willkommen. Amy.« Die Rolle der Amy, das Mädchen, wegen dem man den ganzen Wirbel veranstaltet hatte, gehörte ihr.

Die Art, ihr die Neuigkeit mitzuteilen, die Diskussion der drei hosenlosen Herren, war Dustins Idee. »Es entsprach genau seinem Sinn für Humor.« Es war das erste Beispiel einer ganzen Reihe von Witzen, die noch folgen sollten. Kaum ein Tag verging ohne einen solchen Spaß.

Der Beginn der Dreharbeiten war »erfreulich und stürmisch«. Susan meint: »Es war sehr aufregend. Hoffman hat eine ungeheure Persönlichkeit. Er brachte mich zum Weinen und zum Lachen.«

Ich fragte sie, ob ihr die Nacktszenen sehr peinlich gewesen seien. »Man muß schon eine sehr seltsame Person sein, um sich bedenkenlos vor der Kamera entkleiden zu können. Aber es gehörte unbedingt zur Geschichte. Amy konnte schlecht in Kleidern vergewaltigt werden.«

Die Angst davor, ein Vergewaltigungsopfer darzustellen, wurde von der Angst, es vor der Kamera zu spielen, noch verstärkt.

Aber es gab auch eine Liebesszene mit Hoffman; eine Erfahrung ganz anderer Art. Ich fragte sie, wie sie sich dabei gefühlt habe.
»Dustin war sehr sanft, sehr freundlich, sehr rücksichtsvoll und, wie ich meine, ein wenig schüchtern.«
Schüchtern? Dustin Hoffman, der Mann, der mit völlig Fremden über Sex diskutiert, der in der High School einem Mädchen an die Brust gegangen war, dieser Mann soll schüchtern sein? »Ja, er wirkte schüchtern, genauso wie ich. Es war wirklich ein sehr schüchterner Augenblick. An dem Tag, an dem die Szene gedreht wurde, machte er weder Witze noch irgend etwas Verrücktes.«
Heute sagt sie: »Es ist der einzige Film, von dem ich mir wünsche, ich hätte ihn gerade erst gedreht.«
Und wie stand es mit der Gewalt? Befürchtete sie nicht, daß die Leute die Gewaltszenen imitieren würden? Sie sagte: »Nein.« Sie sei in der Unterhaltungsindustrie tätig und erwarte nicht, daß Leute nachmachten, was sie auf der Leinwand tat. »MARY POPPINS gehörte schließlich zu meinen Lieblingsfilmen, aber ich habe nie versucht, mit einem Schirm aus dem Fenster zu springen.«
Dustins Freundlichkeit war bei den Dreharbeiten sehr hilfreich für sie. »Er ist einer der großmütigsten Schauspieler, mit denen ich je zusammengearbeitet habe. Er war etwas Besonderes. Als Schauspieler waren wir zwei verschiedene Persönlichkeiten, die auf verschiedene Weise arbeiteten. Er orientiert sich mehr an Methoden, und ich lasse mich eher von meinem Instinkt leiten. Aber die Kombination war großartig. Wir verstanden uns ausgezeichnet.«

Susan, Dustin und David Z. Goodman verbrachten gemeinsam drei Wochen in St. Ives, Cornwall, um sich besser kennenzulernen. Dustin und Susan sprachen über den Film und ihre diesbezüglichen Pläne. David beobachtete nur. »Wir mußten

wissen, wie wir aufeinander reagierten. Wie wir den anderen zum Lachen oder zum Weinen bringen konnten.
Ich erinnere mich noch daran, daß wir herumsaßen und uns unterhielten, während ich Kaugummi kaute. Dustin beobachtete meinen Kaurhythmus und kaute dann im gleichen Takt. Wenn ich schneller kaute, kaute er auch schneller. Bald kauten wir synchron. Die Szene wurde später in den Film eingebaut.«
Momente wie dieser waren der Beziehung der beiden sehr förderlich. Ebenso wie die Zeit, die sie nach Drehschluß miteinander verbrachten. Wenn Dustin abends im Tregenna Castle Hotel in St. Ives auf dem Klavier spielte, genoß Susan jeden Augenblick.

Die Kritiker waren nicht so enthusiastisch. Pauline Kael mißfiel sowohl Dustins Image in WER GEWALT SÄT... als auch der Schauspieler Dustin Hoffman, den sie jetzt für einen »notorischen Kopfschauspieler ... die Karikatur eines Intellektuellen« hielt.
Aber es gab auch andere Stimmen.
Laut *Newsweek* zeigte Hoffman in dem Film eine schauspielerische Leistung »die im Hinblick auf die Handicaps, unter denen er zu arbeiten hatte, um so bemerkenswerter war.« Der Kritiker fuhr fort: »Ein ausgezeichneter Charakterdarsteller, der eine ängstliche, gehemmte Person spielen muß. Das bedingt eine zurückhaltende, verinnerlichte Annäherung. Dadurch geht Hoffman seines hervorragenden, meisterlichen Stils verlustig.«
Mit anderen Worten: Dustin war besser als der Film.
Es war nicht das erste Mal, daß ihm so etwas passierte, und es sollte nicht das letzte Mal sein. Was selten, eigentlich fast nie vorkam, war, daß seine Darstellung gerügt wurde.
Anne hatte ihn mit den Kindern nach England begleitet; jetzt schickte sie sich an, ihn nach Italien zu begleiten. Sie führte

ein aufregendes Leben – oder wenigstens war es anfangs so gewesen. Schon bald sollten die Reisen, das Leben in Hotels oder angemieteten Häusern, sie langweilen. »Es kommt der Moment, wo man erkennt, daß es nur verschiedene Orte sind, in denen man einkaufen gehen kann«, gestand sie mir.

9

Es wird nie genau geklärt werden können, weshalb Dustin Hoffman das Angebot annahm, in einem Film mit dem Titel ALFREDO, ALFREDO mitzuwirken. Möglicherweise reizte ihn die Gelegenheit, im Kreise seiner Familie ein paar Monate in Italien zu verbringen – oder lag es vielleicht daran, daß eine ungewöhnlich hohe Summe auf dem Scheck geschrieben stand?

Warum also?

Als Dustin das letzte Mal beruflich in Italien war, hatte er sowohl das Geld als auch den Urlaub gut gebrauchen können, was jetzt bestimmt nicht der Fall war. Jetzt hatte er nur einen Namen zu verlieren. Warum das alles für einen Film riskieren, der nicht nur ein niedriges Budget, sondern auch ein nicht gerade anspruchsvolles Drehbuch hatte?

Das Netteste, was man über ein derartiges Unterfangen sagen kann, ist vielleicht, daß Dustin sich den Luxus einer vorübergehenden geistigen Verwirrung erlaubte, die in seiner Annahme gipfelte, man würde über ALFREDO, ALFREDO hinwegsehen und sich seiner hauptsächlich in ASPHALT-COWBOY und LITTLE BIG MAN erinnern. Darin hatte er recht, aber man muß noch DIE REIFEPRÜFUNG hinzufügen. Und wenn ALFREDO, ALFREDO mit anderen Filmen verglichen wurde, wies man häufig auf DIE REIFEPRÜFUNG hin. Aber dieser Vergleich fiel für ALFREDO, ALFREDO nie schmeichelhaft aus.

Auch hier stellte Dustin einen anständigen jungen Mann dar. Er sah mit seinen fünfunddreißig Jahren noch immer erheblich jünger aus und konnte auf übermäßiges Schminken oder einen Bart verzichten.

ALFREDO, ALFREDO ist nicht gerade eine Geschichte, die

ihn oder sein Publikum von den Sitzen reißen konnte. Stellen Sie sich vor: Dustin als Bankangestellter, der sich wahnsinnig in ein Mädchen verliebt hat. Sie ist so wunderschön, daß er sich keine Chancen bei ihr ausrechnet. Aber wie das Schicksal so spielt: Sie erwidert seine Zuneigung. Sie heiraten – und er verliebt sich in ein anderes Mädchen.

Was soll man dazu sagen?

Aber es gab eine Stimme, die das Ganze leicht veränderte. Nicht Dustins Stimme. Eine italienische Stimme.

Der Film wurde in Italien gedreht, und Dustin wollte bis zum Beginn der Dreharbeiten so gut italienisch lernen, daß er seinen Text selbst sprechen könnte.

Dann kam die erste Enttäuschung. Der Regisseur Pietro Germi entschied, daß Dustin als einziger englisch sprechen sollte, während alle anderen Darsteller italienisch sprachen. Auf diese Weise würde das englische und amerikanische Publikum ihn besser verstehen.

Er sollte also in seinem ersten europäischen Film amerikanisch sprechen? Nun, nicht ganz. Als Germi die Bänder sah, wurde ihm klar, daß es so nicht ging. Ergo ließ er Dustin von einem Italiener synchronisieren. Hätte Germi nicht Nutzen aus den Italienischstunden seines Stars ziehen können? Zu spät. Als er sich entschloß, Dustins Stimme zu synchronisieren, befand sich jener bereits wieder in den Vereinigten Staaten, wo er sein Talent und Ego hegte und pflegte, die beide durch diese Geschichte stark in Mitleidenschaft gezogen worden waren.

Der Sprachmischmasch war allein Germis Schuld. Dustin wußte nicht, daß der Regisseur ihn synchronisieren lassen würde, obwohl sein Italienisch gut genug war (wovon er überzeugt war, denn er brauchte den Text ja nur auswendig zu lernen und nicht zu improvisieren).

Germi bestand darauf, daß sich seine Italiener wie richtige Italiener anhören sollten. Dabei hatte er anfangs wegen der »Dummheit« des Publikums – insbesondere des amerikani-

schen, das sich weigerte, synchronisierte Filme zu akzeptieren – bestimmt, daß Dustin amerikanisch sprach.
Doch durch die Synchronisation wurde das Machwerk auch nicht besser. Nur ausgekochte Hoffman-Fans führten es sich zu Gemüte.
ALFREDO, ALFREDO sollte anfangs TILL DIVORCE DO US PART heißen. Womit offensichtlich dem Publikum vorgegaukelt werden sollte, es sei eine Fortsetzung von MARRIAGE ITALIAN STYLE und Germis DIVORCE ITALIAN STYLE (dt. SCHEIDUNG AUF ITALIENISCH) damit es zu den Kinos eilte. Vermutlich war das weiseste am ganzen Film, diese Titelidee zu verwerfen.
Wie gewöhnlich meisterte Dustin alle Schwierigkeiten. Trotzdem blieb ALFREDO, ALFREDO ein Film, der nicht nur schlecht synchronisiert, sondern auch schlecht geschrieben, schlecht inszeniert und von den meisten der Darsteller auch schlecht gespielt worden war (zu denen unter anderem Stefania Sandrelli, Clara Colosino und Carla Gravina gehörten, von denen nicht eine das Publikum in die Kinos locken konnte).
Aber es gab auch Angenehmes zu vermelden. Laut Dustin waren die Dreharbeiten, verglichen mit Hollywood, sehr gemächlich vonstatten gegangen. Der Regisseur schnitt den Film, je nachdem, wie er vorankam, und es wurden weniger Aufnahmen geschossen.
Wenn er meinte, daß seine schauspielerische Leistung stets gut genug war und daß sich niemand darum kümmerte, wie der Film im übrigen war, dann war er auf dem Holzweg. Und es war sein Glück, daß nicht so sehr seine schauspielerische Leistung kritisiert wurde, als vielmehr der Film; und damit sein Ruf gerettet war. Im Klartext heißt das: Alle Rezensenten benutzten die Synchronisation als Aufhänger für ihre Kritik. Jay Cocks vom *Time*-Magazin (die Zeitschrift hatte soeben ihre Kritiker aus der Anonymität gehoben) meinte, einem seriösen Schauspieler die Stimme zu nehmen sei, als beraube

man einen Akrobaten seiner Beine. Dustin sprach zwar nicht darüber, aber er fühlte sich unsicher. Alle Anzeichen wiesen darauf hin, daß es ihm nicht sonderlich gefiel, vom Rest der Truppe isoliert zu sein, weil er eine andere Sprache sprach.

Nur eines förderte ALFREDO, ALFREDO: das Geschick der Firma Paramount, den Film zugleich mit Dustins neuestem Werk PAPILLON auf den Markt zu bringen. PAPILLON besaß all das, woran es ALFREDO, ALFREDO mangelte.

Wieder war es an der Zeit für eine innere Einkehr. Zeit, darüber nachzudenken, wohin seine Karriere trieb. Es würde nicht mehr lange dauern, bis irgendjemand irgendwo die Frage stellen würde, die jeden im Showbusineß verfolgte, der einen kometenhaften Aufstieg hinter sich hatte. Schon gut, ich weiß, Dustin hatte keinen kometenhaften Aufstieg hinter sich; aber für die meisten mußte es so aussehen. Die Leute würden sich fragen: »Was hat er als letztes gemacht?«

Er mußte aufpassen, was er als nächstes machte. War es für Dustin tatsächlich so schwer, die »richtigen« Rollen zu bekommen? Zeigten sich erste Anzeichen von Panik? Weshalb sollte er sonst PAPILLON gedreht haben? Es war kein schlechter Film – ganz und gar nicht schlecht, wenn man ihn mit ALFREDO, ALFREDO vergleicht. Letzterer mußte als Italienurlaub betrachtet werden, den ein paar Unentwegte bezahlt hatten, die es über sich brachten, ihn sich anzusehen.

PAPILLON gab Dustin ein paar phantastische Möglichkeiten zu beweisen, wie gut er unter schwierigen, unerfreulichen Bedingungen arbeiten kann.

Der Film basiert auf einem Roman von Henri Charrière. Regie führte Franklin Schaffner, ein Mann, der sich auf große Produktionen spezialisiert hatte (PATTON, THE BOYS FROM BRAZIL, usw.). PAPILLON ist ein ASPHALT-COWBOY, den man aus dem heruntergekommenen Teil Manhattans in das heißere, staubigere Devil's Island versetzt hat.

Und wieder einmal spielt Dustin einen mitleiderregenden Kranken, der an den Rockschößen eines größeren, gesünder aussehenden blonden Mannes hängt, der wiederum von seiner Geisteskraft abhängt. Diesmal spielt Dustin die zweite Geige neben Steve McQueen.

PAPILLON ist auch insofern bemerkenswert, weil Dustin dabei tatsächlich zum ersten Mal sein eigener Boß war, ebenso wie Steve McQueen.
Erst vor kurzem hatte McQueen beruflich mit drei Menschen zu tun gehabt, denen es wie sonst niemandem gelang, die Kinokassen zu füllen. Zusammen mit Paul Newman, Barbra Streisand und Sidney Poitier gehörte McQueen zur First Artists*. 1972 gesellte sich Dustin Hoffman zu ihnen.
Tatsächlich begann Dustin gerade zu der Zeit, als die United Artists* diesbezügliche Pläne zu schmieden begann, von PAPILLON zu sprechen. Er war so fasziniert von der Geschichte, daß er verschiedene Charaktere des Romanes in der Rolle des Fälschers Louis Dega vereinigte.
Der Film wurde zu einer Art Hoffmanscher Familiengeschichte. Anne spielte seine Frau. Doch es ist, wie sie sagt: Wer den Nachspann nicht liest, merkt es nicht. Alles, was sie zu tun hatte, war, zum Auto zu gehen und sich vom Auto zu entfernen. »Doch ich muß gestehen, daß Dustin mich in meinen schauspielerischen Ambitionen ermutigt hat«, fügte sie hinzu. »Bis zu diesem Film war ich eine Tänzerin. Danach habe ich angefangen, Schauspielunterricht zu nehmen.«
Der Film wurde als überlang, überwältigend und überteuert abgetan. Aber er zeigt eindringlich, wie die Gefangenen der französischen Strafkolonie in den Tropen erniedrigt wurden. Was möglicherweise noch nie so anschaulich geschildert wurde wie in der Szene, in der man den Gefangenen erlaubt, sich

* Amerikanische Filmgesellschaften

zu waschen – und sie dann mit einem Wasserschlauch abspritzt, wie Vieh vor dem Abtransport zum Schlachthof.

Zweifellos spielte Dustin den *nebbech*, wie man Dega in der Heimatstadt seiner Großmutter genannt haben würde, sehr gut. Wie immer, wenn man ein jiddisches Wort zu übersetzen versucht, in diesem Fall mit »mitleidserregend«, trifft die Übersetzung nur einen Teil der Bedeutungen. Es sollte genügen zu sagen, daß Dustins Dega, der sich an McQueen heranmacht, um mit ihm von der Insel zu fliehen, der *nebbech* schlechthin ist. Dustin war zweifellos gut darin, *nebbechs* zu spielen, aber noch einmal den Ratso Rizzo zu spielen war eine recht fragwürdige Strategie.

Noch fragwürdiger aber war die Zusammenarbeit mit Steve McQueen, der sich einen Schmetterling auf den Arm tätowieren ließ, dem er seinen den ganzen Roman hindurch verwendeten Spitznamen »Papillon« (französisch für Schmetterling) verdankt.

Dega und Papillon bleiben zusammen, weil letzterer glaubt, ersterer sei reich und habe ein Vermögen in seinem Mastdarm versteckt. Dieses Mißverständnis hält den Film in Gang.

Eine Reihe von Filmmetern wurde auf Französisch-Guyana gedreht, das in bezug auf Klima (feucht) und Vegetation (oder was davon noch übriggeblieben ist) Devil's Island gleicht. Zu den Vorteilen des Ruhmes gehörte, daß Dustin und McQueen ihre Szenen ausschließlich auf Jamaika drehten.

Es ist Dustin hoch anzurechnen, daß er das nie abstritt. Während der Dreharbeiten fühlte er sich nicht eine Sekunde lang wie ein Gefangener. »Ich war ein Filmstar«, verkündete er offen. Ein Trailer stand ständig zu seiner Verfügung, er genoß das vorzüglichste Essen und wohnte mit Anne in einer luxuriösen Hotelsuite.

Aber es gab auch ein oder zwei Durchhänger. Anders als bei Jon Voight in ASPHALT-COWBOY mußte er bei Steve McQueen die zweite Geige mit aller nötigen Ehrerbietung spielen.

Dustin sah mit Brille, Bart (der Film wurde gedreht, als Dreitagebärte noch nicht *de rigueur* waren) und der gestreiften Uniform fürchterlich aus. Steve McQueen dagegen wirkte, obwohl genauso gekleidet, von Kopf bis Fuß wie ein Star. Aber was noch schlimmer war, er *fühlte* sich auch wie ein Star, genauer gesagt, wie ein Superstar.

Steve McQueen war ein Superstar, der entsprechend behandelt zu werden verlangte. Er ließ Dustin stets spüren, daß er nur in seinem Kielwasser schwamm. Schon bald nach den Dreharbeiten sollte Dustin sagen: »Nun, ich will nicht zu offen sein. Er ist gut. Es war eine ausgezeichnete Erfahrung ... ich weiß nicht.«

George Couloris, der den Dr. Chantal spielte, sagte mir: »McQueen und Hoffman zusammen zu sehen, war wirklich ein Erlebnis. Mit keinem von beiden war leicht auszukommen, aber mir fiel auf, wie sehr Hoffman darunter litt, daß McQueen die ganze Zeit über seinen eigenen Weg verfolgte und sich nicht darum kümmerte, ob er Dustin die Schau stahl. Mir war klar, weshalb er so wütend war.«

Die beiden Stars waren praktisch niemals einer Meinung. McQueen meinte, die Produktion erschöpfe ihn körperlich. Dustin behauptete, der Streß sei rein geistiger Natur. »Ich habe mit dem geistigen Erscheinungsbild immer mehr Schwierigkeiten als mit dem körperlichen. Ich mußte mich geistig total erschöpfen, um wie der alte Mann, den ich zu spielen hatte, auszusehen und zu handeln.«

Aber es gab auch Stimmen, die das Gespann für gelungen hielten. In ihrer ausgezeichneten *Steve McQueen*-Biographie schreibt Penina Spiegel: »Er bewunderte Dustin Hoffman so sehr, daß er sich in seiner Nähe unbehaglich fühlte. Hoffman war ein ausgebildeter New Yorker Bühnenschauspieler. Er hatte dort Erfolg gehabt, wo Steve versagt hatte, und er besaß Zeugnisse, die das bewiesen. Hoffman war Tony Franciosa, James Dean und Ben Gazzara in einem.«

Doch dann fügt sie etwas hinzu, das nicht so ganz stimmt. Sie sagt, Dustin sei unglücklich darüber gewesen, daß Steve letztlich die bessere schauspielerische Leistung geboten hätte. Dem war nicht so. Denn wieder einmal ist es Dustin, an den man sich erinnert. Die dicken Brillengläser, der linkische Gang, die schrille Stimme Degas – das sind Eindrücke, die man im Gedächtnis behält.

Und das ist allein Dustins Verdienst.

PAPILLON basiert auf einer wahren Geschichte, wenn auch Dega eine fiktive Person ist. Dustin ging wie üblich daran, sich die Rolle zu erarbeiten. Er versuchte eine psychische Annäherung, indem er sich Bilder von gefolterten Menschen ansah. Aber es funktionierte nicht. Dustin meinte, er habe aus seiner Arbeit an PAPILLON einige Lehren gezogen. »Ich habe aus der Erfahrung gelernt. Man kann nicht mehr erschaffen, als auf dem Papier – im Drehbuch – steht.«

Der Film war längst nicht so schlecht, wie es heutzutage viele behaupten. Er war ein Abenteuerfilm der Art, wie ihn Humphrey Bogart und Peter Lorre eine Generation früher vielleicht in Schwarzweiß gedreht hätten. Möglicherweise wäre er besser geworden, wären da nicht die große, große Leinwand, die Farbe und der Stereoton gewesen. Doch er zeigt eine anerkennenswerte Hoffmansche Leistung.

Ich glaube, was Dustin wirklich ärgerte, war, daß McQueen für seine Rolle zwei Millionen Dollar bekommen hatte, während Dustins Salär nur eine Million zweihundertfünfzigtausend Dollar betrug. Das war zwar die höchste Gage, die Dustin je erhalten hatte, aber es waren immerhin siebenhundertfünfzigtausend Dollar weniger, als McQueen kassiert hatte.

Hinzu kamen noch körperliche Probleme. Durch die dicke Brille, die er als Dega tragen mußte, waren seine Augen ständig überanstrengt. Erst Wochen nach den Dreharbeiten konnte er wieder normal sehen.

Was ihn am meisten frustrierte, war, wie wenig Kontrolle er in

Wirklichkeit über das fertige Produkt besaß. Er sah den Film erst ganze sechs Monate nach Ende der Dreharbeiten. »Ich weiß nicht, was sie im Schneideraum mit mir anstellen«, sagte er und weiter: »Das ist die uninteressanteste Zeit für einen Schauspieler.«

Dustin, der Schauspieler, der versucht hatte, sich seine Rolle zu erarbeiten, indem er sich Bilder von Gefolterten ansah, spann die Symbolik weiter. »Es ist, als sei man ein Maler. Man sucht die Farben aus, man macht Skizzen und ist bereit, das Ganze auf die Leinwand zu bringen. Dann kommen Leute daher und sagen: ›Oh. Vielen Dank. Das sind die Farben. Das sind die Skizzen. Wir sehen uns später‹, und dann malen *sie* das Bild. Etwas Ähnliches passiert im Schneideraum. Ich würde gerne hineingehen, um zumindest zu sagen, was ich denke. ›Die kleine Aufnahme gehört dahin, denn hier wird etwas angelegt, was ich zwanzig Minuten später tun werde. Bitte, laßt sie nicht unter den Tisch fallen.‹« Und genau das war der Grund, weshalb Dustin so gerne Regie führen wollte.

Nur wenige Kritiker hielten den Film für wert, sich näher mit ihm zu befassen. Wie Paul D. Zimmermann schrieb: »PAPILLON bietet Folter als Unterhaltung und endet damit, daß Unterhaltung zu einer Art Folter wird ... ein Turnier der Brutalität, durch keinerlei Phantasie gemildert.«

Die allseits geachtete Pauline Kael sah es so: »Ich war jedesmal dankbar, wenn Dustin Hoffman auftauchte; und zwar einfach nur deswegen, weil er versucht, etwas aus seiner Rolle zu machen.«

Für *Sight and Sound* war es ein »zweieinhalbstündiges Epos, das auf dem Thema der Unmenschlichkeit des Menschen gegen den Menschen herumtrampelte«.

Dustin vernahm die Botschaft – und verstand sie falsch. Er bezog jede gegen den Film gerichtete Kritik auf sich und ärgerte sich über die höhnischen Bemerkungen. »Joe Nebish (Anglisierung des Begriffs *nebbech*), dieser Mr. Loser. Ich lese

es und denke: ›Gott, was für ein Krampf.‹ Das liegt daran, wie die Artikel neuerdings geschrieben werden.
In den ersten fünf Minuten nach DIE REIFEPRÜFUNG gefiel es mir noch – weil jeder darüber geschrieben hat, wie ich mich langsam vom Off-Broadway hochgearbeitet habe. Sie schrieben: ›Er hat es verdient. Er ist dessen würdig.‹ Dann war ich plötzlich das Establishment, der Feind. Und die Leute fingen an zu schreiben: ›Wer ist dieser Kerl? Wie kann er es wagen?‹ Innerhalb von fünf Minuten verwandelten sich Respekt und Bewunderung in – wie soll ich sagen? – Neid und Gemeinheit.«
Er spürte, daß er unbedingt etwas für seine Karriere unternehmen mußte. Er wußte, daß er in Charakterrollen am besten war. Aber da fehlte noch etwas. Er sollte darauf achten, daß er im nächsten Film der alleinige Star war.
Die einzigen, die sich mit einer Nebenrolle begnügten, waren die Schauspielerpaare. Aber Dustin Hoffman war weder Stan Laurel noch Oliver Hardy und ganz bestimmt nicht Dean Martin oder Jerry Lewis. Er war noch nicht einmal ein Walter Matthau oder ein Jack Lemmon.
Dustin war zwar ausgezeichnet darin, als zweite Geige anzufangen und sich als erste zu entpuppen. Doch er spielte mit wechselnden Partnern, und das tat seiner Selbstachtung nicht gut.
Als nächstes würde er etwas spielen, wozu er keinen Partner brauchte. Er würde der Star sein, der einen Star spielte.
LENNY wurde kein großer, aber ein guter Film. Dustin war großartig. Wieder einmal spielte er eine Charakterrolle, doch diesmal einen Menschen, der wirklich gelebt hatte. Er versuchte sich in ihn hineinzufühlen und hörte damit auch im trauten Familienkreis nicht auf (sehr zu Annes Leidwesen, wie sich später herausstellen sollte).
Dustin ließ sich mit seiner Rolle als *Lenny* auf ein gefährliches Abenteuer ein. Nicht nur, weil die Person, die er spielte, sehr

bekannt war (realiter bei einigen, vom Ruf her bei vielen Menschen), sondern weil Lenny erst vor acht Jahren gestorben war.
Lenny Bruce war das bekannteste Produkt einer Generation von komischen Satirikern oder satirischen Komikern, die zu jener Zeit erblühten, als Amerika entschied, es sei jetzt an der Zeit aufzuhören, sich selbst zu ernst zu nehmen.
In den dreißiger Jahren unterhielt Will Rogers auf den angesehensten Bühnen Amerikas die Menschen mit aktuellen politischen Geschichten, während er ein Seil herumwirbeln ließ und seinen Optimismus bekundete.
Danach erschien Bob Hope mit seiner gefeierten Witzfabrik auf der Bildfläche und erzählte lokale Historchen, womit er sich beim gediegenen republikanischen Establishment der Vereinigten Staaten beliebt machte, durch das er es bis zum Multimillionär brachte.
Doch durch Senator McCarthy, der behauptete, unter oder in viel zu vielen Hollywoodbetten befänden sich »Rote«, kam ein Knick in die Entwicklung. Als das Land sein Bewußtsein wiedererlangte, hatte sich sein Witz gewandelt. Plötzlich tauchten in einer Reihe von Klubs ätzende, intellektuelle Komiker auf, die man später, nachdem sich das politische Klima gebessert hatte, auch im Fernsehen und in größeren Theatern bewundern konnte. Mort Sahl war einer von ihnen.
Lenny Bruce war zu intelligent, zu ätzend, zu unverblümt, um dem Klubmilieu zu entkommen.
Die Menschen, die sich Lenny Bruce ansahen, wollten geschockt werden. Ein seltsames Phänomen, aber die Leute wollten es nicht anders. Manchmal wurden sie durch ein neun Meter großes Plakat angelockt, auf dem Hitler zu sehen war, die Hand zum Nazigruß erhoben; darunter stand in Großbuchstaben: DONNERSTAGABEND PREMIERE. ADOLF HITLER. Und darunter in kleinerer Schrift: *Mit Lenny Bruce*. Und jeder Witz über Hitler wirkte wie ein Schock.

Lennys Ruf war enorm. Er war ein Produkt einer Kultur, die man gewöhnlich als Drogenkultur bezeichnet. Und vermutlich waren Drogen auch schuld an seinem Tod.
Doch was ihm jede Möglichkeit verbaute, dem Dunstkreis der Klubs zu entfliehen (vorausgesetzt, er hätte es gewollt), war seine Sprache. In der Welt, die er beschrieb, sagte jeder, was er fühlte. Ihre Bewohner nannten das Kind beim Namen. Es waren Menschen, für die das Leben Scheiße war, die fickten. Je extremer die Sprache, desto größer die Anhängerschaft. Aber die Sprache war nicht das einzig Geniale an Lenny. Es gehört zu den Travestien zeitgenössischer Geschichte, daß man sich allzu oft nur an die Schale erinnert. Lennys Sprache behält man im Gedächtnis, doch der Sinn hinter den Worten wird vergessen.
Auch das Ohr des Gesetzes lauschte seinen Worten. Bruce wurde im Dezember 1964, zwei Jahre vor seinem Tod, wegen einer Vorführung, die laut Gericht »obszön, anstößig, unmoralisch und unanständig« war, vom Manhattan Criminal Court verurteilt. Was zur Folge hatte, daß er noch nicht einmal in den Klubs erscheinen durfte, in denen er früher seinen Lebensunterhalt verdient hatte.
Der Stoff stellte eine Herausforderung für Dustin dar. Er mußte sich nicht nur wie Lenny Bruce fühlen, er mußte Lenny Bruce *sein*.
Anne fand sich plötzlich mit einem Mann verheiratet, der keinen einzigen Satz mehr sprach, ohne ihn mit dem Wort »Fuck« zu würzen. »Sein Benehmen war eine harte Probe für mich«, sagte sie mir. »Genauso wie bei Rizzo ging er nicht bewußt an die Rolle heran, und wieder sagte er, das sei seine Methode, die Rolle zu lernen. Aber ich glaube, das war nur eine Entschuldigung.«
Es war offensichtlich, daß es Dustin gefiel, andere zu schokken. Doch er gehörte nicht zu den Zwangsfluchern, bis Lenny Bruce in sein Leben trat. Anne meinte, daß Lenny Dustins

eigentlichem Selbst näher kam, als alles andere, was er bisher gemacht hatte.

»Sie war der Meinung, ich würde in LENNY mehr von mir selbst investieren, als ich je in etwas anderes investiert hatte. Lenny war meine bisher bei weitem schwierigste und anstrengendste Rolle. Das Drehbuch lieferte nur die Konturen. Es war wie bei Matisse, dem es manchmal mit knapp einem Dutzend Linien gelingt, eine Frau darzustellen. Aber ich versuchte, die ganze Persönlichkeit aufzuzeigen.«

Wieder eine Metapher aus der Malerei. Hier zeigte sich Annes Einfluß. Dustin bewunderte große Kunst. Dadurch konnte er seine Gefühle erklären.

Anne war froh, wenigstens für die Zeit, in der in New York gedreht wurde, wieder zu Hause zu sein. Doch es wurde auch in Miami gedreht. Und zur Postproduktion ging es nach Los Angeles. Die Drehorte waren wichtig, um den Film so authentisch wie möglich zu machen.

Überreste des Establishments, die meinten, das Thema eigne sich nicht für einen Film, boykottierten die Filmgesellschaft. Einige Kinobesitzer ließen verlauten, daß sie den Film nicht zeigen würden. United Artists vertrat den nicht ganz falschen Standpunkt, daß diese Leute keine Einwände mehr haben würden, sobald sie erst einmal sahen, wie andere Kinobesitzer durch den Film Geld verdienten.

Dustin hat Bruce weder persönlich getroffen noch ihm beim Arbeiten zugesehen. Aber er konnte sich in ihn hineinversetzen. »Lenny stand vor einer Mauer. Auch ich habe eine Zeitlang vor einer Mauer gestanden. Ich spürte, daß es nicht so klappte, wie ich es mir wünschte.«

Es sah aus, als besäße Lenny Bruce einen Schlüssel, den Dustin nur noch in das richtige Schlüsselloch stecken mußte. Daß er Bruce nicht bei der Arbeit hatte zusehen können, war ein Problem. Obgleich Dustin keinen hundertprozentigen Abklatsch von Bruce zu liefern gedachte.

»Ich habe nie zur Nachtklubszene gehört, weil mir das Geld dazu fehlte«, erklärte er. Aber in den frühen Sechzigern hatte ihm einmal ein Mädchen ein Tonband mit einer Aufnahme von Bruce gegeben. »Seitdem schwärmte ich für ihn.«
Ihn in einem Film darzustellen bedeutete allerdings nicht nur, sich wie Bruce zu »fühlen«, genausowenig, wie es genügen würde, seine Sätze und sein Repertoire auswendig zu lernen. Dustin betrieb eigene Nachforschungen, als plane er ein eigenes Werk, statt in einem Film mitzuspielen, der auf einem Buch von William Goldman basierte. Er verschlang jedes erreichbare Werk über Lenny Bruce, interviewte rund fünfzig seiner Freunde, und sprach mit seiner Mutter und seiner Tochter. Durch die Nachforschungen kam er zu einem eigenen Schluß über den Komiker.
»Bruce war sehr naiv. Seine Freunde machten widersprüchliche Angaben über ihn, stimmten aber in bezug auf seine Naivität überein. Er war aber auch sehr ernsthaft. Er glaubte wirklich, er könne sich mit einem Richter unterhalten, der dreißig Jahre in der National Guard gedient hatte; er dachte, er könne zu ihm durchdringen. Er glaubte beinah wie ein Kind daran.« Den Richter zu bitten, sich mit Bruce zu unterhalten, ist genauso, als bäte man einen Priester, ernsthaft darüber nachzudenken, sich eine Frau zu nehmen.
Und einen Schauspieler zu bitten, einen anderen Schauspieler, oder genauer gesagt, einen anderen Künstler zu spielen, war nicht weniger verlangt. Dustins Meinung nach waren die Maler die wahren Künstler, nicht die Schauspieler. »Es gibt da ein Klischee, daß man als Schauspieler vortäuschen kann, ein Opernsänger, ein Boxer zu sein. Aber man sollte sich da nichts vormachen. Man soll nicht glauben, es sei dasselbe.«
Die meisten Menschen, mit denen sich Dustin unterhalten hatte, schienen Bruce gemocht zu haben. Nicht alle. »Aber das war nicht der springende Punkt. Er hatte nicht vor, das Publikum anzumachen. Er war wütend. Er war, wie uns die

Geschichte gelehrt hat, ein sozialer Satiriker. Er war mehr als ein Komiker.«

Der Schlüssel zur Rolle aber lag in einem Band, das Dustin in die Hände fiel. Es war das letzte, das Bruce aufgenommen hatte – drei Stunden vor seinem Tod. Hoffman war beunruhigt. »Ich hatte keine Ahnung, auf was ich mich einließ (als ich zusagte), jemanden zu spielen, der so echt war.«

Er versuchte, zu einem neuen Verständnis von Bruce zu gelangen, der, möglicherweise wegen seiner masochistischen Lebensauffassung, ziemlich bösartig gewesen war. »Der Film läuft darauf hinaus, daß Lenny ein Mann war, der sein Land liebte«, sagte Dustin bei einem Versuch zu erklären, wie weit der Patriotismus seit den Zeiten Eisenhowers gediehen war. »Lenny glaubte an die Verfassung. An das Recht des Menschen auf freie Rede. Er benutzte bestimmte Wörter nicht, um die Zuschauer aufzugeilen. Er wollte damit nur sagen: ›Warum darf man auf der Bühne nicht dieselben Wörter benutzen wie im Alltag?‹«

Aus diesem Grunde benutzte sie Dustin; und Anne wünschte sich, er würde es nicht tun. Das Projekt faszinierte Dustin von Anfang an. »Was das Ganze erst richtig interessant macht, ist die Zeit, in der er arbeitete und kämpfte.«

Im nachhinein ist es leicht zu sagen, daß ein Film nicht schlecht sein kann, der Senator McCarthy ins Visier nimmt, an den die schockierenden Äußerungen und Obszönitäten gerichtet waren.

Man versuchte, sich so streng wie möglich an die wahre Geschichte zu halten. Es wurden auch ein paar Aufnahmen von Bruces New Yorker Wohnung in der Livingstone Street in Brooklyn Heights gemacht – oder wenigstens hielt man sie für seine Wohnung. Leider hatte Bruces Manager Marvin Worth der Filmgesellschaft die falsche Adresse gegeben.

Als Bühnenstück war LENNY mit Cliff Gorman in der Hauptrolle – der Bruce noch weniger ähnelte als Dustin – nur

mäßiger Erfolg beschieden gewesen. Dustin hatte Gorman auf der Bühne gesehen und fand seine Darstellung ausgezeichnet. Als man Dustin fragte, ob er die Filmrolle übernehmen wolle, antwortete er: »Warum holt ihr euch nicht Gorman?« Die Antwort war offensichtlich. Ein Cliff Gorman würde die Kinos nicht füllen, aber ein Dustin Hoffman.
Der sich nicht sicher war, ob er es schaffen würde. »Ich habe noch nie jemanden gespielt, der wirklich gelebt, vor allen Dingen niemanden, der 1966 gelebt hat. Es ist nicht leicht. Ich kann nicht mehr machen, was ich will. Es gibt ein Gebot der Wiedergabetreue, an das man sich gebunden fühlt. Man darf kein Nachahmer sein. Ich bin überhaupt kein Nachahmer.«
Bob Fosse hieß der Regisseur des Films, der beweisen sollte, daß er wußte, wie man hinter einer Kamera stand; auch wenn die Mädels davor nicht die extravaganten Tänze zeigten, die er sich für sie ausgedacht hatte, und die Hauptdarsteller nicht urplötzlich über »moon« und »June« zu singen begannen.
Was in LENNY aus Dustin Hoffmans Mund drang, hätte die Menschen, die an MGM-Musicals gewöhnt waren, zu ihren Herzpillen greifen lassen. Dustin mochte die beste Wahl für die Rolle gewesen sein, doch LENNY war alles andere als eine glückliche Erfahrung für ihn.
»Ich habe noch nie einen Schauspieler gesehen, der sich so sehr in seine Rolle vertieft wie Dustin«, erzählte Fosse mir. »Er war der vielleicht schwierigste Schauspieler, mit dem ich je gearbeitet habe. Alles, was er tat, schien für ihn eine geheime Bedeutung zu haben, und er hatte absolut keine Geduld mit anderen. Er sagte immer nur, er wüßte, wie er den Film verbessern könne. Wovon ich nicht überzeugt war.«
Dustin sagte über Fosse: »Fosse ist ein pflichtbewußter Mensch, dessen einziges Laster darin besteht, daß er sich überarbeitet.« Was möglicherweise der Grund für die Operation am offenen Herzen war, der er sich nach Drehschluß unterziehen mußte. Vielleicht hatte es ihn außer Fassung

gebracht, daß der Schweiß, der Dustin alias Lenny bei der Arbeit von der Stirn strömen sollte, aufgesprüht werden mußte. Einmal hat Bob Fosse tatsächlich eine Maskenbildnerin gefragt haben: »Ist Dustins Schweiß da, wo er hingehört?«
Doch wenn es darum ging, seine Improvisationen auf die Leinwand zu bringen, geriet Dustin wirklich ins Schwitzen. Was er in ASPHALT-COWBOY geschafft hatte, funktionierte jetzt nicht. Er erinnerte sich daran, was ein Trainer einmal einem Schiedsrichter zugerufen hatte: »Warum mußten Sie ein so gutes Spiel versauen?« In einer Szene, wo Lenny vor Gericht steht, wendet Dustin sich an den Richter und sagt: »Warum mußten Sie einen so guten Prozeß versauen?«
Das gefiel Bob Fosse ganz und gar nicht. Die Szene fiel der Schere zum Opfer.
Das knabberte an Dustins Selbstbewußtsein.
Einige der Statisten waren nicht ganz bei der Sache. Fosse mußte eine Probe mit Dustin auf der Nachtklubbühne wiederholt unterbrechen, um die Statisten zu animieren: »Lacht, Leute, lacht.« Was nicht daran lag, daß Dustin als Lenny Bruce nicht gut war. Es war nur so, daß die Statisten nicht zu der Sorte Menschen gehörten, die sich eine Bruce-Show angesehen hätten. Ein paar von ihnen waren so sehr mit ihrer Statisten-»Rolle« beschäftigt, daß sie kaum darauf achteten, was vor ihnen ablief.
Wären sie aufmerksam gewesen, hätten sie gehört, wie Dustin als Lenny zu einer Frau im Publikum sagte: »Hübsche Titten haben Sie da, Lady. Schade, daß man sie nicht statt dieser Fotos von den nackten vietnamesischen Napalmleichen zeigen kann, die jetzt gedruckt werden.«
Das war starker Tobak. Und genau das, was Bruce gesagt haben würde. Eine Mischung aus Lennys unerhörter Sprache und seiner zynischen, aber völlig berechtigten politischen Meinung.
So etwas geht einem nahe. Ebenso die Szene, in der die

Aufführung von einem Polizisten unterbrochen wird, der den Nachtklubbesitzern erzählt, ihr Unterhaltungskünstler stünde unter Arrest. Die Tatsache, daß es den Menschen in den Kinosesseln bei dieser Szene kalt den Rücken herunterlief, beweist, daß es wirkte – wie unvollkommen LENNY auch gewesen sein mochte. Der einzige Nachteil war, daß der Film wegen seiner Sprache und seines Themas für das gesamte Fernsehnetz der Vereinigten Staaten indiskutabel war, obwohl er in den Kinos Gewinn einspielte.

Vielleicht braucht es aber gerade die Kinoatmosphäre, um von diesem Film wirklich ergriffen zu sein. Wenn das Licht allmählich schwächer wird, die Leinwand weiß aufstrahlt und die Kamera sich auf Dustin alias Lenny richtet, der zum Mikrophon wie zu einem Phallus greift (um es in Lennys nicht gerade gepflegter Sprache auszudrücken).

Pauline Kael beklagt sich im *New Yorker* darüber, daß der Film Bruce und seine Ziele verkläre. Ihrer Meinung nach war der Film »für ein Publikum unentbehrlich, das daran glauben wollte, daß Lenny Bruce ein heiliger Störenfried gewesen sei, der gemartert wurde, weil er seiner Zeit voraus war.«

Sei es, wie es wolle, LENNY war genau die Art *tour de force*, auf die Dustin Hoffman seit ASPHALT-COWBOY gewartet hatte. Es war eine ausgezeichnete Idee, ihm die Rolle des jüdischen Burschen anzubieten, der sich anschickt, sowohl Armut als auch Konvention mit seinen eigenen Worten ins Abseits zu schlagen.

Dennoch war Dustin unzufrieden mit seiner Darstellung des bärtigen Bruce. Doch gehört LENNY sicherlich nicht in dieselbe Kategorie wie JOHN UND MARY, ganz zu schweigen von HENRY KELLERMAN oder ALFREDO, ALFREDO. Da würde man sowohl Dustin als auch Bob Fosse unrecht tun. Dennoch bezeichnet ersterer seine Darstellung als »fehlerhaft. Es war auf keinen Fall Lenny Bruce.«

Deshalb war Dustin auch auf jene Kritiker wütend, die meinten, der Film sei hauptsächlich deswegen mißraten, weil er sich nicht an Goldmans Buch gehalten habe. Das Buch habe sich nicht an Lenny Bruce gehalten, meint Dustin. »Ich weiß, daß es weit von der Wahrheit entfernt ist. Goldman traf Lenny für fünf Minuten in seiner Garderobe, und Bruce mochte ihn nicht und ließ ihn abblitzen. Ich kann keinen Kritiker respektieren, der unseren Film mit dem Buch vergleicht.«

Doch man respektierte das, was Dustin Hoffman aus seiner Rolle gemacht hat. Seine Darstellung brachte ihm eine Oscar-Nominierung als bester Schauspieler ein, was ihn eigentlich befriedigt und ihn über die Frage beruhigt haben sollte, ob er den wirklichen Lenny Bruce eingefangen habe. Aber wie schon zuvor, bekam er auch diesmal keinen Oscar.

Dustin kam zu dem Schluß, daß es nicht darum ging, auf jeden Fall zu gewinnen. Eine Einstellung, mit der er sich in Hollywood ebensowenig beliebt machte, wie Lenny es geschafft hatte, mit seiner unverblümten Sprache in Amerika populär zu werden. Es ging das Gerücht, der Mann, der einen wegen Obszönität angeklagten Entertainer gespielt hatte, hätte gesagt, der Academy Award (alias Oscar) sei »obszön«. Dustin dementierte augenblicklich, etwas Derartiges gesagt zu haben. Doch der Stachel saß.

»Das ist ein Wort, das ich nie benutze«, sagte er. Was er verlangt habe, sei, daß man den Oscar nicht im Rahmen eines Wettbewerbs gewinnen solle. »Mir gefiel es, als John Wayne den Preis bekam, denn das zeigte, daß es eine Ehrung und kein Wettbewerb war.«

Frank Sinatra nahm das, was er für einen Hoffmanschen Fehdehandschuh hielt, auf und wiederholte die Behauptung, Dustin hätte gesagt, der Oscar sei obszön. Dustin hätte kein Recht dazu, etwas so Anbetungswürdiges wie den Academy Award für obszön zu erklären. Wieder dementierte Dustin. Er habe die Bronzestatue als »häßlich und grotesk« beschrieben, das sei alles.

Er würde nie Marlon Brandos und George C. Scotts Beispiel folgen und die Annahme des Oscars verweigern. Man hatte ihm zwar noch keinen angeboten, aber er machte sich nicht sonderlich beliebt, als er sagte, er würde sich weigern, der Zeremonie beizuwohnen. Was ihn aufregte, war der Gebrauch dieses einen Wortes. »Das einzige, was mich daran stört, ist, daß Mr. Sinatra mich falsch zitiert hat. Ich habe nie das Wort ›obszön‹ benutzt. Das ist sein Wort. Interessant, daß er es benutzt.«
Wie Anne bereits bemerkt hatte, benutzte er in Momenten wie diesen Worte, die Lenny Bruce annehmbarer gefunden hätte als die meisten anderen. Sein neuer Manager Jarvis Astaire gestand mir: »Er fluchte die ganze Zeit.«
Doch als im Jahre 1975 die nächste Oscar-Verleihung stattfand, war das Wort »obszön« das einzige, was gegen ihn sprach.
Dustin aber dachte über seine nächste Rolle nach. Wenn er damit den Oscar gewänne, würde er ihn bestimmt nicht verschmähen.
Doch zuerst zog es ihn wieder einmal auf die Bühne zurück.

10

TROTZ ALLER VORBEHALTE Annes fühlte Dustin sich im Grunde seines Herzens immer noch als New Yorker Bühnenschauspieler. Gut, er hatte Erfolg. Größeren Erfolg als jemand, der sein Leben auf den Brettern, die die Welt bedeuteten, je erreichen konnte und wurde mit Fanpost überhäuft. Doch der Unterschied, den Steve McQueen anscheinend zwischen sich und Dustin festgestellt hatte, war sehr real. Wenn er ALFREDO, ALFREDO nicht gedreht und PAPILLON aus dem Weg gegangen wäre, hätte er möglicherweise dem Vorwurf begegnen können, den seine Frau mir gegenüber geäußert hatte. Anne war der Ansicht, daß Dustin damals zu einem Stillstand gekommen sei und immer im alten Trott weitermachen würde. Die Erfahrung hat uns gelehrt, daß dem nicht so war.

Jedesmal, wenn er in Hollywood oder an einem anderen Ort einen Film drehte, sehnte er sich nach dem Theater, nach der »wirklichen Welt« zurück. Nach der Stadt, wo er in seinem eigenen Haus leben und tagtäglich – bis zur Premiere – zu den Proben gehen konnte.

In einer Beziehung jedoch hatte Anne recht. Dustins gelegentliche Ausflüge auf die Bühne boten wenig Lohnenswertes. Bei JIMMY SHINE hatte man stets das Gefühl, daß dieses Stück nur wegen Dustin Hoffmans Berühmtheit und nicht wegen seines schauspielerischen Talents oder der Brillanz seines Spiels auf die Bühne gelangt sei. Als Beweis dafür möge dienen, daß das Stück vom Spielplan abgesetzt wurde, nachdem Hoffman gegangen war.

Im Jahr 1975 sah man Dustin Hoffman wieder im Theater, aber diesmal als Regisseur. Endlich machte er das, was er immer schon einmal hatte machen wollen. Er hatte sogar ein avocadogrün gestrichenes Büro auf der Madison Avenue, um zu zeigen, daß er nicht nur Schauspieler, sondern auch Geschäftsmann war.

Dustin inszenierte ein Stück von Murray Schisgal namens ALL OVER TOWN. Schisgal war anscheinend der einzige Autor, der Dustin ins Theater zurücklocken konnte.

Es war kein überwältigendes Schauspiel. Doch Dustin war nach all den Jahren, in denen sie zusammengearbeitet hatten, der Meinung, sie hätten einiges gemeinsam. »Ich weiß, wo Murray wohnt«, sagte er, und: »Ich bin auf demselben Baseballplatz.«

Schisgal äußerte sich über Dustin ähnlich überschwenglich. In einem Interview des *Esquire* vom April 1975, in dem Hoffman als ein »Plagegeist, ein Nörgler, ein springender Tiger, ein Hund mit einem Knochen, den er erst losläßt, wenn er in Stücke gebrochen ist« beschrieben wird, sagte der Dramatiker über Hoffman: »Er gibt nie auf. Manchmal würde man am liebsten die Wand hochgehen, aber, bei Gott, er hat Mumm.« Woraufhin Dustin meinte, Murray sei »verrückt. Und er ist der lustigste und mutigste Mensch, den ich kenne.«

Es gehörte schon allerhand Mut dazu, an einem Stück zu arbeiten, ohne zu wissen, ob man die dreihunderttausend Dollar Einsatz jemals wieder hereinbekommen wird. Dustin tat alles dafür. Wenn er Interviews gab, war ihm klar, daß das Stück nur als Aufhänger für Dustin Hoffman diente.

Es wäre unwahr zu behaupten, zwischen Hoffman und Schisgal hätten nur Friede, Freude, Eierkuchen geherrscht.

»Ein Regisseur verändert das Stück eines Autors«, gestand er. »Und der Schauspieler verändert die Sicht des Regisseurs und des Autoren ein weiteres Mal.« Dustin hatte gehofft, es würde funktionieren. »Es ist eine unkooperative Kunstform«, räumte er ein.

Konnte man das Stück als Kunstwerk bezeichnen? ALL OVER TOWN war ein Schwank, den selbst Dustin mit »alles Unsinn und Windbeutelei« abtat. Der Autor führte ständig zwei Redensarten im Mund: »Leben stinkt« und »Geld ist Honig«*. Dustin fühlte ähnlich. Auch für ihn war Geld wichtig. So wichtig, daß er das Stück zu stoppen drohte, noch ehe jemand den Fuß auf die Bühne gestellt hatte. Und das kam so: Dustin war sich sicher gewesen, die Unterstützung Roger L. Stevens, des Leiters des Kennedy Center for the Performing Arts in Washington, in der Tasche zu haben. Stevens zog seine Zusage jedoch sechs Tage vor Beginn der Proben im Oktober 1974 wieder zurück. Wenigstens stellte Dustin es so dar. Während Stevens behauptete, nie als Produzent des Stückes aufgetreten zu sein.

Das Stück kam sozusagen als »Jungfrau« auf den Broadway. Was ihm fehlte, waren Artikel über eine lange Spielzeit in London, die sehr hilfreich gewesen wären. Dustin beschloß, sich an seine alten Freunde, oder besser gesagt, alten Bekannten zu wenden. Zum Beispiel an Joseph E. Levine.

Laut Dustin war Levine einer der wenigen Glücksfälle bei einer Sache gewesen, die sich als riskantes Spiel erweisen sollte.

Levine war wirklich erstaunlich vertrauensselig. Nach dem Gespräch sagte er zu Dustin: »Das muß man sich einmal vorstellen! Ich lege hunderttausend Dollar hin und weiß noch nicht mal, wie das Stück heißt.«

Möglicherweise hoffte er, daß sein Name in nicht allzu langer Zeit in der ganzen Stadt bekannt sein würde.

Doch diese Illusion sollte nicht lange währen.

Levine – der Dustin früher einmal für einen Fensterputzer gehalten hatte – war von der Entwicklung des Stückes nicht sonderlich beeindruckt und zog sein Geld zurück. Und wieder schien ein Schutzengel über dem Projekt zu schweben. Mrs. Adela Holzer, eine der führenden Händlerinnen an der

* Original: »Money's Honey« (Anm. d. Übers.)

New Yorker Warenbörse, beschloß, das Stück finanziell zu unterstützen und Produzentin zu werden.
Dustin befand sich in einer seltsamen Situation. Nicht nur, daß ihm – Dustin Hoffman – ob seines Namens nicht automatisch jede Tür geöffnet wurde. Er hatte auch Mühe, die Aufmerksamkeit des Publikums und etwaiger Investoren auf sich zu ziehen.
Das Stück feierte im Booth Theater Premiere, ohne daß eine einzige Karte im Vorverkauf abgesetzt worden war. Die Rettung nahte in letzter Minute in Gestalt eines Musicals, das wegen vernichtender Kritiken kurzfristig abgesetzt worden war. Daraufhin beschlossen dreizehn Theatervereine, sich statt dessen ALL OVER TOWN anzusehen.
Dustin interviewte tausendfünfhundert Schauspieler, die sich um eine Rolle in dem Stück bewarben. »Ich liebe Schauspieler.«
Offensichtlich liebte Schisgal sie auch. »Er ist schrecklich, er ist schrecklich«, urteilte der Autor über einen jungen Mann, der zum Vorsprechen gekommen war.
»Du mischst dich zu sehr ein«, unterbrach Dustin ihn. »Demnächst willst du bestimmt einen Zwerg hier haben.«
Dustin hatte eine seiner Lektionen als Regisseur gelernt: Wenn es brenzlig wird, bring die Leute zum Lachen. Und wie wir mittlerweile wissen, hatte Dustin einen ausgezeichneten Sinn für Humor.
Regie zu führen bot ihm die Bewegungsfreiheit, die er sich schon lange gewünscht hatte. Das war etwas anderes als die Schauspielerei, die er als »Unterliga« betrachtete. Was einer der Gründe für seine Schwierigkeiten mit Anne war. Sie konnte nicht verstehen, daß ein Schauspieler, und zwar ein sehr guter Schauspieler, nicht etwas ganz Besonderes sein sollte.
Von Schisgals Idee bis zur Aufführung des Stücks dauerte es drei Jahre. Er beschreibt es als »eine zeitgenössische Komödie

über das Stadtleben, in der achtzehn Personen mit verschiedenen ethnischen und sozialen Hintergründen mitwirken«. Oder mit anderen Worten: »Es stellt ein Spektrum unseres Landes dar, eingefangen auf einer Bühne, während einer Abendvorstellung. Mein erster Mikrokosmos. Davor waren es Makrokosmen.«

Dustin schien sein Dasein als Regisseur zu genießen. Zu einer Schauspielerin sagte er: »Sie haben schöne Brüste«, und hatte seinen Spaß daran zuzusehen, wie sie errötend auf ihren Busen starrte und fortlief.

»Mögen Sie Sex?« fragte er eine andere und wartete genüßlich auf die Antwort. Vergeblich.

Zu einem Schauspieler sagte er: »Es ist, als hätte man Röntgenaugen und könnte allen Frauen durch die Kleider sehen – es ist unerhört; erfrischend.«

Eine der vorsprechenden Schauspielerinnen war von seinem Gerede nicht sonderlich angetan und fand ihn überhaupt nicht erfrischend. Sie besaß den Mumm, sich angeekelt abzuwenden und »So ein Schleimer« zu murmeln.

Während er die leicht arrogant wirkende Schauspielerin, die wie eine skandinavische Tennisspielerin aussah, für die Rolle interviewte, legte er seine Hand auf ihre rechte Brust. »Ich dachte: ›Was für ein widerliches Schwein‹«, verriet sie später und erinnert sich daran, den Job nicht bekommen zu haben. Sie würde den Strauß mit Dustin ein andermal ausfechten können. Ihr Name war Meryl Streep.

Das war irgendwie symptomatisch für seine Gefühle dem Theater gegenüber. Er mußte es ganz nah fühlen, aber zu seinen eigenen Bedingungen. Er erzählte, daß er und Murray Schisgal – der jetzt mehr denn je sein engster Freund war – einmal auf die Idee kamen, einfach alles hinzuschmeißen und einen Antiquitätenladen aufzumachen. Natürlich ging das nicht, aber es machte Spaß, es sich vorzustellen.

Dustin gestand: »Das Theater ist ein Mörder. Ich sage all meinen stückeschreibenden Freunden: ›Schreibt Fernsehspiele.‹ Wenn sie dann antworten: ›Aber ich bin Dramatiker‹, sage ich: ›Warte, bis sich was tut. Du schreibst ein großartiges Stück und kannst nichts damit anfangen. Die Chancen stehen tausend zu eins.‹«

Dustin schien sich in seiner Rolle als ratspendender Regisseur zu gefallen. Ein Schauspieler sollte so tun, als rauche er eine Pfeife. »Beißen Sie zu«, riet er, wie John Mitchell (der Watergate-Generalstaatsanwalt, von dem Dustin, aus Gründen, die bald offensichtlich werden sollten, einiges hielt) in seinem Prozeß. »Jetzt konzentrieren Sie sich nur darauf, wie die Worte durch den Stiel (der Pfeife) und dann aus dem Kopf der Pfeife strömen. Alles andere kommt ganz automatisch.«

Dustin tat sein Bestes. Doch das reichte einigen Kritikern nicht. Dustin war nicht glücklich über die manchmal recht rücksichtslosen Rezensionen. Ein paar davon waren jedoch ganz gut, und die Verbindung des Stückes mit dem Hoffmanschen Namen schmerzte nicht. Am meisten ärgerte Dustin, daß in den Kritiken nichts von einem lachenden Publikum stand.

»Ich begreife nicht, wie ein Kritiker verschweigen kann, daß das Publikum gelacht hat. Wie kann ein Kritiker schreiben, ein Stück sei blöde oder schrecklich, ohne zu erwähnen, daß das Publikum die ganze Zeit gelacht hat? In einem Schwank müssen die Schauspieler – alle Mitwirkenden – so tun, als seien ihre Probleme so gewaltig, daß sie keine Zeit mehr fürs Publikum haben. Sie müssen sich so verhalten, so spielen, als liefen sie mit Scheuklappen herum.«

Eine nicht untypische Kritik war die von Charles Ryweck vom *Hollywood Reporter*. Er schrieb: »Schisgal hat alle Sperren aufgehoben und ist mit einer tollen Komödie aufgetaucht, die kunstvoll, wenn auch künstlich, konstruiert ist. ALL OVER TOWN ist derart mit allem möglichen Komödienballast wie verwechselte Identitäten (worum es in dem Stück hauptsächlich geht) überladen, daß es ihm nicht gelingt, sich emporzuschwingen. Das Stück wurde von Dustin Hoffman inszeniert; es ist sein erster Versuch, einen Theaterwagen zu steuern [der Kritiker wußte anscheinend nicht, was Dustin gemacht hatte, bevor er ein Star wurde], und obschon es keine Preise gewinnen wird, gewinnt es doch den Beifall eines nicht zu anspruchsvollen Publikums.«

Charles Ryweck gefiel der Hauptdarsteller Cleavon Little, der eine »nette Leistung« als Schwindler bot, der die Wohnung eines Psychiaters übernimmt, indem er vorgibt, er sei ein Sexbesessener. Ryweck meinte, es hätte Dustins Regie »gut getan, wenn sie etwas entschlossener gewesen wäre«.

Für Dustin war es eine lehrreiche Erfahrung.

Ein neues Problem tauchte am Horizont auf. Es kursierte das Gerücht, daß Dustin und Anne sich scheiden lassen wollten. Und damit nicht genug. Es gab Gerede, daß Dustin – was ihm überhaupt nicht ähnlich sah – mit einer Studentin namens Patty in einer Kommune in Oakland zusammenlebte. Das wäre alles nicht so schlimm gewesen, hätte Dustin auf einer Party nicht einen Mann getroffen, der verkündete, er würde bald sein Schwiegervater werden.

Glücklicherweise nahm Dustin die Gerüchte ebensowenig ernst wie die Witze, die auf den Parties die Runde machten, auf denen er sich zeigen mußte. Außerdem erzählte er zu jeder passenden und unpassenden Gelegenheit, die Hauptsache in seinem Leben seien seine Frau und seine Kinder.

PAPILLON hatte Annes Interesse an einer Fortsetzung ihrer Karriere geweckt. Das war auch der Grund, weshalb sie Schauspielunterricht nahm und als Ballettänzerin Tourneen ins Ausland machte. Aber diese Dinge beherrschten nicht ihr Leben. »Ich war nie eine Feministin«, erzählte sie mir, »und ich habe nicht das Gefühl, meine eigene Karriere geopfert zu haben. Aber nach einer gewissen Zeit hatte ich alles satt. Man wird bei den Außenaufnahmen wunderbar behandelt, aber ...« Wie sie schon gesagt hatte, es gab so viele Orte, wo man einkaufen gehen konnte.

Wenn sie zusammen einkaufen gingen, dann, um noch mehr Antiquitäten, noch mehr Impressionisten, noch mehr von den Dingen zu erwerben, die sie gemeinsam schätzen gelernt hatten.

Dustin hatte stets hart gearbeitet. Doch seine Arbeit bestand nicht nur aus Schauspielern, Regie führen oder Manuskripte lesen. Der größte Teil der Arbeit bestand einfach nur aus Nachdenken. James Thurber, der amerikanische Schriftsteller, hat einmal gesagt, sein schwierigster Job sei gewesen, seine Frau davon zu überzeugen, daß er arbeitete, wenn er aus dem Fenster schaute. Dustins Arbeit bestand hauptsächlich aus Aus-dem-Fenster-Schauen; natürlich nur symbolisch gesprochen.

Er las eine Menge Bücher. Nicht so sehr, weil er Freude am Lesen hatte, sondern, weil er auf der Suche nach guten Filmideen war. Eines der Bücher, die ihm auffielen, gehörte zu einer Fortsetzungsreihe, die zwei Dinge gemeinsam hatte: das Wort »Rabbi« und den Namen eines Wochentages – wie *Friday, the Rabbi Slept Late* oder *Saturday, the Rabbi Went Hungry*.*

Hauptperson der Geschichten war ein Rabbi namens David Small, eine Art jüdischer Pater Brown. Ein Rabbi, der zwei verschiedene Rollen spielt: erstens den Seelsorger, der fromme Gesetze lehrt und Rat gibt, und zweitens den Privatdetektiv, der Verbrechen löst, die in seiner Gemeinde passieren.

Die Geschichten wurden schließlich zu einer kurzen, aber nicht besonders hervorragenden Fernsehserie verarbeitet. Doch da war Dustins Interesse schon verflogen.

Obwohl er sich schon entschieden hatte, daß *Am Freitag*

* Dt. *Am Freitag schlief der Rabbi lang* und *Am Samstag aß der Rabbi nichts.* Von Harry Kemelman (Anm. d. Übers.)

schlief der Rabbi lang als erstes verfilmt werden sollte, und zwar von seinem vielbewunderten Mentor Ulu Grosbard. Das ganze Projekt sollte in den Händen der Wagner/International Productions liegen. Aber es hatte nicht sein sollen.

Auch ein anderer Traum Dustins sollte nicht in Erfüllung gehen. Er hätte zu gerne den Harpo gespielt, das stumme Mitglied der Marx Brothers. Harpo, den selbst Groucho für den lustigsten und möglicherweise intelligentesten der Brüder hielt. Dustin dachte an eine Komödie. »Ich brauche keine lustigen Texte«, erklärte er, während er darüber nachsann, wie er Harpo darstellen sollte. »Ich brauche nur hinter den Mädels herzulaufen und auf die Hupe zu drücken.«

Hupe und Harfe waren die Kennzeichen des liebenswertesten der Marx Brothers. Und wie alle guten Ideen für eine Komödie, wollte auch diese ernst genommen werden. Genauso ernst wie seine Lenny-Bruce-Rolle. »Ich weiß, daß eine Menge Verrücktheit in mir steckt.« Doch vielleicht war das Thema Harpo zu ernst für eine Komödie. Auf jeden Fall endete auch dieser Film als Entwurf irgendwo in Hollywood.

Natürlich war einigen Dustins Verrücktheit gelegentlich aufgefallen. Damit erklärten sie sich auch seine Entschlossenheit, allem, was er tat, seinen Stempel aufzudrücken. Sei es die Art seiner Improvisationen; sei es die Art, wie er Regie führen wollte.

»Ich habe noch nie einen Film nach meinen eigenen Vorstellungen gemacht«, beklagte er sich im Jahre 1975. »Es war immer die Vorstellung des Regisseurs und sein Lebensgefühl, die sich beide nie völlig mit meinen eigenen deckten.«

Er dachte, sein Traum, einmal bei einem Film Regie zu führen, würde wahr, als er etwas Interessantes las. Es war ein Buch über die Watergate-Affäre, und es sah ganz so aus, als wäre das der richtige Stoff für einen hervorragenden Film. Doch leider hatte es Robert Redford auch gelesen.

Tatsächlich hatte Redford es nicht nur gelesen, nein, er hatte

auch als erster die Idee gehabt, daß man über die Affäre ein Buch schreiben sollte, nach dem er dann später einen Film drehen könnte – natürlich mit ihm selbst als Hauptdarsteller. Redford war fasziniert von dem, was Bob Woodwards und Carl Bernstein geleistet hatten. Diese beiden jungen Reporter der *Washington Post* hatten die ganze Watergate-Affäre aufgedeckt – angefangen beim ersten Einbruch im Hauptquartier der Demokraten im Watergate-Gebäude bis hin zur Offenlegung der Vertuschung durch Richard Nixon und seine Helfershelfer. Woodward und Bernstein nahmen Redfords Idee auf. Das Resultat war ein grandioser Bestseller mit dem Titel *All the President's Men* (dt. DIE WATERGATE-AFFÄRE). Als das Buch raketengleich die Bestsellerlisten hochkletterte, hatte Robert Redford die Rechte bereits in der Tasche.
Und sich selbst die Starrolle zugeschanzt. Er würde Woodward spielen, wie er ein blonder großer, gutaussehender WASP, der die Republikaner wählte. Der Coup hätte selbst einem Sam Goldwyn zur Ehre gereicht. Als Redford hörte, daß Dustin nur ein paar Schritt hinter ihm in dieselbe Richtung marschierte, bot er ihm die Rolle des Bernstein an, der in jeder Hinsicht wie eine Hoffmansche Kopie aussah.
Er war klein, dunkelhaarig, jüdisch, hakennasig und wählte bestimmt nicht republikanisch. Dustin antwortete Redford: »Ich dachte schon, Sie würden mich nie fragen.«
Es sprach einiges für die Idee. Vor allem die Aktualität. Seit dem Skandal, der mit dem Rücktritt Richard Milhous Nixons geendet hatte – übrigens dem ersten Präsidenten, der während seiner Amtszeit zurücktrat –, waren gerade erst zwei Jahre vergangen.
Die Unbestechlichen beschreibt detailliert, wie sich Woodward und Bernstein – die sich, um zu zeigen, daß sie sich als Team fühlten, »Woodstein« nannten – an der Geschichte festbissen, während alle anderen bereit waren, die Augen zu schließen und sie an sich vorübergehen zu lassen. Was im Endeffekt zwei

bis dato untergeordnete und ziemlich unbekannte Reporter zu Stars und Millionären machte.

Natürlich war das nicht das erste Mal, daß das Zeitungsgenre die Idee zu einem Film lieferte. Da gab es zum Beispiel THE FRONT PAGES (dt. EXTRABLATT), ein Film, der gemeinhin als das perfekte Beispiel für die Suche des Reporters nach seiner Story bezeichnet wird.

Aber DIE UNBESTECHLICHEN war anders. Nicht nur, weil die *Washington Post* eine real existierende Zeitung und die Geschichte wirklich passiert war. (Später, als der Film in einem Haufen unbedeutender Zänkereien unterzugehen schien, schlug Dustin vor, der Zeitung einen fiktiven Namen zu geben.)

Die Watergate-Affäre war zu einem Stück Zeitgeschichte geworden. Was Zeitung und Buch offengelegt hatten, beeinflußte nicht nur Amerika, sondern letztlich auch einen Großteil der Welt.

Ein Film mit diesem Thema mußte eindrucksvoll und verantwortungsbewußt gestaltet werden. Ergo gab es in dem ganzen Werk keine einzige Liebesgeschichte. Ein unerhörtes Phänomen. Das einzig Romantische am Film war, daß er aufzeigte, wie ein Präsident stolperte und stürzte.

Zum anderen durften aber die unermüdlichen Telefonanrufe der beiden Journalisten, die angestrengte Suche in Karteien, die mühsame Detektivarbeit, weder ignoriert noch heruntergespielt werden.

Das waren Methoden, die zum Repertoire eines recherchierenden Journalismus gehörten; dennoch handelte es sich hier um eine Form von recherchierendem Journalismus, wie es ihn noch nie gegeben hatte. War dieser Mann wirklich darin verwickelt? Sollte es wirklich der Präsident der Vereinigten Staaten sein? Der Führer der freien Welt?

Bernstein-Hoffman bekam keine einfachen Antworten. Er sollte bis zehn zählen, und wenn sein Kontaktmann bis dahin nicht aufgelegt hatte, war das die Bestätigung seines Verdachts. Oder bedeutete es vielleicht, daß er die Geschichte *nicht* bestätigte?

Die Besetzung der Nebenrollen war ebenso wichtig wie die der Hauptrollen. Jack Warden und Martin Balsam spielten Redakteure der *Washington Post*, der hervorragende Jason Robards jr. (besser als je zuvor) den Chefredakteur.

Robards sollte für seine Leistung einen Oscar bekommen, Dustin nicht.

Mittlerweile wußte jeder, daß Dustin Hoffman sich immer in seine Rollen hineinkniete, als wären sie wissenschaftliche Experimente. So auch jetzt. Er »arbeitete« vier Monate lang bei der *Washington Post*, nahm an den Konferenzen teil, sah den Reportern über die Schultern und heftete sich einem bestimmten Mann an die Fersen. Er hieß Fred Barbash und arbeitete gerade an einem Korruptionsskandal, der zwar nicht die Ausmaße der Watergate-Affäre besaß, dessen Methoden aber bemerkenswert ähnlich waren.

Was »Woodstein« wiederholt bestätigten, wenn sie von Hoffman und Redford aus den Warner Bros. Studios in Burbank, Los Angeles, angerufen wurden.

Dustin vereinnahmte Bernstein völlig. Einige sagten, er habe sich wie ein Blutegel an dem Reporter festgesaugt, so wie ein guter Reporter sich an eine große Geschichte hängt. »Er klebte sechs Wochen lang an Carl Bernstein«, sagte Jarvis Astaire. »Als die Dreharbeiten abgeschlossen waren, war er mehr Carl Bernstein als Carl Bernstein selbst.« Bernstein wiederum war laut Astaire überaus angetan davon, von einem Schauspieler mit Dustin Hoffmans Kaliber gespielt zu werden.

Als die Dreharbeiten begannen, wußten Hoffman und Redford ganz genau, wie man eine Story aufzieht. Vom ersten Anruf bis zum Druck.

Die Warner Bros. wollten in bezug auf Perfektion nicht

nachstehen. Man baute die Zentrale der *Washington Post* auf dem Studiogelände nach, wozu zwei Klangbühnen zusammengeschoben werden mußten. Das Ganze wirkte bis zur letzten Heftmaschine authentisch.
Allein der Set kostete eine halbe Million Dollar. Die verdeckten Lampen schienen durch die gleiche Decke in derselben Entfernung wie beim Original. Man tippte auf den gleichen Schreibmaschinen – man schrieb das Jahr 1976, das Computer-Zeitalter hatte in der *Post* noch nicht Fuß gefaßt – auf das gleiche Papier wie die *Post*-Reporter. Und um auch nicht den geringsten Zweifel an der Authentizität aufkommen zu lassen, ließ man die Original-*Washington Post*-Papierkörbe einfliegen.
Da man entschlossen war, einen Film über einen *cause célèbre* ohne Sex zu drehen, mußte jetzt erforscht werden, wie die Chancen standen, die Menschen an die Kinokassen zu locken. Dustin machte auf eigene Faust Umfragen. Das Ergebnis war nicht gerade ermutigend. Seit Nixons Rücktritt waren zwar erst knapp zwei Jahre vergangen, doch wie Dustin und die Warnerschen Meinungsforscher feststellen mußten, gab es in den Vereinigten Staaten immer noch Menschen, die mit dem Namen Watergate nichts anzufangen wußten.
Das Ergebnis erschütterte das Team, das dabei war, Millionen von Dollar in das Projekt zu investieren. »Ich dachte, wir wären Gift für die Kinokassen«, gestand Dustin damals.
Was ihn aber letztlich überzeugte, waren die vier Monate, die er bei der *Washington Post* verbracht hatte. »Ich wollte an mich glauben können. Mich nicht nur vor der Kamera aufbauen, die Krawatte lockern, meine Füße auf den Schreibtisch legen und einen Reporter spielen.«
Und es gelang. Man sieht den Film und wird Zeuge, wie ein Reporter seine Arbeit tut, ohne die Schnitzer, wegen der

ausgefuchste Zeitungsleute häufig in ihr Bier weinen. Das schwierigste für einen professionellen Schauspieler ist, neben dem Lachen, das nicht so leicht ist, wie es aussieht, einfach nur dazusein und zuzuhören, ohne den Eindruck zu erwekken, man halte das Gehörte für banal. Nicht den Sprecher zu unterbrechen, sondern einfach nur zuzuhören. Dustin Hoffman hört in DIE UNBESTECHLICHEN sehr oft zu, was diesen Film so bezwingend macht.

Es gibt noch ein Beispiel für seine Schauspielkunst. Dustin und Redford spielten zwei junge Reporter, die in der *Washington Post*-Hierarchie eine sehr niedrige Position einnahmen. Woodward war gerade erst sieben Monate bei der Zeitung. Bernstein mit seinen sechzehn Monaten war dagegen bereits ein alter Hase. Vor Jason Robards alias Ben Bradlee mußten sie in bezug auf ihre Geschichte entschlossen wirken und zugleich einen Bückling vor ihm machen. Man sieht den Film und weiß sofort, wer der Boß ist.

Hinzu kommt noch etwas, das anscheinend keinem Kritiker aufgefallen ist. Der Film ist eine rein dramatische Dokumentation. In DIE UNBESTECHLICHEN geht es ausschließlich um die Watergate-Affäre und die Menschen, die darin verwickelt waren, und er kam der Wirklichkeit näher als alles, was bisher gedreht worden war. Es fehlte nicht nur die Liebesgeschichte, man verschwendete auch keine Zeit für Effekthaschereien. Es gab weder Kameraschwenks über das Weiße Haus, noch zeigte man zwischen Hochhäusern hindurchfliegende Hubschrauber.

Es dauerte nicht lange, bis die Mitarbeiter der *Post* eindeutig zu verstehen gaben, daß sie genug hätten. Der Herausgeberin Katherine Graham hatte das Ganze von Anfang an nicht zugesagt. Man begann über das Drehbuch zu diskutieren. Carl Bernstein meinte, das von William Goldman verfaßte Skript sei zu witzig, zu komisch für den Alltag eines Reporters, der einem schweren Skandal auf der Spur ist. Das hieß jedoch nicht, daß es im Reporteralltag kein Gelächter und keinen exzessiven Gebrauch jener Wörter gab, die zu hören sich für eine Dame nicht schickte.

Eine Weile versuchten sich Bernstein und seine zukünftige Frau Nora Ephron an einem neuen Skript. (Ihre Ehe und deren Auseinanderbrechen sollte später ebenfalls zu einem Film verarbeitet werden, in dem Jack Nicholson und – welche Ironie – Meryl Streep die Hauptrollen spielten*.) Doch der Regisseur Alan Pakula verwarf die zweite Version und hielt sich schließlich an Goldmans Skript, räumte aber Bernstein gelegentliche Anmerkungen ein. Am Ende hatte jeder sein Scherflein zu diesem Film beigetragen, einschließlich Dustin Hoffman.

Laut Jarvis Astaire verzögerte Dustin die Dreharbeiten, indem er ständig vom vorgegebenen Dialog abwich und jede Szene zwischen den Aufnahmen diskutierte. Was zur Folge hatte, daß es mehr Aufnahmen gab, als Alan Pakula für nötig hielt.

Für das *Newsweek*-Magazin war Dustin eine »Mischung aus Schmeichelei und Taktlosigkeit.« Wie Jack Kroll zu diesem Schluß gekommen ist, ist für jemanden, der sich diesen Film angesehen hat, nicht nachvollziehbar – nebenher bemerkt eine der intelligentesten Verfilmungen eines Zeitungs-, um nicht zu sagen, politischen Dramas.

Als DIE UNBESTECHLICHEN in die Kinos kam, sagte Dustin: »Ein Schauspieler arbeitet immer. Im Hinterkopf denkt man, selbst wenn man Sorgen hat: ›Das ist etwas, was du irgendwann gebrauchen kannst.‹ Es ist, als würde man es aufzeichnen, beobachten. So wie ein Schriftsteller Dialoge aufzeichnet.« James Thurber hätte das bestimmt gefallen.

Es sollten noch eine Menge Dialoge Dustins Weg kreuzen. Doch nicht alle sollten ihm das Leben erleichtern.

* Mit dem Titel HEARTBURN (Anm. des Übers.)

11

ES GEHT DIE KUNDE, daß jeder erfolgreiche Mann eine graue Eminenz braucht; jemanden, der die Fäden so geschickt zu ziehen weiß, daß man vergißt, daß er nur eine Marionette ist. Jemanden, der einfach nur da ist, um ihm die nötige Unterstützung anzubieten; der ab und zu die Bremse zieht, um die Geschwindigkeit des rasenden Zugs zu verlangsamen, der allein durch seinen eigenen Schwung vorangetrieben wird.
Anne gehörte zweifellos zur zweiten Kategorie. Die erste jedoch blieb unbesetzt. Dustin war niemandes Marionette. Doch er brauchte eine leitende Hand. Vier Jahre lang gehörte diese Hand Jarvis Astaire; nicht verwandt mit Fred, dem Tänzer.
Jarvis Astaire ist einer jener Menschen, die schon vor den ersten Verhandlungen wissen, noch bevor ein Pfennig investiert worden ist, wieviel bei einer Sache herausspringt.
Astaire ist ein aus London gebürtiger Selfmademan, der sich aus bescheidenen Anfängen hochgearbeitet hat. Er produzierte mit wechselndem Erfolg Filme in Hollywood und Großbritannien und war Chief Barker des Variety Club of Great Britain, eine Ehre, die er mehr als alles andere schätzte. Sein elegantes Büro im Herzen des Londoner West End zieren Briefe der königlichen Familie und Fotos hoher Persönlichkeiten wie zum Beispiel das des Herzogs von Edinburgh.
1974 wurde Jarvis Astaire Dustin Hoffmans Manager.
Dustin machte damals gerade einen Werbefeldzug, um LENNY an den Mann zu bringen. Astaire, der mit Dustin bereits auf gesellschaftlicher Ebene in London und Kalifornien verkehrt war – wobei sich ihre Frauen angefreundet hatten –, half ihm dabei.
Bei den nun folgenden Filmen, angefangen mit DIE UNBE-

STECHLICHEN, übernahm er den geschäftlichen Part. Ein Jahr später überzeugte er Dustin davon, seine Unterschrift unter den Vertrag für MARATHON MAN (dt. DER MARATHON-MANN) zu setzen.

Astaire erzählte mir, er habe nicht lange gebraucht, um sich über Dustin Hoffmans Verhältnis zum Geld klarzuwerden. »Beim Geld fehlte ihm der Sinn für die richtigen Proportionen«, sagte er. »Er würde bereitwillig auf Hunderttausende von Dollars verzichten, um das zu tun, was er machen will – und dennoch über die schlechte Qualität der Anzüge diskutieren, die er im Film zu tragen hat. Er wird behaupten, er kenne sich mit Geld aus. Aber er hat keinen Sinn für Proportionen.«

Diese Gleichgültigkeit in bezug auf Geld führte möglicherweise auch dazu, daß er sich nie ernsthafte Gedanken über den Grad der beruflichen und finanziellen Verpflichtungen der Menschen machte, mit denen er zusammenkam.

Er war jetzt der große Star. Und großen Stars wird stets geschmeichelt, in der Hoffnung, daß sie bald einen Film drehen, der ihnen und ihren Schmeichlern einen Batzen Geld einbringt. Dustin machte da keine Ausnahme. Astaire gefiel es nicht besonders, wie Dustin mit seinen Höflingen umsprang. »Er hat immer vier oder fünf Leute am Gängelband, denen er erzählt, daß er wahrscheinlich ihren Film machen wird. Ihm macht es überhaupt nichts aus, ein Jahr aus dem Leben eines Menschen zu verschwenden. Und wenn das Jahr vorbei ist, läßt er ihn fallen.«

Astaire führt Dustins Verhalten eher auf Gedankenlosigkeit als auf Bosheit zurück. »Er würde nie ›Gib dem Kerl zwanzigtausend Dollar für seine Unannehmlichkeiten‹ oder etwas in dieser Art sagen. Er wird sich nur dagegen (das Projekt) entscheiden. Das heißt aber nicht, daß er sein Wort bricht. Er hat es nie gegeben. Er verschwendet nur keinen Gedanken an Menschen.«

DER MARATHON-MANN gehörte zu den Projekten, die realisiert wurden, und die meisten der daran Beteiligten hatten allen Grund, sich zu freuen.

Wieder ein Film, bei dem Dustin nicht allein im Scheinwerferlicht stand – und doch anders als die anderen. Noch nie zuvor hatte er mit einem Partner vom Kaliber Laurence Oliviers gespielt.

DER MARATHON-MANN war eine Mischung aus zwei Mitte der Siebziger unschlagbaren Themen: ein Krimi über die Nachwirkungen des Holocaust.

Dustin zeigte als Marathon-Mann eine hervorragende Leistung.

Er spielt einen Studenten der Columbia-Universität in New York, der seine spärlich bemessene Freizeit Runden drehend im Central Park verbringt. Er wird von Nazis gekidnappt, deren Anführer der von Olivier dargestellte ehemalige Leiter eines Konzentrationslagers ist. Olivier alias Szell glaubt, daß Hoffman etwas über den Verbleib einer Menge Diamanten weiß, die er, Szell, aus Europa herausgeschmuggelt hat, wo er sie Juden gestohlen hatte.

Szell ist von Beruf Zahnarzt, was ihm Gelegenheit gibt, einer Foltermethode zu frönen, die besonders ekelhaft ist – nämlich den Bohrer anzusetzen. Dustins offensichtliche Angst vor dem Bohrer ist ein Bild, an das zu erinnern sich lohnt. Genauso wie die Darstellung Roy Scheiders, der Dustins Bruder spielt; einen Geschäftsmann, nach dessen Ermordung sich herausstellte, daß er ein Agent in geheimer Mission gewesen war.

Die Geschichte des MARATHON-MANN ist zwar gewunden und verwirrt, aber man genießt, wie William Goldmans Drehbuch (sieh an, schon wieder) vom Regisseur John Schlesinger (wieder einmal) übertragen und durch Oliviers und Hoffmans vollendete Darstellung ergänzt wird.

Dustin fühlte sich in Oliviers Gegenwart unbehaglich. »Es machte ihn sehr nervös, mit ihm zusammenzuarbeiten«, erinnerte sich Jarvis Astaire. »Am ersten Drehtag schmiß er seinen Text, was ihm überhaupt nicht ähnlich sieht.«

Dustin entschuldigte sich buchstäblich für jeden Patzer bei Olivier, der seinerseits ahnte, was los war. Er tat sein möglichstes, um Dustin zu beruhigen. »Strengen Sie sich nie zu sehr an, lieber Junge«, riet er ihm. »Machen Sie es einfach.«

Wie üblich dachte Dustin, er hätte die Antwort auf seine Probleme mit Olivier gefunden. »Warum machen wir nicht, was wir für richtig halten?« schlug er dem Mann vor, der zum ersten Mal vor vierzig Jahren in Hollywood gearbeitet und sich den Titel des größten Schauspielers der englischsprechenden Welt erworben hatte. »Lieber Junge«, antwortete Sir Olivier, »ich improvisiere nicht.«

Dustin mußte eine Möglichkeit finden, an Sir Olivier, der ihn so stark hemmte, heranzukommen. Eine Möglichkeit, sich neben ihm nicht als Zweitbester zu fühlen oder wie ein Kind neben seinem Lehrer.

Er mußte hinaus an die frische Luft, um nachzudenken, und er lud Olivier ein, ihn zu begleiten. Der junge Mann schlug vor, bei einem Spaziergang über alles zu reden. Der ältere Schauspieler stimmte dem Vorschlag zu. Was er bald bereuen sollte. Dustin war durch sein Training für den Film körperlich in ausgezeichneter Form und spazierte, während er sprach, hin und her. Olivier hatte keine andere Wahl, als ihm zu folgen. Einige, denen das zu Ohren gekommen war, kritisierten Dustins mangelnde Rücksichtnahme auf Oliviers Gesundheitszustand. Sie meinten, Dustin hätte das alles nur gemacht, um durchzusetzen, daß die Szenen so gespielt wurden, wie er es wünschte. Eine einfachere Erklärung ist, daß Dustin seine eigene Angst überwinden wollte.

Jarvis Astaire, der die ganze Sache beobachtet hatte, versicherte mir, daß weder das eine noch das andere stimmte. Obwohl der eigentliche Grund nicht gerade schmeichelhaft für Dustin war. »Er tat es nicht, weil er sadistisch veranlagt ist.

Er hat einfach nur die Tatsache ignoriert, daß dieser Mann alt und krank war. Das berührte ihn nicht. Er kam gar nicht auf die Idee, etwas Ungehöriges zu tun.«
Ein wenig freundlicher setzte er hinzu: »Sein Ziel ist es, großartige Arbeit zu leisten. Nur gute Arbeit reicht ihm nicht.« Olivier wiederum schien das anzuerkennen, zu würdigen und empfänglich dafür zu sein.
Dustin war mittlerweile vierzig Jahre alt. Olivier schien ihn für erheblich jünger zu halten. »Olivier erkannte Dustins Fähigkeit an«, sagte Astaire. »Ich kann mir nicht vorstellen, daß er es nicht tat.«
Eigentlich wollte John Schlesinger Dustin nicht für die Rolle haben, da er wußte, wie alt Hoffman wirklich war. Ein vierzigjähriger Student (wenn auch ein graduierter Student), den man »Babe« rief, setzte einiges an Phantasie voraus.
Schlesinger hatte einen anderen exaltierten, schwierigen, dunkelhaarigen Schauspieler für diese Rolle im Kopf gehabt. Einen Schauspieler, der aussah, als sei er für die Rolle – und den Ruf prädestiniert, den Dustin Hoffman sich im Laufe der Jahre erworben hatte. Sein Name war Al Pacino. Doch Schlesinger wurde von den beiden Produzenten Robert Evans und Sidney Beckerman überstimmt.
Jarvis Astaire behauptete, Schlesinger habe bei der Besetzung der Rolle des »Babe« auch an Keith Carradine gedacht. Doch Paramount beharrte auf Dustin. Sei es, wie es wolle; die Rolle Dustin zu geben, erwies sich letztlich als vernünftige Entscheidung.
Nicht unerheblich dafür, daß Dustin sich so sehr wünschte, in diesem Film mitzuwirken, war ironischerweise der Umstand, daß Schlesinger Regie führen sollte.
Der Film bot Dustin Hoffman eine Menge Möglichkeiten zu zeigen, was in ihm steckte. Und er ließ keine von ihnen aus. Während der Dreharbeiten entwickelte sich eine Taschenlampe zum Problem.

»Babe« hatte selbige neben seinem Bett liegen. Dustin war dagegen. Er würde keine Taschenlampe neben seinem Bett liegen haben. John Schlesinger bat ihn, weiterzumachen und sich später um die Lappalie zu kümmern. Dustin bestand darauf, daß die Taschenlampe verschwand, wenn man wolle, daß er weitermachte. Und sie verschwand.
Rückblickend meinte Jarvis: »Er ist sehr kreativ. Wahrscheinlich ist er überkreativ. John Schlesinger hat mir erzählt, daß Dustin mit einem Dutzend Ideen zu ihm käme, von denen nur eine oder zwei annehmbar seien. Aber diese zwei seien sehr, sehr gut. Doch er ist auch ein Pickel am Hintern. Er kann extrem unbarmherzig sein. Siehe Olivier. Er ist den Wünschen anderer gegenüber offensichtlich völlig taub. Er kann sehr zersetzend sein. Aber das Endergebnis ist außerordentlich.«
Vom Endergebnis seiner geschäftlichen Aktivitäten konnte man das nicht sagen. Dustin glaubte jetzt tatsächlich, mehr über Geld und seine Verwendungsmöglichkeiten zu wissen, als es der Fall war. Das zeigte sich an der Beziehung zu seinen Geschäftspartnern. Als Menschen mochte er sie. Aber er mußte erkennen, daß ein Star zu sein keine ausgeglichene Bilanz garantierte.
Dustin trat in eine schwierige Phase seines Berufslebens ein. Er machte gerade sein Debüt als First-Artists-Star. Und die Beziehung zwischen ihm und First Artists war nicht immer harmonisch.
Er drehte zwei Filme für die Gesellschaft. Und beide schienen ihm nicht sonderlich gelegen zu haben, obwohl er sein Bestes gab.
Der erste Film war STRAIGHT TIME (dt. STUNDE DER BEWÄHRUNG). Er spielte einen Ganoven. Natürlich einen Räuber, der wußte, was er tat.
Würde er sich damit selbst seiner Karriere berauben?

12

DUSTIN GERIET LEICHT in Situationen, aus denen er sich liebend gerne wieder befreit hätte.
Er war so eigenwillig und entschlossen wie stets. Er hatte sich mit Anne auf die New Yorker Marathonstrecke begeben, und nichts auf der Welt würde ihn – würde sie – dazu bringen, vor dem Ziel aufzuhören.
Er versuchte seinen Sinn für Humor nicht zu verlieren und spielte den rüden Extrovertierten, der er im Grunde nie gewesen war. So gab er zum Beispiel im Beisein Jarvis Astaires vor einer Bostoner Lady im Eichenzimmer des New Yorker Plaza Hotels eine Geschichte zum besten, die sich ereignet hatte, als Anne zur Entbindung ins Krankenhaus mußte.
Gleichzeitig war ein Mann eingeliefert worden, dessen Penis sich in der Spirale seiner Frau verfangen hatte.
Die Lady aus Boston konnte darüber nicht lachen.
Zu dem rüden Image gesellte sich noch etwas, was man bis dato noch nicht an ihm kannte und das für ihn eine neue Dimension darstellte. Er wurde sich seiner Wurzeln bewußt. Seine Regale füllten sich mit Werken über das Judentum. Man konnte ihn zwar immer noch nicht als religiös bezeichnen, aber er besaß die Thora und die Werke der Propheten, und er schien sie zu schätzen.
Er war ein eifriger Zionist geworden und spendete viel Geld für Israel, wobei er besonders an dem eindrucksvollen Tennis-Center in Ramat Hasharon interessiert war. Seine Schenkungen waren außerordentlich großzügig bemessen. Tennis bedeutete ihm sehr viel. Er spielte gut – aber nicht mehr. Das reichte ihm nicht. Er wollte ein ausgezeichneter Spieler sein. Daß er nicht dem Wimbledon-Standard ent-

sprach, ärgerte ihn. Mit der Schauspielerei war es genauso. Auch hier wollte er nicht nur gut, sondern sehr gut sein.
Dustin pflegte mit seinem Vater zu spielen. »Aber ich erinnere mich, daß ihn sein Vater erschreckte«, verriet Jarvis Astaire mir. »Er wurde in seiner Nähe nervös. Er konnte einfach nicht mit ihm umgehen.«
Der ältere Hoffman gab zu, daß es ihm nicht gelungen sei, Dustin oder seinem älteren Sohn Ronald näherzukommen. »Ich war zu sehr damit beschäftigt, es zu versuchen«, gestand er einem Interviewer. Als Dustin davon hörte, war er entschlossener denn je, eines Tages eine eindrucksvolle neue Fassung von TOD EINES HANDLUNGSREISENDEN zu gestalten.
Aber nicht nur mit seinem Vater, auch mit den Geschäftsleuten von First Artists gab es Schwierigkeiten. Die angestaute Frustration entlud sich anläßlich seines zweiten Films für besagte Gesellschaft.
Fairerweise muß gesagt werden, daß man dem Film STUNDE DER BEWÄHRUNG nicht immer ansah, daß sich Dustin wünschte, er hätte ihn nie gemacht.
Er dachte, man könne mit der Geschichte eine Wirkung erzielen: Exsträfling, der wieder rückfällig wird, weil die Gesellschaft sich an alte Vorurteile klammert.
Ein ausgelutschtes Thema, aber Dustin war im Jahre 1978 davon überzeugt, daß er in seiner Rolle als Max Dembo genügend Spielraum hätte, um sein Talent zur Geltung zu bringen und STUNDE DER BEWÄHRUNG zu etwas Besonderem zu machen.
Dustin hatte Edward Bunkers Roman *No Beast so Fierce* gelesen und sich verzweifelt gewünscht, danach einen Film zu drehen. Das war der perfekte Stoff für First Artists.
Aber es gab noch einen anderen Grund, weshalb ihm danach verlangte – bei diesem Film würde er nicht nur die Hauptrolle spielen, sondern auch Regie führen. Konnte es etwas Befriedigenderes geben? Bestimmt nicht.

Aber bei einem Film Regie zu führen ist etwas anderes, als ein Schauspiel zu inszenieren. Dieses Mal hielt er alle Trümpfe in der Hand, doch irgendwie gerieten sie beim Mischen durcheinander.

Die Dreharbeiten begannen. Dustin war mit nichts zufrieden. Er drehte und drehte. Wie Jarvis Astaire sagte: »Er hatte immer angenommen, daß Regisseure weiter und weiter drehen, ungeachtet der Konsequenzen.« Für sich erwartete er dasselbe.

Der Mann, der in bezug auf Geld so naiv war, mußte mit ansehen, wie die Produktion knirschend zum Stillstand kam, nachdem sie eine halbe Million Dollar geschluckt hatte. Selbst ein Dustin Hoffman muß zugeben, wenn er geschlagen ist. Er war kein Filmregisseur.

Und auch kein leitender Angestellter. Seine Kräche mit den Geldsäcken von First Artists waren phänomenal. First Artists war keine Gesellschaft, der es ausschließlich um das Wohl ihrer Schauspieler ging.

Der wahre Boß dort hieß Phil Feldman und war ein ausgefuchstes Schlitzohr von Studioleiter. Männer seines Schlages hatte es seit den Tagen der Filmmoguln in Hollywood nicht mehr gegeben.

Es schien, als hätte der Streit bei den Dreharbeiten zu STUNDE DER BEWÄHRUNG seinen Höhepunkt erreicht. Doch es sollte sich zeigen, daß dem nicht so war. Dustins Beziehung zu Howard Pine, dem ausführenden Produzenten, war, gelinde gesagt, angespannt.

Astaire erinnerte sich an eine Szene, deren Zeuge er geworden war, als er einmal bei den Dreharbeiten zusah. »Pine und die anderen leitenden Angestellten haßten Hoffman aus tiefstem Herzen. Ich hörte, wie ein Angestellter ihn als Tier bezeichnete.« Eines Tages, so Jarvis Astaire, trafen sich Hoffman und Pine am Set. Das Ergebnis dieses Zusammentreffens war nicht nur besser als alles, was STUNDE DER BEWÄHRUNG bot, nein, die Szene war eines THE BIG KNIFE oder THE LAST TYCOON (dt. DER LETZTE TYCOON) oder ähnlichen Filmen würdig, in denen es um Studiosysteme ging.

»Pine ging zu Hoffman hoch und fragte: ›Hallo, Dustin, wie geht es Ihnen?‹

›Mir geht's gut‹, antwortete Dustin. ›Ich hoffe, Ihnen nicht.‹«

Später würde Pine sagen, er hätte sich nur mit Dustin gestritten, weil er ein solcher Perfektionist war. Doch Astaire hat da so seine eigene Philosophie: »Wenn man reich ist, dann heißt es in dieser Welt, man sei exzentrisch. Wenn man arm ist, sagen sie, man sei verrückt. Wenn man ein Star ist, ist man ein Perfektionist. Wenn man kein Star ist, ist man ein Pickel am Hintern.«

Es ist jetzt schon das zweite Mal, daß dieser Satz fällt, wenn von seinem ehemaligen Klienten die Rede ist. Aber Astaire milderte die Aussage ab (wobei er besonders Dustins schauspielerischer Leistung in STUNDE DER BEWÄHRUNG gedenkt).

»Er ist wirklich gut bei der Arbeit, und er sagt, was er denkt. Normalerweise sind die Leute bereit, es zu ertragen. Nur manchmal hat man das Gefühl, man hätte es mit der Puppe eines Bauchredners zu tun. Andererseits bekommt man, wenn man Dustin engagiert, für gewöhnlich eine phantastische Gegenleistung. Er ist ungeheuer fleißig. Wenn es an die Arbeit geht, verwandelt er sich in eine Maschine.«

Offensichtlich funktionierte die Maschine als Regisseur nicht. Möglicherweise, weil sie nicht mit Regieerfahrung geölt wurde. Zu guter Letzt wurde Ulu Grosbard um Hilfe gebeten, ein guter Freund Dustins.

Grosbard, der einer der ersten gewesen war, die Dustin Hoffmans Talent erkannt hatten, willigte nur ein, weil Dustin es so wollte.

Dustin respektierte ihn, wohingegen er andere Regisseure, die sich erdreistet hatten, einige der besten Hoffmanschen Szenen aus ihren Filmen herauszuschneiden, gerade eben tole-

rierte. Doch jetzt kam es auch zwischen Dustin und Grosbard zu Meinungsverschiedenheiten.
Beide nahmen kein Blatt vor den Mund, sondern sagten geradeheraus, was sie über den anderen dachten. Gegenüber Tony Schwartz von *The New York Times* wütete Ulu Grosbard: »Er war seit fünf Jahren mit dem Projekt beschäftigt und kontrollierte es total. Als er mich rief, hatte er bereits vier oder fünf Drehbuchschreiber und sechs oder sieben Entwürfe verschlissen. Einige der besten Leute vom Fach arbeiteten für ihn. Wenn er so pedantisch und ein solcher Perfektionist ist, warum hat er dann ein so gewaltiges Durcheinander geschaffen?«
Und er lieferte gleich eine plausibel klingende Antwort mit: »Dustin ist ein Opfer seines Berufes; und wenn man sich in eine derartige Lage manövriert, kann man Präventivschläge gegen jedermann führen und sich dennoch moralisch integer fühlen. Ich glaube, er sorgte sich um die Qualität, aber das ist kein Freibrief für sein Benehmen.«
Er schmückte diese Bemerkung Jahre später noch weiter aus: »Er kann sehr sprühend und charmant sein – aber er kann es anknipsen, wenn er etwas will, und es wieder ausknipsen, wenn er nichts mehr braucht.«
Einmal liefen die Dinge so schlecht, daß Grosbard Dustin fragte, was für ihn an erster Stelle käme, ihre Freundschaft oder der Film. »Der Film«, antwortete Dustin wie aus der Pistole geschossen. Damit war ihre Freundschaft beendet.
Dustin fühlte sich unschuldig. Er gab eine Erklärung ab, die der eines Generals ähnelte, der gerade seines Kommandos entbunden wurde: »Ich habe die beste Arbeit abgeliefert, die ich je gemacht habe. Mir war klar, daß der Film die Darstellung nicht trug.«
Es gibt noch andere Beweise, die bezeugten, daß er gute Arbeit abgeliefert hatte, wenn auch nicht seine beste. Er befaßte sich mit der Rolle wie jeder andere Schauspieler es

auch tat, doch dazu kamen noch die üblichen Hoffmanschen Aktivitäten.
Er begab sich zum San-Quentin-Gefängnis, um festzustellen, wie die Gefangenen in den kalifornischen Zuchthäusern mit dem Leben hinter Gittern fertig wurden. Auf der Lohnliste des Studios standen ehemalige Gefängnisinsassen, die ihn beraten sollten. Das war eine von Dustins Ideen.
Harry Dean Stanton, der in STUNDE DER BEWÄHRUNG einen Exzuchthäusler spielt, der zusammen mit Dustin einen neuen Coup ausbrütet, erzählte mir, wie verblüfft er über die Ausmaße von Hoffmans Pedanterie bezüglich des Films war.
Hoffman hatte ihn für diese Rolle ausgesucht. »Wir hingen herum, und ich dachte nicht mehr daran. Wir tranken ein paar Drinks miteinander, und dann wurde mir klar, daß er sehen wollte, ob ich der Richtige für die Rolle sei.«
Stanton sagte, Dustin sei »ein fanatischer, besessener Arbeiter.«
Und zwar so fanatisch, daß er nicht nur wissen mußte, wie sich ein Gefangener hinter Gittern fühlt, sondern auch, wie es war, ein Verbrechen zu begehen.
Stanton behauptete, Dustin hätte sich einmal durch die Hintertür eines Restaurants davongestohlen, ohne die Rechnung zu bezahlen, nur um am eigenen Leibe zu spüren, wie es ist, wenn man von den gesellschaftlichen Normen abweicht.
Das war für jemanden, der so bekannt war wie Dustin Hoffman, bestimmt nicht leicht gewesen, und zweifellos beglich er später die Rechnung, aber es paßt genau zum Image des Besessenen, als der er sich zeigte. »Er ist leicht erregbar«, meint Stanton. »Wenn etwas falsch lief, explodierte er. Manchmal schnauzte er mich grundlos an.«
Ein Schmuckladenbesitzer aus Beverly Hills meinte, allen Grund zu haben, die örtliche Polizei anzuschnauzen. Sein Laden wurde ausgeraubt, während die Polizei seelenruhig zusah, wie man in einem Schmuckladen etwas weiter die

Straße hinab Vorbereitungen für das Drehen des (fingierten) Überfalls traf. Laut Stanton arbeiteten die echten Räuber »recht schlampig, viel schlampiger als wir. *Sie* wurden gefaßt.«

Dustin bekam wegen STUNDE DER BEWÄHRUNG eine massive Klage an den Hals gehängt. Doch zuerst mußte er sich mit einem anderen Problem herumschlagen, und zwar die Presse davon zu überzeugen, daß er und Anne immer noch zusammen waren und daß sie sich immer noch liebten.

Die Streitereien bei und um STUNDE DER BEWÄHRUNG hatten zur Folge, daß sie während der Woche getrennt lebten, und dieses recht ungewöhnliche Ereignis war den Medien zu Ohren gekommen.

Nun, es stimmte zwar nicht, daß sie sich getrennt hatten, aber Anne hatte angefangen, sich um ihre eigene Karriere zu kümmern.

Sie spielte kleinere Rollen, etwa in Woody Allens MANHATTAN. Das war eine andere Welt als die einer Ballettänzerin. Sie hatte das Tanzen geliebt, war vor vier Jahren mit dem Frankfurter Ballett auf Tournee gewesen und mit der Truppe im englischen Birmingham aufgetreten. Doch eine Ballettkarriere ist bekanntlich kurz, und Anne war bestrebt, in Zukunft auf ein anderes Pferd zu setzen.

Dustin und Anne behaupteten, es gäbe keinerlei Konflikte zwischen ihnen oder ihren Karrieren.

Dustin war nach England gereist, um einen Film mit dem Titel AGATHA (dt. DAS GEHEIMNIS DER AGATHA CHRISTIE) zu drehen. Vanessa Redgrave war seine Partnerin.

Der Film handelte von dem geheimnisvollen elftägigen Verschwinden Agatha Christies (die von eben jener Vanessa Redgrave gespielt wurde) im Dezember 1926. Übrigens, Agatha Christie war die erfolgreichste Autorin von Kriminal- und Detektivgeschichten, aber wem sage ich das.

Hätte Dustin auf Anne gehört, würde er diesen Film nie

gedreht haben, was zweifellos seinem Ruf zugute gekommen wäre. »Ich bestand darauf, er solle AGATHA ablehnen. Ich hatte recht, oder?«

Wie recht sie hatte, sollte sich schon bald zeigen. »Er hat den Film nur gedreht, weil er aus seinem Vertrag mit First Artists heraus wollte«, behauptete Jarvis Astaire. Dustin brauchte nur noch einen Film machen, um sich seiner Verpflichtungen legal zu entledigen, und AGATHA schien ihm eine leichte Aufgabe zu sein; eine Aufgabe, die ihm genügend Zeit ließ, darüber nachzudenken, was er als nächstes tun sollte.

Es kam zu einem Prozeß mit First Artists, die ihm vorwarfen, daß er nach Großbritannien gereist war, um AGATHA zu drehen, während er ihrer Meinung nach in Hollywood hätte bleiben müssen, um STUNDE DER BEWÄHRUNG zu beenden. Als er den Vertrag für den ersten Film unterschrieb, hatte man ihm das Recht zugestanden, die Endfassung des Films zu schneiden, vorausgesetzt, selbiges geschähe innerhalb von sechs Monaten nach Drehschluß. First Artists behaupteten nun, Hoffman habe kein Recht, einen neuen Film anzufangen, bevor der alte premierenreif sei.

Gegenwärtig hatte Dustin nur sehr wenig dazu zu sagen, und was er sagte, deutete darauf hin, daß er AGATHA für genauso wichtig hielt, wie etwa ASPHALT-COWBOY.

Dustins Rolle in diesem Film war genauso fiktiv wie die des Dega in PAPILLON, möglicherweise noch fiktiver. Denn Dega war ein Konglomerat aus verschiedenen Personen, die in einer wahren Geschichte auftreten. Die Figur des Wally Stanton jedoch, eines amerikanischen Journalisten, der Agathas geheimnisvolles Verschwinden deckt, entsprang einzig und allein dem Kopf der Autorin Kathleen Tynan.

Die Rolle des Journalisten war eine verhältnismäßig kleine Rolle, sogar zweitrangig im Hinblick auf die Beziehung zwischen Agatha und der Sekretärin ihres Mannes, die von Celia Gregory gespielt wurde.

Das gefiel First Artists ganz und gar nicht. Man wies Kathleen Tynan an, mehr aus Wally Stanton zu machen. Sie wünschten, daß ihr Mann als einer der Hauptdarsteller und nicht unter »ferner liefen« auftrat. Douglas Brode behauptet in *The Films of Dustin Hoffman*, daß Dustin die Dinge am liebsten so gelassen hätte, wie sie waren, vorausgesetzt, es käme dem Film zugute. Das war ungewöhnlich. Normalerweise wollen Stars auch als solche agieren. Im Endprodukt sehen wir Hoffman denn auch als Star: als Journalisten, der sich in seine Quelle verliebt.

»Als ich die Rolle des Journalisten schrieb«, verriet Mrs. Tynan, »war er ein großer blonder Engländer in einer kleinen Nebenrolle. Jetzt ist er ein kleiner dunkelhaariger Amerikaner in einer der Hauptrollen.«

AGATHA war schon keine unkomplizierte Geschichte. Doch was sie noch komplizierter machte, waren die Spannungen mit First Artists. Die Probleme bei AGATHA waren teilweise darauf zurückzuführen, daß Dustin bei diesem Film zum ersten Mal auch als Produzent von First Artists Gnaden auftrat.

Alles, was schieflaufen konnte, lief schief. Kathleen Tynan arbeitete rund um die Uhr, um eine angemessene Geschichte auf die Beine zu stellen, besonders in bezug auf Dustins Rolle.

Zu Beginn der Dreharbeiten lag noch kein endgültiges Drehbuch vor. Dustin telefonierte mit Los Angeles und bat um einen Aufschub. Man ging nicht darauf ein. Dustin sagte, ich ging »buchstäblich in die Knie und flehte sie an, nicht mit dem Film anzufangen. Sobald man damit angefangen hat, spielt die Zeit verrückt. Es ist, als male man zwischen Eisenbahnschienen stehend ein Bild (schon wieder ein Vergleich aus der Malerei), während der Zug immer näher kommt. AGATHA war der Alptraum jedes Schauspielers. Das Drehbuch wurde buchstäblich jeden Tag neu geschrieben. Es war ein Regenbogen aus grünen, gelben und rosafarbenen Korrekturblättern.«

Er hätte sich nie für sein Verhalten entschuldigt. »Das liegt nicht am Ego. Aber was, verflucht noch mal, was soll man denn sein [ein Hauch von LENNY ist noch geblieben], wenn nicht schwierig? Soll man sich auf den Set stellen und sagen: ›Hi, ich bin der und der und mache alles, was Sie wollen?‹ Ich habe die Leute nie verstanden, die sich an einen Job klammern. Mir hat es immer gefallen, daß man als Schauspieler die Möglichkeit hat zu sagen: »Fick dich selbst.« Das einzige, was sie tun können, ist, dich zu feuern, ein Gefühl, daß du bereits kennst. Aber das ist immer noch besser, als schlechte Arbeit zu leisten.«

Aber: »Kunst ist Diebstahl. Es gibt keinen Grund, nicht zu stehlen. Wenn man etwas Gutes sieht, übernimmt man es und macht es zu etwas Eigenem. Der Trick ist, nicht geschnappt zu werden.«

Dustins Problem mit AGATHA war nicht, zu vermeiden, daß er geschnappt wurde, sondern das Beste aus einem miesen Job zu machen.

In der Zwischenzeit hatten alle Mitwirkenden Gelegenheit festzustellen, wie es ist, mit Dustin Hoffman zu arbeiten. Unter ihnen befand sich auch Timothy West, einer der führenden englischen Schauspieler, der den verantwortlichen Polizeiinspektor auf der Suche nach Agatha Christie spielte. »Er ist ganz offensichtlich ein richtiger Schauspieler«, erzählte West mir. »Er war sehr höflich, sehr nett, man konnte sehr gut mit ihm arbeiten – er ist sehr professionell.«

Aber es war stets eine »Art Durcheinander« vorhanden, »wie sich im Saal eines Instituts für Frauen in Bath zeigte, den wir als Zentrale benutzten«. Zwei Autorenteams waren eifrig damit beschäftigt, dem Drehbuch die endgültige Fassung zu geben. Das erste Team schrieb Dustins Dialoge, das zweite die aller anderen Mitwirkenden.

Arthur Hopcraft war beauftragt worden, zusätzliche Dialoge zu schreiben, die auf den tatsächlichen damaligen Ereignissen basierten. Das dokumentarische Material sollte die romantische Fiktion auspolstern.

»Er saß da – mit seiner Pfeife und einem Pint Guinness – und hämmerte auf seiner alten Olivetti-Schreibmaschine herum, und am anderen Ende des Raumes hockte eine Gruppe von Schreibern, die an den zusätzlichen Dialogen für Hoffman arbeiteten.« Diese Gruppe war dazu da, die Nebenrolle, als die Wally Stanton von Kathleen Tynan entworfen worden war, aufzubessern und Dustin alias Wally mehr ins Scheinwerferlicht zu rücken.

Diese Arbeit überließ man aber nicht den ursprünglichen Textern oder dem Mann, der darauf zu achten hatte, daß sich keine Ungenauigkeiten oder Anachronismen in den Text einschlichen. Nein, Dustins Dialoge wurden von seinen eigenen Männern geschrieben, die schon einen Weg finden würden, aus dem ganzen Durcheinander etwas Brauchbares zu machen. Kein geeignetes Rezept für einen gelungenen Film. Durch eine derartige Behandlung konnte sich im Laufe der Zeit selbst ein potentielles Rennpferd in ein Kamel verwandeln.

Auch Murray Schisgal brachte, laut Timothy West, seinen »Zehn-Cent«-Wert in die endgültige Drehbuchfassung ein. »Es hockten noch jede Menge anderer Texter mit ihren Sekretärinnen herum, die alle sehr elegante IBM-Schreibmaschinen benutzten. Das symbolisierte für mich die gänzliche Unvereinbarkeit der beiden Seiten des Films.«

Zu den Produzenten des Streifens gehörte auch Jarvis Astaire. Zuweilen liefen sogar fünf Produzenten herum. »Das verursachte eine gewisse Verwirrung«, sagte West. »Sie schienen fünf verschiedene Kapitalbereiche zu repräsentieren. Da war zunächst einmal Dustin selbst im Auftrag von First Artists. Dann gab es da noch Jarvis Astaire, David Puttnam und

Gavrik Losey und noch jemanden, der kam und ging, wie er Lust hatte. Es waren mehr, als einige von uns für nötig hielten.«

Schließlich wurde Dustin ausführender Produzent, war aber immer noch den Geldgebern in Hollywood verantwortlich, deren Weisungen er zu befolgen hatte.

»Das war besser als vorher«, erinnerte sich Timothy West. Doch der Regisseur Michael Apted hatte noch immer das Problem, alles auf eine Reihe zu kriegen und das Beste daraus zu machen. »Er machte einfach weiter«, so West. »Er war großartig.« Doch es gab noch ein paar kleine, lokale Probleme.

»Ich glaube, es war maßgeblich Dustins Einfluß zu verdanken, daß alles zusammenhielt. Er fand sich mit einer Menge Unannehmlichkeiten ab. Er mußte oft lange herumstehen, besonders in der Szene, in welcher der Teich abgesucht wird.

Es war eine schwierige Szene, eine Schienenaufnahme. Taucher mußten das Eis aufbrechen, und je mehr sie aufbrachen, desto weniger blieb für weitere Aufnahmen übrig; was bedeutete, daß es nicht mehr gut aussah.

Wir brauchten Nebel, doch der mußte künstlich sein und sollte durch Ventilatoren verteilt werden. Die Sonne durfte auch nicht so hoch stehen, denn es sollte wie ein früher Morgen aussehen.

Da gab es einen offenen Wagen, mit dem Dustin ankommen und der bei den Markierungen halten sollte, doch der Fahrer war unzuverlässig. Es ging alles schief. Wir waren bereits bei Take vierundzwanzig angelangt. Alles, was Dustin zu tun hatte, war, aus dem Wagen zu steigen. Ich kenne viele Leute, die gesagt hätten: »›Gut, ruft mich in meinem Hotel oder in meinem Caravan an, wenn ihr fertig seid, denn ich habe keine Lust mehr, hier herumzustehen.‹ Er gehörte nicht dazu. Er stand die ganze Zeit abrufbereit, und das bewunderte ich sehr an ihm.«

Ein anderes Problem war, die Statisten auf ihre Plätze zu bekommen. In der Teichszene waren es fast tausend. Keiner von ihnen bekam auch nur einen roten Heller zu sehen. Man gab ihnen eine Tasse Kaffee und ein paar Sandwiches und schwärmte ihnen vor, wie schön es doch für sie sei, mit Dustin Hoffman und Vanessa Redgrave zusammenzuarbeiten – die beide nicht zu sehen waren.

Im Laufe des Tages wurden die Statisten unruhig und verzogen sich, einer nach dem anderen. »Soweit ich mich erinnere, waren sie nach dem Lunch ein wenig niedergeschlagen«, erzählte Timothy West. »Es gibt verschiedene Wege, damit fertig zu werden. Wenn man einen Produzenten hat, entscheidet der, was zu tun ist. Bei fünfen ist das nicht so einfach.«

Dustin war nicht besonders gesprächig. Der berühmte Hoffmansche Humor zeigte sich kaum noch. »Er sprach nicht viel, aber ich hatte das Gefühl, daß er sehr gern mit englischen Schauspielern zusammenarbeitete. Mir fiel auf, daß er bei der Arbeit ruhig und nachdenklich war.«

Es gehörte nicht viel dazu, die Spannungen während der Dreharbeiten wahrzunehmen. »Man war sich ihrer stets bewußt«, fuhr West fort, »weil sie durchsickerten. Man merkt es am Verhalten der Regieassistenten. Wenn sie Druck machen, liegt das für gewöhnlich am Produktionsbüro. Man hat sie unter Druck gesetzt, und sie geben ihn an die Belegschaft weiter. Es gab eine Menge widersprüchlicher Befehle.«

Und über allem lag der Klang gebrüllter Anweisungen. »Wir drehen diese Szene so.« Minuten später kam die Aufforderung: »Wir drehen sie jetzt so.« Einen Augenblick später wurde dem Schauspieler mitgeteilt: »Wir brauchen Sie bis drei Uhr nicht«, bis er dann, gerade als er den Set verlassen will, zu hören bekommt: »Wir brauchen Sie JETZT!«

»Das ist nicht ungewöhnlich«, verriet Timothy West. »Aber

ich erinnere mich an die Zustände bei AGATHA noch sehr gut. Es war offensichtlich, daß die Anweisungen aus verschiedenen Richtungen kamen.«
Dustin stand kurz davor, schizophren zu werden. Während er versuchte, First Artists dahingehend umzustimmen, den Start von AGATHA zu verschieben – was jene wiederum kategorisch ablehnten –, und anfing, seine Szenen abzudrehen, mußte er sich immer noch Gedanken über STUNDE DER BEWÄHRUNG machen.
Die Zeit verflog. Statt Weihnachtsferien zu machen, wie alle anderen mit AGATHA Beschäftigten es taten, flog Dustin nach Los Angeles, um STUNDE DER BEWÄHRUNG zu schneiden. Nachdem er die ersten zwanzig Minuten zusammen hatte, nahm er den Rest – es müssen Meilen gewesen sein – mit nach England, um dort weiterzuarbeiten. Als der Film zu einem Drittel fertiggeschnitten war, bekam er zu hören, First Artists habe ihm den Schnitt aus der Hand genommen und arbeite jetzt selbst daran. Dustin wurde fuchsteufelswild. Doch was sollte er machen. AGATHA, mit der er auch nicht sonderlich glücklich war, wartete.
Der Film hinkte so sehr hinter dem Zeitplan her, daß eine entscheidende Szene, die Dustin noch hinzufügen wollte, ungedreht blieb. Dustin behauptete stets, daß wegen des Fehlens dieser Szene die Beziehung des Journalisten zu Agatha Christie nie ganz klargeworden sei. Die ganze Angelegenheit sollte sich noch über Jahre hinziehen und eine Reihe von Gerichten beschäftigen.
Anne beobachtete alles mit einem mehr als nur distanzierten Interesse. »Die beiden Filme wurden zu einer Zeit gedreht, als es in unserer Ehe kriselte, und ich war der Meinung, daß sie wichtiger sei als die Filme«, erzählte sie mir. »Aber er machte weiter.« Schon bald würde sich zeigen, daß er sich falsch entschieden hatte. Weder die Integrität der Filme noch ihre Ehe wurde dadurch gerettet.

Später fand sich Dustin in zwei gerichtliche Prozesse verwikkelt, von denen sich einer im wirklichen Leben und der andere auf der Leinwand abspielte. Letzterer hatte den Titel KRAMER GEGEN KRAMER und wurde als Dustins Rückkehr zur alten Form angesehen, und das zu einer Zeit, die man am ehesten mit Hoffman gegen Hoffman beschreiben kann.

13

DIE NATIONAL ASSOCIATION OF THEATRE OWNERS kürte Dustin zum männlichen Star des Jahres. Viele andere waren nicht dieser Meinung.

Doch es gibt auch Tröstliches zu berichten.

Obwohl STUNDE DER BEWÄHRUNG und AGATHA nur wenige Zuschauer anzogen, und die Kritiken für beide Filme mehr oder weniger mittelmäßig waren, schien Dustins schauspielerisches Können nicht gelitten zu haben. First Artists beschloß, STUNDE DER BEWÄHRUNG an einem Freitag ohne vorhergehende Pressevorstellung anlaufen zu lassen. Sie setzten darauf, daß allein der Name Dustin Hoffman die Menschen an die Kinokassen locken würde.

Nachdem die Kritiker des Films ansichtig geworden waren, meinten einige, STUNDE DER BEWÄHRUNG habe sie bereits nach dem ersten Drittel zu langweilen begonnen. Dustin fühlte sich bestätigt. Das war genau der Zeitpunkt, an dem ihm die Kontrolle über den Film abgenommen worden war.

Variety machte keinerlei Zugeständnisse: »Wenn man das Kino verläßt, wünscht man sich nur noch, die Figuren mögen schmerzhaft und langsam in einem Kugelhagel sterben«, schrieb einer seiner Kritiker.

Dennoch bezeichnete Leslie Halliwell Dustins Rolle als »eine entschlossene darstellerische Leistung«.

Bei AGATHA war Pauline Kael so hellsichtig wie immer. Sie schrieb, der Film besäße »eine generelle Atmosphäre von Wissen, aber es scheinen die Szenen zu fehlen, die erklären, worum es eigentlich geht.« Wie recht sie doch hatte. Und wie recht Dustin mit seinem Versuch gehabt hatte, gerade diese eine Extraszene aus dem First-Artists-Budget herauszuholen. Wie wir wissen, leider vergebens.

Doch all diese Probleme waren nichts im Vergleich zu dem, was mit ihm selbst und seiner Familie geschah.

Der Konflikt zwischen Schauspieler und Privatmann war größer denn je. Sollte er das Studio bekämpfen? War es die Sache wert? Und was war mit seiner Beziehung zu Anne? Hoffman gegen Hoffman.

Plötzlich stimmten die Geschichten, die über seine Ehe verbreitet worden waren. Wie Anne mir erklärte, hatte sie verzweifelt versucht, die beiden Seiten seiner Persönlichkeit auseinanderzuhalten und die Presseleute von ihrer Familie und ihrem Heim fernzuhalten. »Ich glaube, das würde jede Frau tun, oder?«

Doch sie machte sich nichts vor. »Die Ehe war eindeutig zerrüttet«, erzählte sie mir. »Es war unerfreulich.«

Schließlich sprach sie mit Freunden über ihre gegenwärtige Situation: »Ein sehr alter Freund kam vorbei. Ich bat ihn, Bier zu holen, und aus irgendeinem Grunde war diese Bitte ein Anlaß, über meine Ehe mit Dustin zu sprechen. Er sagte zu mir: ›Hör auf zu jammern – tu etwas.‹ Worauf ich am nächsten Morgen die Scheidung einreichte.«

»Die Scheidung verlief in aller Freundschaft«, sagte Anne, »und wir teilten unsere Besitztümer ziemlich gerecht auf. Wir hatten nicht viele Schätze. Wir hatten nur eine Wohnung, und es hatte sich noch nicht viel angesammelt. Es gab Dinge, die gefielen mir besser als ihm und vice versa. Nach diesem Kriterium teilten wir sie auf.«

Anne grübelte darüber nach, was falsch gelaufen war. Religion war einer der Gründe. Aber es lag nicht, wie es häufig bei einer Mischehe der Fall ist, an unvereinbaren Glaubensunterschieden, sondern eher daran, daß sie sich nicht für eine der beiden Religionen entschieden hatten. Sie wäre mit Freuden zum jüdischen Glauben übergetreten, wie sie es später getan hatte (sie und ihr gegenwärtiger Ehemann Ivan Kronenfeld führen ein koscheres New Yorker Haus). »Ich glaube, für unsere Ehe wäre es besser gewesen, wenn wir gläubig gewesen wären. Ich glaube, jeder braucht das.«

Währenddessen begann Dustin an seinem neuen Film zu arbeiten, in dem es – welche Ironie – um eine Scheidung ging. KRAMER GEGEN KRAMER war das letzte Projekt, das von Jarvis Astaire in die Wege geleitet worden war.

Der Film handelt von dem Kampf eines Paares um das Sorgerecht für ihren blonden Sohn, ein siebenjähriges, bezauberndes Kind (Justin Henry). Dustin, der einen leitenden Werbefachmann spielt, gibt seinen Job auf, um vorübergehend seinen Sohn zu beaufsichtigen. Am Ende bekommt seine von ihm getrennt lebende Frau das Sorgerecht für den Jungen zugesprochen. Doch als ihr klar wird, daß er bei seinem Vater glücklicher ist, überläßt sie ihm den Kleinen. Dustin alias Kramer hat seinem Sohn bei allen Schwierigkeiten, sei es in der Schule, auf dem Spielplatz oder im Krankenhaus, beigestanden. Die Szene, in der Dustin mit dem blutenden und verschüchterten Kind in den Armen durch die Straßen stürmt, geht ans Herz.

Dem Drehbuchautor und Regisseur Robert Benton war mit KRAMER GEGEN KRAMER eine klassische »Schnulze« gelungen, in Breitleinwand und Technicolor. Benton bekam für diesen Film einen Oscar. Desgleichen der Film selbst (als bester Film) und Dustin. Manche mögen jetzt meinen, daß sei der Oscar gewesen, den er für LENNY hätte bekommen können, wenn er sich damals anständiger benommen hätte. Egal, dieser Oscar tat ihm sehr gut.

Auch die junge Frau, die im Film seine Gattin spielt, bekam einen. Ihr Name ist Meryl Streep. Die Kämpfe auf der Leinwand mochten ihre wahren Gefühle füreinander widergespiegelt haben. Es gibt zwar keine Kunde über einen großen, vernichtenden Streit zwischen ihnen – und Dustin ist im Film die meiste Zeit allein zu sehen –, aber wenn sie aufeinandertreffen, fliegen die Fetzen. Was dem Film sehr zugute kommt.

Eigentlich hätte Kate Jackson, eines der Mädchen aus CHARLIE'S ANGELS, mit dem Dustin nach seiner Trennung von Anne öfters ausgegangen war, die Rolle der Mrs. Kramer spielen sollen, doch die Fernsehgesellschaft wollte sie nicht freigeben.

KRAMER GEGEN KRAMER war laut Jarvis Astaire ein Film, zu dem er Dustin hatte drängen müssen.

»Er sagte, es lese sich wie eine Seifenoper. Ich mußte also dem Produzenten Stanley R. Jaffe gegenüber so tun, als sei Dustin interessiert. Ich wußte, daß er letzten Endes nicht bei seinem Nein bleiben würde. Aber es zog sich lange hin – wie eine schlimme Erkältung, die nicht verschwindet. Es sollte sich als eine äußerst wohltuende Erkältung herausstellen.« Wahrscheinlich mußte Astaire mit Engelszungen reden, bevor Dustin anbiß.

Dustin hatte anfangs genausowenig Lust, Kramer zu spielen, wie ihn nach einer wirklichen Erkältung verlangte.

Er zögerte, weil er Avery Cormans Buch gelesen hatte, das ihm überhaupt nicht zusagte. »Es schien mir noch konstruierter zu sein, als ich befürchtet hatte«, erklärte er. Man schickte ihm die Drehbücher zu. Das Original von Robert Benton und eine Reihe von Entwürfen. Er konnte sich mit keinem anfreunden und lehnte die Rolle ab, und zwar jedesmal bestimmter und weniger höflich.

Aber so leicht gibt Astaire nicht auf. »Ich wußte, daß Richard Dreyfuss es machen wollte«, sagte Astaire. »Schließlich ließ man verlauten, daß Roy Scheider im Hintergrund lauere.«

Dustin führte sich schließlich noch eine veränderte Fassung des Skripts zu Gemüte. Bei ihr bekam er, wie er sagte, eine Gänsehaut.

Es ist nur menschlich, etwas haben zu wollen, das sich jemand anderer verzweifelt wünscht.

Nachdem er zugesagt hatte, wollte er den Film nach seinen eigenen Vorstellungen gestalten. Er forderte eine vierwöchige

Probenzeit. Ein unerhörter Luxus für einen derartigen Film. »Man kann Qualität nicht hetzen«, meinte er nur.
Es tauchten mehrere Probleme auf.
Justin Henry war so »hübsch«, daß Dustin meinte, er sei einem Werbefilm entsprungen. Sein erster Gedanke war: »Gott, ich hoffe, er ist nicht gut.« Ergo schlug er vor, es sei vielleicht das beste, wenn seine Tochter Jenna die Rolle bekäme. Schließlich verwendete er seine Erinnerungen an Jenna, wenn er mit dem Jungen zusammenarbeitete.
Jarvis Astaire behauptete, Dustin habe in KRAMER GEGEN KRAMER nicht seine beste Arbeit abgeliefert. Aber wie schon gesagt, es handelte sich um eine Erkältung, der eine sehr tröstliche Genesung folgte. Es überrascht kaum, daß er immer besser über den Film dachte, je mehr Zeit verstrich.

Wieder einmal verließ sich Dustin beim Erfassen der Rolle nicht nur auf sich selbst (obwohl sein Selbst in diesem Film eine größere Rolle spielte als in seinen früheren). Er erklärte Tony Schwartz von der *New York Times*, weshalb das so wichtig für ihn war: »Mein Job ist es, zu ihnen zu werden, und das kann ich nur erreichen, indem ich sie verinnerliche. Ich muß herausfinden, was sie tun. Niemand *ist* einfach nur, außer Kindern.«
Vermutlich verbrachte er deshalb soviel Zeit mit dem Jungen, der seinen Sohn spielte. Er wollte Justin Henry besser kennenlernen. In bezug auf die Filmscheidung besaß Dustin genügend Hintergrundinformationen.
Benton ließ zu, daß Dustin aus dem Jungen mehr als »nur ein weiteres niedliches Kind« machte. Man kann annehmen, daß Dustin sich des alten Problems bewußt war, das jeder mit Kindern oder Tieren arbeitende Schauspieler hat. Ihm war bestimmt klar, daß Justin ihm die Show stehlen konnte, indem er einfach nur treuherzig in die Kamera blickte.
Doch Dustin hatte auch das Wohl des Kindes im Auge. Vor

jeder Szene unterhielt er sich leise mit Justin und erzählte ihm, was er von ihm erwartete, wann er traurig und wann er ungeschickt zu sein hatte.
Selbst Meryl Streep bemerkte die positive Seite des Mannes, den sie einst einen »Schleimer« genannt hatte. »Wenn Sie ein kleines Kind wären, würden Sie sich jemanden wie Dustin zum Vater wünschen. Er ist sehr unterhaltsam und weiß, wie man mit Kindern redet. Nicht wie mit einem Kind, aber auch nicht wie mit einem Erwachsenen – sondern in seiner eigenen Sprache.«
Dustin äußerte sich offener über Meryl Streep. »Sie ist ein gutes Mädchen«, sagte er. »Anständig. Intelligent. Eigensinnig. Sie kann mich fertigmachen; ehrlich. Es gab ein paar schwierige Situationen bei dem Film.«
Am schwierigsten war die Restaurantszene, in der Meryl Dustin erklärt, daß sie das Sorgerecht für ihren Sohn haben möchte. Dustin erklärte es vor dreihundert Filmstudenten an der Los Angeles University of Southern California so:
»Ich saß da – am Drehort –, und ich konnte die Szene nicht spielen. Laut Drehbuch sollte sie mir als erstes sagen, daß sie das Kind haben wollte, und mir wird klar, daß ich nicht einfach dort sitzen und mir das anhören kann. Ich stehe also auf und verlasse die Szene schon zu Beginn. Die Beleuchtung stimmte, Meryl ist in Fahrt und bereit, und ich will die Szene nicht spielen.«
An diesem Punkt schlägt der Scriptsupervisor vor, die Frage nach dem Kind erst am Schluß der Szene zu stellen. Dustin und Meryl gefiel die Lösung. Dustin brachte seine alte Leidenschaft wieder ins Spiel. Er improvisierte.
Doch Meryl Streep war nicht so fügsam wie Laurence Olivier. Sie spazierten auch nicht auf und ab, sondern saßen an einem Restauranttisch. Aber selbst wenn sie auf und ab spaziert wären, hätte eine so lebensvolle Frau wie Meryl Streep ihm Schritt für Schritt Paroli bieten können.

»Ich wende mich ihr zu und sage: ›Sehen Sie doch der Tatsache ins Gesicht, Sie versuchen doch nur das ganze Frauenbefreiungs- und Gleichberechtigungszeugs zu verteidigen …‹ Und sie schaute mich an. Sie wußte nicht, daß mir die Szene, wie sie jetzt war, gefiel, und ich nur in Stimmung kommen wollte. Ich sagte: ›Sie versuchen nicht, die Arbeit eines Schauspielers zu machen, sondern Sie wollen für alle Frauen sprechen.‹ Und dann ging ich weg.«

Die Statisten blieben wie versteinert sitzen und starrten ihn an. »Wissen Sie«, erklärte Dustin, »bis dahin waren wir alle ein Herz und eine Seele gewesen.« Ein Zustand, der die anderen eigentlich hätte warnen sollen. Wenn man mit Dustin Hoffman arbeitet, kann man nicht damit rechnen, daß man die ganzen Dreharbeiten über ein Herz und eine Seele bleibt. Dieser Film machte keine Ausnahme.

Meryl war verwirrt.

Als Dustin dann noch ein Weinglas zerbrach, was wiederum nicht im Drehbuch stand, wurde sie wütend. »Sie war völlig durcheinander … Sie hatte überall im Haar Glasscherben. Und ich spazierte auf und davon.«

Im Laufe des Filmes wurde der hektische Mr. Kramer dank Dustins Hilfe etwas ruhiger. Die Zeit, die Kramer mit seinem Sohn verbrachte, ließ ihn »weiblicher« werden. Dustin erinnerte sich seiner alten Idee, daß Männer dadurch, daß sie keine Kinder bekommen können, von der Natur betrogen wurden, und er stellte sich vor, wie er die Sache mit dem männlichen Gebärer Gott vortragen würde, den er sich als von seinen Engeln umgebenen und hinter seinem Schreibtisch verschanzten Bürokraten vorstellte.

Anne sagte, sie sei sich des latenten »mütterlichen« Instinktes in Dustin nie bewußt gewesen. »Er hat es mir gegenüber nie erwähnt. Klar, er mag Frauen. Aber er hat mir nie gesagt, daß er davon träumte, ein weibliches Attribut oder weibliche Fähigkeiten zu besitzen.«

Der latente Instinkt sollte sich auch in der Szene im Gerichtssaal zeigen, in der über das Sorgerecht für das Kind entschieden wird. Der Richter fragt Dustin alias Kramer, weshalb er ihm das Sorgerecht zusprechen solle. »Weil ich seine MUTTER bin«, antwortet Dustin, dem erst hinterher klar wird, was er da gesagt hat. Dustin hätte den Freudschen Versprecher gerne im Film gelassen, aber Bob Benton lehnte sein Ansuchen ab. So ging eine bemerkenswerte Szene für die Nachwelt verloren.

Ein Freund deutete an, daß Dustin eine Generation früher als Varieté-Schauspieler so richtig glücklich hätte werden können. Er hätte sich nach eigenem Gusto kostümieren und seiner Phantasie freien Lauf lassen können.

Während Meryl bestätigte, daß es nicht leicht war, mit Dustin zu arbeiten. »Dustin hat die Gründlichkeit eines Technikers, und er ist sehr fordernd. Aber es ist nicht das Temperament des Stars. Das könnte ich noch akzeptieren. Es ist keine Eitelkeit. Er ist in bezug auf das Handwerkliche und die Struktur des Films ein Perfektionist und unterdrückt sein eigentliches Ego.«

Das war nicht leicht für ihn. Und es war bestimmt nicht leicht für ihn, einen Film über eine Scheidung zu drehen; zu einer Zeit, als er an nichts anderes mehr denken konnte als an das Zerbrechen seiner eigenen Ehe.

Die Frage, wie sich die Scheidung auf seine Kinder auswirken würde, bereitete ihm den größten Kummer. Er war entschlossen, sie so wenig wie möglich davon spüren zu lassen. Eines war gewiß: Er würde immer Karinas und Jennas Vater bleiben. Und das ist er bis heute. Seine Adoptivtochter ist noch immer seine Tochter.

»Eine Zeitlang waren sie einander entfremdet«, erzählte Anne mir. »Ich habe nie erfahren, weshalb. Dann versöhnten sie sich wieder.« Mit Jenna gab es keine Probleme.

In KRAMER GEGEN KRAMER mußte Dustin seine ureigensten Gefühle in die Rolle einbringen.
Aber vor allem wollte er wissen, wie sich eine Trennung der Eltern auf die Kinder auswirkte. In einem unbewachten Augenblick fragte er Justin einmal, mit wem er im wirklichen Leben lieber zusammenleben würde, mit ihm oder mit Meryl.
»Mit ihr«, antwortete das Kind.
»Oje!« stöhnte Dustin. »Versuch, fünf Wochen lang mit ihr zusammenzuleben; dann sehen wir weiter.« Die bis dato fünfwöchige Zusammenarbeit mit Meryl hatte ihren Tribut gefordert. Man muß dazu sagen, daß ein Großteil davon Unruhe um der Unruhe willen war.
Mit seiner Meinung, der Film sei kaum mehr als eine bunte Seifenoper, stand Dustin nicht allein da. Das englische Magazin *Time Out* war kaum enthusiastischer. Es schrieb: »Pastellfarben, ein niedliches Kind und ein gutes Drehbuch verhalfen diesem (Film) zu einem der unverdientesten Erfolge des Jahres. Eine einzige Rührseligkeit.«
Doch die wichtigeren Kritiker entdeckten eine Menge versöhnlicher Qualitäten in dem Film. Im *Time*-Magazin gab Gerald Clarke einen Abriß über die Rollen, die Dustin bislang gespielt hatte, und fügte hinzu: »Doch in KRAMER GEGEN KRAMER spielte er die vielleicht schwierigste Rolle von allen: Dustin Hoffman.«
Tony Schwartz von der *New York Times* bemerkte im Dezember 1979: »Seit Mr. Hoffman vor zwölf Jahren als Benjamin Braddock in DIE REIFEPRÜFUNG sein Filmdebüt gab – der Inbegriff des »grünen« Collegejungen auf der Suche nach Liebe und Arbeit –, hat er keine Rolle mehr gespielt, die ihm derart auf den Leib geschrieben ist.«
Womit Mr. Schwartz auf Dustins persönliche Probleme anspielte.
Dustin sagte, er hätte nicht gewußt, ob er von der Kritik angetan oder verletzt sein sollte – und so war er beides.

Einerseits faßte er die Kritik als Kompliment auf, weil er versucht hatte, eine Illusion zu schaffen. Andererseits war er verletzt. »Die Vorstellung, daß sie denken, ich sei so ein Kerl von der Straße, der zufällig in eine Rolle paßte ... Ich bin selbst jetzt noch nicht an dem Punkt angelangt, wo es mich danach gelüstet, mein eigentliches Ich auf der Leinwand zu präsentieren. Ich streife mir verschiedene Kostüme, verschiedene Charaktere über. Es ist so, wie (ein Schauspieler) einmal sagte: ›Ich wache jeden Morgen mit einem anderen Eindruck von mir auf.‹ In diesem Film stecken Teile von mir, von Bob Benton, Stanley Jaffe, meinem Bruder und meinem Vater.«

Was ihm am meisten an dem Film gefiel, war, daß die Rolle des Kramers ein weites Spektrum umfaßt. Sie beschreibt den psychologischen Hintergrund eines Mannes, der sich von einem Workaholic in einen Menschen verwandelt, der sich hingebungsvoll seinem Kind widmet.

»Wir merken oft nicht, daß wir in einer Krise stecken. Dieser Film macht unter anderem deutlich, wie wichtig es ist, den Schmerz zu fühlen, sobald er auftritt.«

Apropos Krise. Auch die Produzenten mußten der Tatsache ins Gesicht sehen, daß eine Zusammenarbeit mit Dustin nie ohne Krisen vonstatten geht. Stanley Jaffe gestand: »Jemand, der so besessen ist wie Dustin, schafft eine Menge Spannungen und ist für alle, die mit ihm arbeiten, eine schreckliche Belastung.«

Dustin gab zu, daß es Kämpfe gegeben hatte. »Richtige Wutausbrüche.« Man ertrug sie, da alle nur das eine wollten: Perfektion. Nun, vielleicht haben sie ihr Ziel nicht ganz erreicht. Aber auf jeden Fall machte der Film sie reicher.

Dustin war natürlich reich genug. Er brauchte sich keine Sorgen darüber zu machen, woher der nächste Dollar kommen wird, sondern konnte in aller Ruhe darüber nachden-

ken, was er als nächstes machen sollte. Am liebsten wäre er wieder im Theater aufgetreten, und zwar in einer Bühnenfassung von LOLITA – natürlich in der James-Mason-Rolle.
Dustin wußte, was er tun mußte, um den Menschen näherzukommen, die ihn live sehen wollten. Er erinnerte sich, wie er einmal in seiner Garderobe kurz vor dem Auftritt ein Mädchen geliebt hatte. Jetzt war ihm klar, daß dies ein Fehler gewesen war. Er mußte sein Publikum lieben. Etwas, was bereits zwei Generationen zuvor ein Schauspieler namens Al Jolson gesagt hatte, der ihm ansonsten völlig unähnlich war. Für Al Jolson war jede Vorstellung eine Liebesgeschichte. Jetzt war Dustin zu dem gleichen Schluß gekommen.
Er war in eine elegante Wohnung in Manhattan gezogen und hatte sich ein Haus in Westwood, Los Angeles, nahe der UCLA gemietet, einer Niederlassung der University of California. »Es heißt, wenn man in einer Universitätsstadt lebt, würde man nicht älter«, erzählte er dem *Rolling Stone.* Und er genoß es, so zu wirken, als hätte er sein Ziel erreicht. »Es gefällt mir ... daß ich so schön altere. Meine Freunde sagen, ich würde immer hübscher, je älter ich werde. Was zweifellos stimmt. Es konnte nur besser werden.«
Wenn er bessere Laune hatte, beschrieb er sich als einen »welkenden einundvierzigjährigen urbanen jüdischen Schauspieler«. Er gestand, sich in diesem Alter auf die Midlife-crisis vorbereitet zu haben (es gab jedoch Menschen, die überrascht und nicht wenig beunruhigt waren, daß er nicht auf den Gedanken kam, daß sie bereits eingetroffen sei). Manchmal sei er schreiend aufgewacht.
Aber er schrie nicht, als er und Meryl Streep sich anschickten, ihre Oscars einzuheimsen.
Er spazierte ohne Jacke und Krawatte auf die Bühne und sagte: »Wie schön, die Seifenoper hat gewonnen.«
Dann betrachtete er die Statue und spottete: »Er hat keine Genitalien und hält ein Schwert.« Danach war es an der Zeit,

sich zu bedanken. Was er denn auch tat, wenn auch nicht auf die übliche Art. »Ich möchte meinen Eltern dafür danken, daß sie keine Geburtenkontrolle praktiziert haben«, sagte er in der Hoffnung, daß andere ebenso darüber dachten.
Die Reaktion des Publikums zeigte, daß dem so war.
Er gestand, daß er der Academy kritisch gegenübergestanden habe. »Aus gutem Grund«, fügte er ungnädig hinzu. Dann fuhr er fort: »Ich bin sehr dankbar für die Möglichkeit, arbeiten zu können. Ich fühle mich außerordentlich geehrt, von dem Produzenten Stanley Jaffe und dem Regisseur Bob Benton ausgewählt worden zu sein.«
Dann fuhr er bescheiden fort: »Ich weigere mich zu glauben, daß ich Jack Lemmon geschlagen habe; daß ich Al Pacino oder Peter Sellers schlug. Ich weigere mich zu glauben, daß Robert Duvall verloren hat.«
Was stimmte. Lemmon war für seine faszinierende Rolle als Manager eines Atomkraftwerkes in THE CHINA SYNDROME (dt. DAS CHINA-SYNDROM) nominiert worden; Al Pacino für den schon vergessenen Film AND JUSTICE FOR ALL (dt. ... UND GERECHTIGKEIT FÜR ALLE). Bezüglich Peter Sellers war allgemein angenommen worden, er würde posthum durch einen Oscar als bester Schauspieler für seinen hervorragenden letzten Film BEING THERE (dt. WILLKOMMEN, MR. CHANCE) geehrt. Robert Duvall war für seine Rolle in dem Anti-Vietnamkrieg-Film APOCALYPSE NOW als bester Nebendarsteller nominiert worden.
Doch der Oscar gehörte Dustin, zum ersten Mal – endlich. Alle, die gemeint hatten, der Hoffmansche Stern sei im Sinken begriffen, wurden eines Besseren belehrt. Man sprach von ihm wieder als einem Superstar.
Und es war nur recht und billig, daß ein Superstar, der noch immer auf dem Weg nach oben war, einem anderen, der auf eine dreißigjährige Filmerfahrung zurückblicken konnte, Tribut zollte. Sir Alec Guinness bekam an jenem denkwürdigen

Abend einen Oscar für sein Lebenswerk überreicht – und zwar von Dustin Hoffman.
»Bei der Probe gestern«, verriet Dustin in seiner Rede, »habe ich ihn das erste Mal getroffen. Und ich fragte ihn wie ein Tölpel nach seiner Lieblingsrolle. Er sah mich an – als sei ich ein Interviewer ohne Termin – und sagte: ›Ich habe keine Lieblingsrollen. Ich wünsche mir, verdammt noch mal, ich hätte keine einzige davon gespielt.‹«
Dustin betrachtete sein Werk mit anderen Augen. Aber es ist nicht übel, das Filmgeschäft einmal aus einer anderen Perspektive zu sehen. Was aber nicht heißen soll, daß er seinen eigenen Oscar nicht ernst nahm. Wie er meinte, sei es an der Zeit gewesen. »Gott weiß, daß ich in meinem Leben genug Scheiße gemacht habe, um ein paar Blumen wachsen zu lassen.«

Er hatte zu seiner alten Form zurückgefunden. Trotz seiner diesbezüglichen Zweifel wählten die Filmkritiker in Los Angeles und New York KRAMER GEGEN KRAMER zum besten Film des Jahres 1979.
Dustin war sich der Verantwortung und Probleme bewußt, die der Erfolg mit sich brachte. Er sagte, dieses eine Wort – Erfolg – »kann einen regelrecht verkrüppeln«. Und fuhr fort: »Wir leben in einer Kultur, die auf Erfolg basiert. Aber das Leben ist darauf nicht eingerichtet. Das Leben ist nicht so, daß man irgendwann an einen Punkt kommt, an dem man Oscars akzeptieren kann. Das wichtigste überhaupt ist, sich ständig zu prüfen, ob man bei der Arbeit Scheiße gebaut hat. Und die Arbeit ist oft ein Weg herauszufinden, ob man in seinem Leben Scheiße gebaut hat. Und wenn man nur noch den Wunsch hat, sich zu amüsieren, hört man auf, sich weiterzuentwickeln.«
Was Annes ständige Rede gewesen war. Sie glaubte immer noch, er hätte aufgehört, sich weiterzuentwickeln.

Dustin konnte seine Familienprobleme nicht vergessen. Der Grund für das Auseinanderbrechen seiner Ehe war jetzt publik geworden: Dustin und Anne hatten unlösbare Karrierekonflikte.

Die Spannungen mit First Artists in bezug auf seine beiden letzten Filme wuchsen ständig. Während KRAMER GEGEN KRAMER in den Kinos anlief, verkündete Dustin, er wolle First Artists, ihren Verleih Warner Bros. und Jarvis Astaire auf dreiunddreißig Millionen Dollar verklagen.

Zu der Forderung gehörten zwei Millionen Dollar für die Arbeiten an STUNDE DER BEWÄHRUNG und AGATHA. Eine Summe, die ihm allein für seine Arbeit als Schauspieler zustand. Dustin behauptete, er habe wie alle anderen First-Artists-Schauspieler, als Gegenleistung für die künstlerische Kontrolle, die ihm später entzogen wurde, nur ein reduziertes Honorar erhalten.

Phil Feldman, nicht länger Präsident der First Artists, meinte, bei beiden Filmen sei das Budget überschritten worden. Hoffman antwortete: »Wenn man von guten und schlechten Jungs spricht, würde ich Phil Feldman nie zu den guten Jungen zählen. Es war eine sehr wichtige Erfahrung für mich. Ich habe die Scheiße aus mir rausgeschüttet, und das kann sehr wertvoll für das Leben sein. Ich habe gelernt, niemandem zu trauen.«

Eines von First Artists Problemen war, daß sie in den elf Jahren ihres Bestehens bis zu diesem Prozeß nur fünfzehn Filme zustande gebracht hatten. Wie sich in den Anhörungen zeigte, setzten sich die Künstler nie zusammen, riefen keine Vorstandssitzungen ein und überließen die Einzelheiten den Geschäftsführern und ihren Anwälten.

Der Prozeß zog sich länger als ein Jahr hin. Aus den ursprünglichen dreiunddreißig Millionen waren mittlerweile fünfundsechzig Millionen Dollar geworden. Dustin versuchte die Situation auf einen Nenner zu bringen und verfiel dabei

wieder auf Analogien aus der Malerei: »Du legst ein lebenslanges Training hinein, und dann kommt jemand daher und nimmt dir den Pinsel weg.«
Der Hauptpunkt war, daß Dustin behauptete, er hätte die künstlerische Kontrolle verloren. Das war, als hätte er gesagt, er habe seinen Tastsinn verloren.
Dustin Hoffman die künstlerische Kontrolle zu entziehen hieß, ihn seines Stolzes, seiner Integrität, faktisch seiner Lebenskraft zu berauben.
Wie sich herausstellen sollte, hatte Dustin ein weit besseres Geschäft mit First Artists gemacht als seine Kompagnons. Von den übrigen Künstlern forderte man drei Filme gegen zwölf Prozent des Bruttogewinns und dreiundvierzig Prozent des Nettogewinns, aber erst, wenn eine bestimmte Summe eingenommen worden war. Während Dustin nur zwei Filme zu machen brauchte und sofort zehn Prozent des Bruttogewinnes bekam.
Dustin verneinte, daß bei beiden Filmen sowohl das Budget als auch der Zeitplan überzogen worden sei. Woraufhin First Artists eine Gegenklage anstrengte. Sie behaupteten, Hoffman habe sich »wiederholt geweigert« und versäumt, den letzten Schnitt an STUNDE DER BEWÄHRUNG vorzunehmen, was die Gesellschaft ungefähr eine Million Dollar gekostet habe, und daß die genehmigte Produktionszeit von einundsechzig Tagen um circa dreiundzwanzig Tage überschritten worden sei.
Mr. Hoffman hätte sich auch »geweigert, Werbematerial, Standfotos und Filmvorschauen entweder zu genehmigen oder zurückzugeben, was zur Folge hatte, daß man weniger ansprechendes und wirkungsvolles Material verwenden mußte«.
Doch ein endgültiges Budget und ein endgültiger Zeitplan hängen von einem endgültigen Aufnahmeskript ab, das es, laut Dustins Anwalt Bertram Fields, nie gegeben hatte. Fields

wollte nicht nur das Geld, sondern auch eine Stornierung des Rechts der First Artists, den Film über Warner Bros. zu vertreiben.

Dustin wollte sich nicht auf den juristischen Jargon einlassen. »Ob ich die Filme besser oder schlechter gemacht habe, ist irrelevant«, sagte er. »Ich hatte das Recht, sie auszumalen. Das hat nichts mit meinem Ego zu tun. Auch ich kann versagen. Ich übernahm Rollen, von denen ich sehr gut wußte, daß ich sie vielleicht nicht ausfüllen würde. Aber wenn meine Unterschrift noch etwas bedeutet, dann dies, daß ich Sie nicht betrogen habe. Das sind nicht meine Filme. Nur die ersten zwanzig Minuten von STUNDE DER BEWÄHRUNG gehören mir. Diese Filme werden nie auch nur annähernd ihrem Potential gerecht.«

Und weiter: »Ich bin sehr stolz auf die Arbeit, die ich in STUNDE DER BEWÄHRUNG geleistet habe, und sehr unglücklich darüber, daß ein möglicherweise großartiger Film dadurch, daß er in die falschen Hände geriet, aufhörte, ein guter Film zu sein.«

Dem Film »gelingt es nicht, sich über eine dokumentarische Qualität zu erheben. Das passierte beim Schneiden. Die Form ist manipuliert, und ich habe einen sehr strengen Standpunkt vertreten, durch den meiner Meinung nach ein deprimierender Stoff in einen metaphorischen Bereich versetzt worden wäre, und das fehlt dem Film.«

Der Prozeß war nur ein Akt in einem sich über längere Zeit hinziehenden Drama. Als die Dreharbeiten zu KRAMER GEGEN KRAMER begannen, versuchte First Artists, Dustin aufzuhalten und ihn dazu zu bringen, sich an die Arbeit an den beiden Filmen zu machen. Aber der Richter weigerte sich, ihnen einen gerichtlichen Unterlassungsbefehl auszustellen, durch welche die Dreharbeiten zu KRAMER GEGEN KRAMER gestoppt worden wären.

Anfangs schien es, als hätte First Artists gewonnen. Dustin

hatte sich in ein Londoner Studio verzogen, um Dialoge zu »loopen«, das heißt, Sätze zu synchronisieren, die nicht perfekt aufgenommen worden waren. Doch der Prozeß ging wie gehabt weiter.

»Ich loopte AGATHA nur aus einem einzigen Grund, und zwar, weil ich versuchen wollte, den Film zu verbessern«, erklärte er, »und meine Darstellung so gut es ging herauszuarbeiten. Wir gingen sehr behutsam vor, deshalb tangiert es nicht den Prozeß. Es war überhaupt nicht vereinbart, STUNDE DER BEWÄHRUNG zu loopen. Einerseits wollte ich keinem Film schaden, in dem ich mitwirkte. Andererseits wollte ich die Öffentlichkeit nicht anlügen. Im Film taucht der Name einer Sweetwall-Production auf, das ist meine Gesellschaft. Aber dieser Film ist keine Sweetwall-Produktion, und es ist in keiner Weise mein Film. Ich möchte ihm nicht schaden, aber ich glaube nicht, daß er das Potential ausspielt, das er hätte erreichen können. Ich hoffe, er ist erfolgreich, aber ich kann ihn nicht guten Gewissens unterstützen.«

»Was Phil Feldman angeht«, so Dustin, »so kam er weder auf mich zurück, noch versuchte er, mich von diesem Projekt abzubringen. Im Gegenteil. Er hielt den Film für sehr kommerziell. Er hatte die Bildmuster gesehen und spürte, daß der Love-Story-Aspekt zwischen Vanessa und mir funktionierte.«

Als er die Arbeit an STUNDE DER BEWÄHRUNG abbrach, um AGATHA zu machen, wußte er nicht, daß die Gesellschaft keine weiteren Aufnahmen plante.

Es sollten die beiden einzigen Filme bleiben, bei denen er »von Grund auf« mitgearbeitet hatte. »Ich habe von beiden Filmen jeden einzelnen Filmmeter gesehen. Ich habe an jeder einzelnen Konferenz teilgenommen, aber niemand von First Artists. Sie sahen sich gelegentlich die Bildmuster an.«

Dustin versuchte zu verhindern, daß die Filme in die Kinos gelangten. Doch sein Antrag auf einen gerichtlichen Unterlassungsbefehl wurde zurückgewiesen.

Feldman behauptete, die künstlerischen und kommerziellen Ergebnisse sprächen für sich selbst.
Was Dustin am meisten ärgerte, war die fehlende Szene in AGATHA. »Diese Szene erklärt den Charakter meiner Rolle. Verschiedene Kritiker haben gesagt, daß sie sich über seine (Wally Stantons) Motive nicht im klaren seien.«
Dustin erzählte den Leuten, er hätte sich die Knie wundgescheuert, als er First Artists auf ihnen angefleht habe, nicht eher mit AGATHA anzufangen, bis das Organisatorische stimmte.

Eines der Nebenprodukte des Streits war eine ständige Fehde mit dem Produzenten David Puttnam, der sich anschickte, kurzzeitig Leiter der Columbia Pictures in Los Angeles zu werden, bevor er als Unabhängiger nach England zurückkehrte.
Und was hält Puttnam von Hoffman? »Er setzte mir bei AGATHA derart zu, daß ich total neurotisch wurde« – ein Wort, das häufig auch in bezug auf Dustin verwendet wird.
Es gibt zahllose Berichte über die Kräche zwischen Hoffman und Puttnam, obwohl man sagen muß, daß sich die Bereitschaft dazu im Laufe der Jahre abgeschwächt hat.
Im Januar 1979 gab Dustin eine Erklärung ab, in der er sich öffentlich von AGATHA distanzierte und es ablehnte, ihn »in irgendeiner Weise« als seinen Film zu bezeichnen.
Der Prozeß sollte sich noch Jahre hinziehen. Schließlich kam es zu einem Vergleich, dessen Hauptbedingung war, daß die Einzelheiten des Vergleichs nie verlautet werden durften. Jemandes Stolz mußte geschützt werden. Doch niemand riskierte die Mißachtung des Gerichtes, indem er andeutete, wessen Stolz betroffen war.
In der Zwischenzeit bekundeten immer mehr Menschen ihre Zufriedenheit mit KRAMER GEGEN KRAMER. Dustin gewann den angesehenen Golden Globe, der von Hollywoods Foreign

Press Association überreicht wurde. Wobei Dustin einige Leute mit einer Rede aufbrachte, die sie für eine Kritik am Preis hielten, die jedoch laut Dustin als Trost für Justin Henry gedacht war, der wieder einmal leer ausgegangen war (der Junge war für einen Oscar als bester Nebendarsteller nominiert worden, den er nicht bekam).

»Ich finde Preise sehr albern«, erzählte er dem Publikum, das sich im Beverly Hilton Hotel eingefunden hatte. »Ich glaube, daß sie sehr talentierte und gute Darsteller gegeneinander ausspielen und denen, die verlieren, höllisch weh tun. Und ich denke, sie berauben uns des wirklichen Verdienstes.«

Offenbar befand sich Dustin in einer Phase des Umbruchs, des Umdenkens, besonders, was sein Verhalten Frauen gegenüber anging. Er hatte nicht mehr das Gefühl, nur dann mit ihnen befreundet zu sein, wenn er mit ihnen geschlafen hatte. Er besaß mehrere solcher Freundinnen.

Andere Männer fürchten, Frauen könnten ihnen ihren Job wegnehmen. Dustin nicht. Wieso sollte er auch? Doch er lächelte damals, im Februar 1980, nicht über derartige Vorstellungen. Er war nur dankbar, daß »es mich nie betraf«. Dennoch ist es seltsam, daß er das Thema für erwähnenswert hielt.

»Meine Probleme mit Frauen«, verriet er in einem Interview des *Redbook*-Magazins, »existieren auf einer anderen Ebene – dort, wo ich verwundbar bin und es mich erschreckt, mit jemandem zusammenzusein, der mein Leben in Gefahr bringen kann. Ich fühle mich bei euch Frauen oft sehr verwundbar. Aber ich weiß nicht, was ich ohne euch Guys machen soll.«

»Guys« heißt in Damon Runyons Terminologie natürlich Puppen.

Und weiter: »Es stimmt, ich *bin* ein netter Mann. Ich bin ein sehr netter Mann. Ich bin immer bestürzt, wenn die Menschen mich nicht mögen.«

Eine junge Frau von fünfundzwanzig namens Lisa Gottsegen

mochte Dustin eindeutig. Er kannte Lisa schon seit Jahren – seit 1967, wie sich später herausstellen sollte. Sie war damals zehn Jahre alt gewesen und hatte offenbar nicht zu den weiblichen Geschöpfen gehört, auf denen Dustins Auge wohlwollend ruhte. Sie war nur die Enkeltochter einer Freundin seiner Mutter namens Blanche Salter. Sie sahen sich, wenn sich ihre Familien am Wochenende trafen.

Lisas Tante hatte den arbeitslosen Dustin überredet, auf einer Party Klavier zu spielen, und Lisa drängte sich im Pyjama neben ihn auf den Klavierhocker. Später, als sie ins Bett geschickt wurde, erzählte sie ihrer Großmutter: »Ich hoffe, er wartet auf mich, denn ich werde ihn heiraten, wenn ich einmal groß bin.«

Sie hatten sich gelegentlich wiedergesehen. Als Lisa achtzehn Jahre alt war, gab es ein weiteres Familientreffen. Dustin machte ihr das Angebot, seine Assistentin zu werden. Doch sie beschloß, Jura zu studieren.

Als sie sich zufällig wiedertrafen, herrschte eine andere Atmosphäre zwischen ihnen. Natürlich blieb es nicht unbemerkt – und natürlich erging sich die Presse in Vermutungen. Dustin blieb keine Antwort schuldig.

»Sie ist meine Anwältin«, bellte er zurück, »und wenn ihr nicht vorsichtig seid, wird sie euch verklagen.« Sie verbrachten einen Großteil ihrer Zeit zusammen. Im Sommer des Jahres 1980 machte Rabbi Lennie Berman aus Los Angeles sie zu Mann und Frau.

»Es ist kein Inzest«, sagte Dustin, »aber wahrscheinlich nur einen Schritt davon entfernt, da ich mit Lisas Mutter ›Doktor‹ gespielt habe, als wir ungefähr sechs Jahre alt waren.« Und dann sagte er etwas, was bis dato noch nie über seine Lippen gekommen war. »Ich fühle mich auch ohne die Schauspielerei lebendig.« Möglicherweise das größte Kompliment, daß er jemandem zollen konnte.

Unterdessen kümmerte sich Dustin um andere Dinge, die ihm helfen sollten zu überleben, *während* er schauspielerte – und er hoffte, wer Grund hatte, ihn nicht zu mögen, hätte Zeit, abzukühlen oder seine Gründe zu vergessen.
Es besteht kein Zweifel, daß Dustin in große Geschäfte verwikkelt war, die nicht unbedingt gut zu dem paßten, was er als seine Kunst ansah. Doch sie gefährdeten die Sache nicht, an der er jetzt arbeitete. Er plante, mit Richard Dreyfuss einen Film über die Gershwins zu drehen. Dustin würde George, Richard Ira spielen. Doch es klappte nicht.
Was jedoch klappte, war ein Film mit einem Titel, der einem heute sofort einfällt, wenn es um die beste männliche Darstellung einer Frau geht, seit Jack Lemmon und Tony Curtis in SOME LIKE IT HOT (dt. MANCHE MÖGEN'S HEISS) ihre hohen Hacken anzogen und zu Marilyn Monroe ins Bett kletterten. Dieser Film war in mancher Hinsicht noch heißer. Er hieß TOOTSIE.

14

SIE WAR NICHT GERADE eine Schönheit, aber sie war eine attraktive Frau, diese Dorothy Michaels, die die Hauptrolle in einer Seifenoper spielte, von der ganz New York sprach. Nun, vielleicht war sie ein wenig eigenwillig. Und sehr besorgt um ihr Privatleben. Zugegeben, in bezug auf längere Romanzen hatte sie kein glückliches Händchen. Aber sie war zweifellos eine energische, attraktive Frau.

Doch niemand ihrer Schauspielerkollegen aus der Seifenoper erkennt, daß Dorothy Michaels in Wirklichkeit Michael Dorsey ist. Und Michael Dorsey... klar, Michael Dorsey ist in Wahrheit Dustin Hoffman.

Und Dustin war fest entschlossen, TOOTSIE nicht zu einer Fortsetzung von CHARLIE'S AUNT (dt. CHARLEYS TANTE) zu machen.

Die Geschichte ist schnell erzählt: Ein verzweifelter, arbeitsloser Schauspieler (eine Spezies, mit der sich Dustin nun wirklich identifizieren konnte) verkleidet sich als Frau, spricht wegen einer weiblichen Rolle vor – und bekommt sie. Der Film wurde sehnsüchtig erwartet, besonders von jenen Mitmenschen, die wild darauf waren, jemanden auf die Nase fallen zu sehen.

In den Branchenblättern waren die üblichen Nachrichten über TOOTSIE zu lesen. Da hieß es, Dustin Hoffman drehe einen Film über Schauspieler in New York. Kurze Zeit später wurde berichtet, der Film handle von der Entstehung einer TV-Seifenoper. Doch niemand ahnte, daß Dustin in dem Film eine Frau spielen würde. Als das offenbar wurde, geriet die Regenbogenpresse vollkommen aus dem Häuschen. Was jedoch niemand wußte, war, daß der Film unter anderem auch eine sehr persönliche Aussage enthielt.

Und zwar gleich auf zwei Ebenen. Spuren der ersten Ebene waren für alle ersichtlich, die von Dustins Schwierigkeiten mit KRAMER GEGEN KRAMER und seiner wiederholten Beteuerung gehört hatten, daß er gerne fähig wäre, Kinder zu gebären. Dustin sprach stets davon, wie sehr er bewundere, wie Frauen das Leben meisterten; doch er war überzeugt, er und andere Männer seien ähnlich sensibel und couragiert.
Das war die erste Ebene, zu deren Verständnis man sich nur die von Dustin gegebenen Interviews zu Gemüte führen muß.
Die zweite Ebene ist nicht so leicht zu verstehen und weniger offensichtlich.
Es begann im Juni 1980. Seine Mutter erkrankte schwer. Sie hatte einen Herzinfarkt erlitten, dem ein Schlaganfall folgte. Danach war sie vollkommen entkräftet. Dustin eilte an ihr Krankenbett. Er charterte einen Hubschrauber, um schnell genug im Krankenhaus zu sein. Als er eintraf, fand er eine einseitig gelähmte Frau vor. Lillian konnte nicht sprechen, aber Dustin wußte, daß sie ihn hören konnte. Er flehte sie an, nicht aufzugeben; zu kämpfen; am Leben zu bleiben.
Er wußte, daß sie Schmerzen hatte, aber niemand hatte bisher herausfinden können, wo genau. Da kam ihm eine Idee. Wie Carl Bernstein in DIE UNBESTECHLICHEN bat er sie, sie solle versuchen zu lächeln, wenn die Stelle, die er berührte, schmerzfrei war. Wenn es jedoch schmerzte, solle sie die Zunge herausstrecken.
Ihre Zunge schoß hervor, als er bei den Füßen angelangt war. Die Ärzte stellten fest, daß sich dort Blutgerinnsel gebildet hatten. Sie führten sofort eine Notoperation durch.
»Du mußt kämpfen, Mom«, flehte er sie an. »Es ist ein schwerer Kampf.« Dann blickte er Vater und Bruder an und umarmte sie, was ihm nicht leichtfiel. »Hast du das gesehen, Mom?«
Sie hatten sich nie so nahe gestanden, um sich unbefangen zu küssen, wie es Männer unter diesen Umständen tun können,

aber er wußte, daß sie zufrieden war. Sie hatte immer das weibliche Oberhaupt einer sich liebenden Familie sein wollen. Lisa war auch anwesend. »Wir werden ein Baby haben«, verriet er Lillian.

Auf dem Weg zum Columbia Studio stand das Bild seiner Mutter vor seinem geistigen Auge. Aber es war nicht das unbewegliche, verzerrte Gesicht, daß er im Krankenhaus gesehen hatte; nicht die zerbrechliche, kraftlose Frau in einem Bett, umgeben von Drähten und Schläuchen. Zeichen einer unmenschlichen Medizin. Nein, es war das Bild seiner Mutter, wie er sie in seiner Kindheit und im frühen Erwachsenenalter gesehen hatte.

Im Alter von zweiundsiebzig Jahren spielte sie noch Tennis und hatte, wenn man ihrem Jüngsten Glauben schenken soll, immer noch Beine wie Anne Miller. Er erinnerte sich daran, daß sie ihn, als er noch sehr klein war, immer »Tootsie« gerufen hat. Er erkor den Spitznamen zum Filmtitel.

Lillian starb achtzehn Monate nach ihrem Herzinfarkt. »Ich will nicht freveln«, sagte Dustin damals, »aber meiner Meinung nach ist Gott ein perverser Motherfucker.«

Die Frau, die er in TOOTSIE darstellen sollte, hätte solche Wörter nie in den Mund genommen. Tootsie war ein weibliches Wesen, das sich sehr viele Gedanken über sein Aussehen machte; darüber, wie es sprach und sich bewegte, doch mental so stark wie ein Fernfahrer war.

Es würde noch einige Zeit dauern, bis Dustin seine Vorstellungen in den Film einbringen konnte, doch er verbrachte Stunden, Tage, Wochen damit, darüber und über die sich abzeichnenden Auseinandersetzungen nachzudenken. Die einzige Möglichkeit, seinen Grübeleien Einhalt zu gebieten, bestand darin, sich Lisa und dem ungeborenen Baby zu widmen.

Im achten Monat fiel es Dustin als einzigem auf, daß etwas

nicht stimmte. Er spürte, daß Lisas Bauch hart und entzündet war. Sobald sie sich hinlegte, verlor sie das Bewußtsein.
Die Ursache war schnell gefunden. Die für das Kind lebenswichtige Plazenta hatte sich gelöst.
Dustin brachte Lisa in ein Krankenhaus, wo man ihm mitteilte, das Baby würde umgehend per Kaiserschnitt auf die Welt geholt. Dustin war fest entschlossen, seiner Frau während der Operation nicht von der Seite zu weichen. Die Krankenhausärzte beharrten darauf, daß er nicht bleiben könne. Für Dustin war das genauso, als lehne ein Regisseur eine seiner Ideen ab. Er kochte vor Wut und sagte, sie wüßten überhaupt nicht, wovon sie sprächen. Er würde bleiben.
In Wahrheit war er noch nervöser als Lisa. Aber Lisa hatte wenigstens etwas zu lachen – als Dustin darum kämpfte, sich einen Operationsslipper über den Kopf zu ziehen. Die Chirurgin forderte ihn auf, sich fünf Minuten lang still in eine Ecke zu setzen und sich nicht zu rühren.
Später gestand er, daß es ihn fast um den Verstand gebracht hätte, von einer Neunundzwanzigjährigen Befehle entgegenzunehmen. Lag dort nicht *seine* Frau? Brachte sie nicht gerade *sein* Kind auf die Welt? Was wußte *sie* denn schon? Als das Kind ans Tageslicht befördert wurde – Dustin sah, wie die Chirurgin in eine Höhle griff und ein Baby herausholte –, »hat mich ein Baseballschläger getroffen«.
Das Baby, ein Junge, wurde auf den Namen Jacob getauft, ein weiteres Zeichen von Dustins Rückkehr zum jüdischen Glauben. Aus Jacob wurde »Jake«. Dustin sagte, er hoffe nicht, daß er sich zu einem Chauvinisten entwickle.
Ein paar Tage nach der Geburt wäre der Kleine fast gestorben, weil seine Lungenflügel noch nicht voll ausgebildet waren. Die Operation verlief erfolgreich. Dustin war endlich in der Lage, sich wieder mehr mit TOOTSIE zu beschäftigen.
Jake war zwei Jahre alt, als die letzten Aufnahmen gedreht wurden.

Die Originalidee des Films war Dustins Gefühl gewesen, daß Frauen Männern überlegen sind. Er sprach mit Murray Schisgal darüber, der meinte, daraus könne man ein kleines, sehr intimes Werk machen. Man zog einen weiteren Autor namens Don McGuire hinzu, der die Grundideen ausarbeiten sollte. Überflüssig zu erwähnen, daß der endgültige Film kaum noch dem Originaldrehbuch von McGuire glich, der sich durch den exzellenten Spencer-Tracy-Film BAD DAY AT BLACK ROCK einen Namen gemacht hatte. Andere Autoren betraten die Szene. Es waren genau acht Drehbuchschreiber, die von Anfang bis Ende an dem Skript arbeiteten. Natürlich mischte auch Dustin mit.

Er verlangte eine Menge von seinen Schreibern. »Es geht mir nicht um Moral. Ich kann nur für mich selbst sprechen. Ich kann nicht sagen: ›So ist es, oder so sollte es sein.‹ So bin ich nun mal.«

Doch das Verhältnis zwischen Hoffman und seinen Autoren war brüchiger, als einer von ihnen angenommen hatte. Es hielt den Wechselfällen eines Dustin-Hoffman-Films nicht stand, wo der Star jedes einzelne Wort analysierte und darauf bestand, daß jeder Rahmen ausgearbeitet wurde.

Einer der besten Züge an der Schreiberfront bestand darin, Larry Gelbart ins Spiel zu bringen, der sich mit seiner geistreichen und erfolgreichen Fernsehserie M*A*S*H einen Namen gemacht hatte.

Man sicherte sich Elaine May gegen ein Honorar von angeblich knapp einer halben Million Dollar als Skript-Doktor. Sie fabrizierte die – wie sie meinte – letzte redigierte Fassung. Dustin gefiel, doch Sydney Pollak, dem Regisseur, mißfiel sie – und er korrigierte das Ganze noch einmal.

Schließlich reagierte Dustin wie immer, wenn Probleme dieser Art auftauchten: Murray Schisgal wurde geholt. Abend für Abend und bis in die Nacht hinein schrieben sie neue Szenen. Dustin erinnerte sich: »Syndney las unser Produkt widerwillig durch, dann setzten wir uns hin und diskutierten darüber.« Während Pollack behauptet, er sei derjenige gewesen »der mit einem Hefter und einer Schere im selben Zimmer gesessen hat«.

Dazu Dustin: »Ich wollte es bei TOOTSIE genauso haben wie bei KRAMER GEGEN KRAMER, wo Stanley Jaffe, Robert Benton und ich bei allen Entscheidungen das gleiche Mitspracherecht hatten. Wir waren Partner, und es funktionierte wunderbar.«

Er sprach mit Pollack über seine demokratischen Ideen und bekam eins auf die Nase. »So arbeite ich nicht«, beschied ihm der Regisseur.

Das eigentliche Problem bei Pollack war, daß er bis dato noch keine Komödie gedreht hatte. Sein bislang größter Hit war der Barbra-Streisand/Robert-Redford-Hit THE WAY WE WERE (dt. JENE JAHRE IN HOLLYWOOD) gewesen.

Pollack sollte bald entdecken, daß die Arbeit mit der Streisand – die gemeinhin für ungefähr so problemlos wie Glas kauen gilt – verglichen mit dem, was ihm bevorstand, wie ein Sommerspaziergang auf dem Lande war.

Er ahnte nicht nur nicht, daß er mit Hoffman aneinandergeraten würde; er war sich auch nicht über die Grundidee des Filmes im klaren. Er wußte nicht genau, »ob es eine Homage an die Schauspieler, eine geistreiche Komödie über sexuelles Verhalten oder die Geschichte der Rehabilitation eines Sexisten war«.

Während sich Dustin auf die nicht eben unwichtige Rolle des Schauspielers zu konzentrieren hatte.

Er schlüpfte in Dorothy Michaels hochhackige Schuhe. Wie fühlt man sich, wenn man nicht so attraktiv ist wie die Mädchen, die einen normalerweise anmachen? »Nachdem ich eine Weile in Dorothys Haut geschlüpft war, wurde mir plötzlich klar, daß ich mich nie herablassen würde, mich mit ihr zu unterhalten, wenn ich sie auf einer Party träfe, weil sie körperlich nicht mein Typ war. Es ist armselig, die Menschen nach ihrem Äußeren zu beurteilen, und ich denke, das hat mich ein wenig traurig gestimmt.« Plötzlich stellte er fest, daß es Dutzende von interessanten Frauen gab, die er bislang nur deshalb ignoriert hatte, weil er sie sexuell nicht anziehend fand.

Wenn schon Frau, dann wollte er wenigstens ein attraktives Exemplar der Gattung sein. Dennoch: »Wenn ich Dorothy – mich selbst als Frau – auf einer Party erblicken würde, würde ich mich umdrehen.«

Es dauerte ein Jahr, den Typ Frau herauszuarbeiten, der Dorothy sein sollte. Dustin wollte keinen Mann in Frauenkleidern spielen. Er wollte sich keinen übertriebenen Gang aneignen oder mit hoher Stimme sprechen. Es würde keine Szene geben, in der er auf den hohen Hacken balancierte und umknickte. Das hier war eine ernste Sache und keine Komödie.

Dustin wollte den so sehr bewunderten Frauen seinen Tribut zollen; aber auch den ständig in Geldnöten steckenden, arbeitslosen Schauspielern ein Loblied singen, die sich, wie er einst, über Off-Broadways Straßen schleppen. Er legte Herz und Seele in seine Rolle. Wie heißt es so schön in einer Szene: »Ein Schauspieler wartet neben dem Telefon. Er besitzt keine Kraft mehr, wenn er einen Job bekommt.«

Die endgültige Geschichte lautet wie folgt:

Michael Dorsey spricht wegen derselben Rolle vor, die seine Freundin nicht bekommen hat. Ihm ist klar, daß er nicht als hübsches Mädel durchgeht, also warum nicht eine Frau zu Beginn des mittleren Lebensabschnittes spielen, die sich noch immer um ihr Erscheinungsbild sorgt, sich immer noch völlig weiblich benimmt und die so stark war, wie ... wie seine Mutter.

»Immer, wenn ich mich bei TOOTSIE körperlich unbehaglich fühlte – wenn zum Beispiel die Perücke zwickte oder die Schuhe drückten –, setzte ich um meiner Mutter willen ein glückliches Gesicht auf. Sie war meine Inspiration.« Diese Bemerkung machte er während eines Interviews mit Diana Maychick für die *New York Post*, was auch erklären mag, weshalb es so übertrieben klingt. Aber der allgemeine Eindruck stimmte.

Dustin behauptete, Lillian sei »sehr stolz« gewesen, als sie sah, was er mit ihrem »Leben« anstellte. Sie starb kurz vor Beginn der Dreharbeiten. Er betrachtete den Film als Andenken an seine Mutter.

Dustins Bruder Ron, der damals, 1982, als Betriebswirt in Washington arbeitete, war überzeugt, daß Dorothy Michaels seine Mutter im Geiste war. »Er hat sie mit dieser Rolle am Leben gehalten.« Doch er ahnte nicht, wie weit Dustin dafür zu gehen bereit war.

Wenn man nicht wüßte, daß Dustin sich in all seine Rollen dermaßen hineinkniete, könnte man annehmen, daß es die Liebe zu seiner Mutter war, die ihn so viel in diese Rolle einbringen ließ. Er arbeitete an seinem Make-up, er täuschte Brüste und Hüften vor und spazierte die Straße entlang. Und niemand zuckte auch nur mit den Augenlidern.

Man muß nicht betonen, daß er dies zum größten Teil dem Maskenbildner Alan Weisinger zu verdanken hatte, der an Dorothy Verschönerungen vornahm, die bis zu vier Stunden dauerten. So lange, bis das Make-up im Licht der heißen Studiolampen zu schmelzen begann.

Manchmal konnte nur eine einzige Szene am Tag gedreht werden. Der Maskenbildner schminkte ihn nicht nur, er verpaßte Dorothy auch eine neue Garnitur Zähne, um Dustins männliches Lächeln zu verbergen, und riet ihm, eine Brille zu tragen, um seine Hakennase zu verstecken. Übrigens, George Masters, dem wir einen erheblichen Anteil an Marilyn Monroes Zauber zu verdanken haben, war gleichfalls für Dustins weibliches Erscheinungsbild verantwortlich.

Dustin mußte sich Beine, Arme und Handrücken rasieren,

und er mußte lernen, wie man eine Umhängetasche trägt. Er war es nicht gewohnt und wirkte wie ein Buckliger. Seine Kleider besaßen allesamt hohe Kragen, oder er trug Schals, um seine knapp fünfzig Zentimeter Kragengröße zu verbergen.
Man konsultierte einen Frauenimitator. Nein, nicht weil Dustin es sich anders überlegt hatte, sondern weil Frauenimitatoren viele Tricks kannten. Zum Beispiel, wie man sich am besten rasiert.
Es war viel wirkungsvoller, wenn man sich von unten nach oben statt von oben nach unten und am besten, wenn man sich in feuchter Umgebung rasierte. Ergo beschloß Dustin, sich in der Sauna zu rasieren. Doch im Laufe des Nachmittags zeigten sich die ersten »Schatten«, und die Dreharbeiten waren für diesen Tag gelaufen.
Dann war da noch das Problem mit der Stimme. Sie mußte weiblich klingen, aber es durfte keine Fistelstimme sein, die seiner Meinung nach falsch klingen würde.
Dustin entschied sich für einen Akzent. Er gedachte, »Dorothy« in eine Französin zu verwandeln. Als das nicht funktionierte, versuchte er es mit dem gedehnten Südstaatendialekt, der sich, wie er meinte, ohne allzu große Umstände in eine weibliche Stimme verwandeln ließe, was man vom New Yorker Schnarren nicht sagen konnte.
Dustin beschloß, sich von der Schauspielerin Polly Holliday helfen zu lassen, die in ALL OVER TOWN mitgewirkt hatte und wie ein Mädchen sprach, das vor dem Zubettgehen noch einen Whisky trinkt. »Es lag nicht nur am Dialekt«, sagte er, als er mit dem Resultat des Trainings zufrieden war. »Es lag an der anderen Sache, die sie besitzt – sie ist eine sehr starke Lady. Sie ist kompromißlos.«
Übrigens – Dustin kreuzte sogar als Dorothy Michaels in Jennas Schule auf. Jenna war wütend.
»Sag einfach, ich sei deine Tante Dorothy aus Arkansas«, wies er sie an. So geschah es. Die Lehrerin war sehr nett zu ihm, was

für Dustin sehr aufschlußreich war. Er entdeckte ein Zusammengehörigkeitsgefühl zwischen Frauen. Die Lehrerin war zu Dorothy Michaels viel netter, als sie es je zu Dustin Hoffman gewesen war, mochte dieser auch ein berühmter Schauspieler sein.

Wenn er die Lehrerin hatte überzeugen können, dann konnte er auch den Rest der Filmmannschaft überzeugen, den man schließlich dafür bezahlte, ihn zu akzeptieren. Es schien nicht länger abwegig, daß der Vater seiner Stubenkameradin sich in ihn/»sie« verliebte.

Um sich besser in »Dorothy« hineinversetzen zu können, unterzog er die Set-Besucherinnen einem Kreuzverhör. Er fragte sie, ob sie ihre Haare kämmten oder bürsteten? Welche Make-up-Grundlage sie benutzten? Ob ihnen seine Schuhe gefielen? Ob sein Busen überzeugend wirkte? Ich glaube, er würde auch genauso offen über seine »Tage« geredet haben.

»Ich bin auf eine natürliche Art hübsch«, erklärte er einem Mädchen, das es ihm abzunehmen schien.

Dustin Hoffman war als Dorothy Michaels wirklich sehr überzeugend. Das zeigte sich, als er mit Jon Voight ein Treffen im Russian Tea Room vereinbarte.

Voight erkannte ihn nicht.

Um es kurz zu machen: Dustin besaß das Rezept für einen großartigen Film. Doch die Suppe mundete nicht so recht.

Nichts, was sich im Film abspielte, war mit dem vergleichbar, was im Studio ablief.

Und wieder war es Dustin Hoffman, der eine Form von Perfektion forderte, auf der normalerweise nur Menschen bestehen, welche die Macht über Leben und Tod besitzen.

Sydney Pollack war schon der dritte Regisseur. Der erste war Dick Richards gewesen, der der Idee, der Film solle auf einem transsexuellen Spiel in einer weiblichen Tennisrunde basieren, zugestimmt hatte. Das Thema Tennis verschwand zusammen mit Richards von der Bildfläche.

Er fand sich damit ab, nur noch als ein Produzent des Films zu agieren. Auf Richards folgte Ashby. Der aber nicht lange blieb. Durch die Vorbereitungen war soviel Zeit verloren gegangen, daß er Dorothy verlassen und zum nächsten Film eilen mußte, zu dem er sich vertraglich verpflichtet hatte.
Dann erschien Sydney Pollack auf der Bildfläche, der in TOOTSIE zwei Rollen spielte. Zum einen Dorothys Agenten, der anfangs dessen/deren Motive nicht begreift und ihn/sie anfleht, sich wegen seines/ihres Problems in Behandlung zu begeben. Eine exzellent gespielte Rolle, die mehr als ein Farbtupfer war und den ganzen Film zu durchdringen schien. Zum anderen fungierte Pollack als Coproduzent, genau wie Dustin mittels seiner Punch-Productions-Firma. Eine Konstellation, die zu einem Haufen ernsthafter Probleme führte. Dustin betrachtete den Film als sein Projekt. Sydney Pollack hielt sich als Regisseur für den Kapitän des Schiffes, den Dirigenten des Orchesters, den Maler mit der Palette. Man suche sich das passende Bild aus.
Es kam zu langwierigen, wütend geführten Auseinandersetzungen. Obgleich Dustin behauptete, sie hätten sich nur privat und nie in aller Öffentlichkeit gekracht. Andererseits waren die Zeitungen voller Geschichten, die man mit »The Troubled TOOTSIE«* überschreiben könnte.
Es kursierten Gerüchte, Pollack und Hoffman hätten sich auch handfeste Sachen an den Kopf geworfen, obgleich ersterer meint, selbiges sei maßlos übertrieben. Hoffman gab zu, daß es eine Menge explosiver Augenblicke gegeben habe. »Schließlich (sagte Pollack): ›Dustin, wir müssen anfangen zu drehen. Sagen Sie mir einfach nur, wie Sie diese Szene spielen möchten. Ich stimme Ihnen zwar nicht zu, was ich auch dem Studio sagen werde, aber lassen Sie es uns tun.‹«
Woraufhin Dustin erwiderte: »Nein, wir werden die Szene

* Etwa: *Tootsie* in Schwierigkeiten (Anm. d. Übers.)

nicht drehen, solange Sie nicht voll dahinterstehen. Sie würde nicht gut werden.« Man einigte sich schließlich auf einen Kompromiß, der wiederum Zündstoff für neue Probleme lieferte.

Dustins Regisseur zu sein war Pollacks schwerste Rolle, was hauptsächlich daran lag, daß er dem Hoffmanschen Streben nach Perfektion in die Quere kam. Das eigentliche Problem jedoch war Dustins unumstößlicher Glaube, *er* sei der wahre Regisseur und gezwungen, tatenlos zuzusehen, wie ihm ein anderer den Malkasten wegschnappt. Seine Frustration verlangte nach einem Ventil. Dustin entledigte sich des aufgestauten Drucks mittels einer Reihe von Brüllanfällen, mit denen er, gäbe es diese Disziplin, garantiert eine olympische Goldmedaille gewonnen hätte.

Später bezichtigte Pollack Dustin bei einem Fernsehauftritt, ein Neurotiker zu sein.

Jetzt war Dustin an der Reihe, der seine Antwort auch schon parat hatte: »Ich bin gerne vorbereitet. Und ich glaube, daß der Erfolg oder Mißerfolg eines Films oft schon feststeht, bevor mit den Dreharbeiten begonnen wird.«

Es stimmte nicht, daß er neurotisch war und nur in diesem Rahmen arbeiten konnte. Sein Erfolg in KRAMER GEGEN KRAMER hat bewiesen, wie hinfällig das Argument ist. »Ich habe ungefähr fünfzehn Filme gedreht, und ich denke, ich bin mit drei oder vier Regisseuren aneinandergeraten. Sydney gehört dazu. Sydney und ich haben schwere Zeiten durchgemacht. Ich wünschte, er würde es sehen, wie es wirklich war, und nicht das Bild im Kopf haben, das er selbst gemalt hat und das so aussieht: ›Ich bin der normale, gesunde, vernünftige Regisseur, und er ist der neurotische Schauspieler, dem ich den Kopf zurechtsetzen muß.‹«

Und weiter: »Wenn man Jahr für Jahr die gleichen Fehler sieht, ist es idiotisch, das nicht frei heraus zu sagen. Plötzlich hat man seine Jungfräulichkeit verloren und weiß ein paar

Dinge.« Er und Pollack hatten nie die Zeit, Freunde zu werden.

Dustin sagte, seine eigentliche Beschwerde sei, daß man ihm keine Zeit für die Proben zugestanden hätte. Mittlerweile sollte doch jedem klar sein, daß Dustin nicht zu den Schauspielern gehörte, denen die ausgemusterten Aufnahmen als Proben reichten. »Man versprach mir zwei Wochen (Probe), und ich war besorgt darüber, daß ich sie nicht bekam und daß wir uns auf den riskanten Kurs begaben, ohne ein vollständiges Drehbuch mit den Aufnahmen zu beginnen. Sydney hatte nämlich beschlossen, das von mir gutgeheißene Skript umzuschreiben.«

Pollack war zwischenzeitlich krank geworden. Nach seiner Genesung war keine Zeit mehr zum Proben.

Aber Pollack war der Regisseur, und er hatte diesen Job mit der Zusage übernommen, daß er alle Veränderungen anbringen durfte, die ihm notwendig erschienen.

Dustin behauptete, er habe von Anfang an darauf bestanden, daß sie beide in allem, was sie anging, zu einer Meinung finden sollten. Dustin mußte Pollack zwar den letzten Schnitt zugestehen, aber er hatte Zugang zum Schneideraum und durfte Drehbuch und Besetzungsliste genehmigen.

Hätte er sich nicht schon einmal als Regisseur versucht, wäre es jetzt an der Zeit gewesen, das Steuer zu übernehmen. Doch Dustin hatte seine Lektion gelernt.

Dazu Murray Schisgal: »Er braucht die Schauspielerei, um das Gefühl der Unzulänglichkeit zu überwinden. Aber als Schauspieler ist man per definitionem passiv dem Regisseur ausgeliefert. Er kann nicht beides machen, weil er in die Schauspielerei so viel Energie steckt, daß für den Regisseur nichts mehr übrigbleibt.«

Ein Regisseur, der nicht genannt werden will, formulierte es so: »Verglichen mit Hoffman ist die Streisand ein Miezekätzchen. Wenn er nicht so talentiert wäre, würde Hoffman nie

Arbeit bekommen. Wer will schon mit dieser Art von Verrücktheit zu tun haben?«

Doch wenden wir uns wieder Dustin und Pollack zu. »Sydney hat bei mehr als einer Gelegenheit verlauten lassen, daß ein Schauspieler ein Schauspieler sei und es auch bleiben solle. Der Schauspieler ist normalerweise ein gemieteter Künstler. Egal, ob man ein Star ist oder nicht, arbeitet man mit einem Starregisseur zusammen, und so gleicht sich das ganze wieder aus – man wird genauso behandelt, als befände man sich am Off-Broadway.«

Aber er brauchte Bestätigung. »Es war *mein* Projekt«, erzählte er Mitch Tuchman vom *American Film*-Magazin. »Pollacks Weigerung, mich in einer anderen Rolle als der des Schauspielers zu sehen, hatte etwas Väterliches an sich. Genauso sah der Agent Michael [Dorsey].«

»Ich glaube, einige Regisseure möchten gar nicht wissen, was ein Schauspieler beitragen kann. Manchmal hört man einen Regisseur sagen: ›Ja, aus diesem Schauspieler habe ich eine Darstellung herausgekitzelt. Ich mußte ihn vorwärtsdrängen. Ich mußte ihn weiter drängen, als er es sich je zugetraut hätte.‹ Nun, vermutlich gibt es eine Menge unrühmlicher Gelegenheiten, wo Schauspieler Regisseure in Bereiche gedrängt haben, in denen sie noch nie zuvor gewesen waren. Und ich glaube, daß es mehr als nur ein paar Gelegenheiten gegeben hat, bei denen ein Film durch den Schauspieler besser wurde.« Aber der Film wirkt wie aus einem Guß. Ihm ist von den Krächen und Verleumdungen nichts anzumerken. Sydney Pollack wurde einmal gefragt, ob er je wieder mit Dustin zusammenarbeiten würde. Er sann eine Weile darüber nach und antwortete dann: »Nach einer Pause vielleicht.«

Dustin las so etwas nicht gern. »Wenn man versucht, gute Arbeit zu leisten«, verriet er dem *Ladies Home Journal* im April 1983, »kann sich das gegen einen wenden. Während der

Dreharbeiten verbraucht man täglich fünfundsechzigtausend Dollar. Deshalb ist der Druck, bereits beim ersten Mal alles richtig zu machen, ungeheuer groß. Und wenn eine derartige Spannung über dem Set liegt, versucht man nur noch zu überleben.

Es schockiert mich, daß die Menschen nicht wissen, was für eine Arbeit das ist. Sie sagen: ›Diese Szene dient nur zur Überbrückung. Machen Sie sich darüber keine Sorgen.‹ Ich könnte verrückt werden! Nur zur Überbrückung? Ist denn nicht jeder Augenblick wichtig?«

Ironischer- und großzügigerweise hat Dustin Sydney Pollack seitdem eine Menge Anteil am Erfolg von TOOTSIE zugesprochen. »Daß wir uns nicht mißverstehen«, sagte er ein Jahr später zu Roderick Mann von der *Los Angeles Times*, »TOOTSIE stünde ohne Sydney Pollacks Talent nicht dort oben ... Es sind Dinge darin zu sehen, gegen die ich erbittert gekämpft habe. Aber das Publikum liebt ihn. Das bedeutet, daß ich manchmal unrecht hatte – und manchmal recht. So was passiert, wenn man einen Film dreht.«

Nach dem Urteil der meisten Menschen war es ein »richtiger« Film. Es sollte schon bald bekannt werden, daß er einundzwanzig Millionen Dollar gekostet hatte; eine Summe, die höher war als die Kosten für das meistgerühmte Epos des Jahres, Sir Richard Attenboroughs GHANDI.

»Yeh«, witzelte Dustin, »aber sie mußten auch nicht in New York drehen.« Und Ben Kingsley, der Star von GHANDI, strich auch nicht, wie Dustin für TOOTSIE, 4,5 Millionen Dollar für seine Rolle ein.

Der Film lief im Dezember 1982 in den Kinos an. Richard Schickel, der angesehene *Time*-Kritiker, sprach von einem bemerkenswerten Ereignis. TOOTSIE würde sich »als eine unvergeßliche Filmerinnerung geradewegs in jedes Herz und jeden Kopf ergießen«.

Der Film sei, so schwärmte er weiter, »mehr als eine modernisierte CHARLEYS TANTE oder eine abgemilderte MYRA BRECKENRIDGE.

Dadurch, daß er die Geschichte eines Mannes erzählt, der gezwungen ist, mit der femininen Seite seines Wesens Kontakt aufzunehmen und durch diese Erfahrung zu einem besseren Menschen wird, gelingt ihm das Kunststück, eine Posse über die heutige Zeit zu bleiben, und kein Traktat darüber zu werden.«

Dann läßt sich der Kritiker über das Schicksal der meisten Filme aus, die »in einer Senke enden, kieloben zwischen den zerbrochenen und rostigen Überresten der unwahrscheinlichen Träume des letzten Jahres treiben. Einige von ihnen – sensibel erdacht oder gut ausbalanciert oder von einer ihnen innewohnenden Kraft – scheinen wie von selbst in die Kinos zu steuern, den Aufruhr nicht achtend, der ihre Reise begleitet. Dann, von Zeit zu Zeit, aber selten, ereignet sich einer, der Stil hat; seine Steuermänner starren einander feindselig an, doch das kommt ihrer fürchterlichen Plackerei nur zugute. Das sind die Wunder der Branche; der Stoff, aus dem Hollywoods Legenden sind. Das diesjährige Wunder heißt TOOTSIE.«

Leslie Halliwell brachte es in seinem *Film Guide* auf einen einfachen Nenner: »Genau wie bei GENEVIÈVE und WHISKY GALORE wurde hier unwahrscheinlicher Komödienstoff sofort zum Klassiker. Zweifellos kommt es immer darauf an, wie man ihn behandelt.« Wieder einmal hatte Halliwell nur teilweise recht. Natürlich kommt es immer darauf an, wie man einen solchen Stoff behandelt. Aber das Thema war ganz und gar nicht unwahrscheinlich. Im Gegenteil, die Wahrscheinlichkeit des Themas war das größte Handicap des Films. Schon in den Tagen, da Shakespeare auf der Bühne des Rose Theaters erschien, verkleideten sich Männer als Frauen.

In der Zwischenzeit gab die New Yorker Branch of Women in Film bekannt, sie habe ein neues Ehrenmitglied mit Namen

Dustin Hoffman. Dustin gestand, daß er gerne wieder eine Frau spielen würde, vorausgesetzt, man fände einen einfacheren Weg, das Make-up aufzulegen.
Andrew Sarris von der *Village Voice* meinte: »Besonders verblüffend an TOOTSIE ist, daß jede Darstellung in perfekter Verbindung zum Gesamtkonzept steht.« Aber: »Er (Dustin) schwankt gefährlich zwischen scheinbar witzloser Virtuosität und geschmackloser Groteske. TOOTSIE hat sich zwar vom Boden erhoben, aber nicht einmal Hoffmans Einfallsreichtum und Intensität als Schauspieler scheinen auszureichen, den Film ans Fliegen zu bringen.«
Die Mitglieder der Academy of Motion Picture Arts and Sciences zeigten sich nichtsdestoweniger beeindruckt.
Dustin wurde – wieder einmal – für einen Oscar als bester Schauspieler nominiert. Es war eine von zehn Nominierungen für diesen Film.
Doch der einzige Oscar, den TOOTSIE einheimsen konnte, ging an Jessica Lange als beste Nebendarstellerin. Sie spielte Dorothy Michaels Stubenkameradin und Schauspielkollegin in der Seifenoper – das Mädchen, in das sich Michael Dorsey, alias Tootsie, verliebt.
Nach allem, was man hörte, waren Dustin und Lisa genauso verliebt, doch die Hoffmansche Karriere hatte noch immer Vorrang. Wie sollte es jetzt weitergehen? Die Antwort war in Dustins Beziehung zu seinen Eltern zu finden. Diesmal beschäftigte er sich ausgiebig mit seinem Vater.

15

Es gibt Zeiten, in denen alles, was man anfaßt, zu gelingen scheint. So wie jetzt.

»Ich weiß, wie elend die Welt ist«, sagt Dustin, doch dann fährt er fort: »Ich bin jetzt glücklicher als je zuvor.« Aber er ruhte sich nicht auf seinen Lorbeeren aus. »Ich glaube, wenn Gott Wind davon bekommt, daß Hoffman an drei geraden Tagen glücklich gewesen ist, staucht er mich zurecht.«

Da kein neuer Film, kein neues Stück, dem er sich widmen konnte, ins Haus stand, sah er sich nach einem anderen Publikum um.

Gary Smith vom *Rolling Stone* begleitete ihn zum Zahnarzt. »Wußten Sie, daß Cunnilingus das beste Mittel gegen Zahnverfall ist?« fragte Dustin den Mann mit dem Bohrer. Worauf dieser schlagfertig konterte: »Und warum haben *Sie* dann schlechte Zähne?« Woraufhin Dustin nur meinte: »Die Vererbung spielt natürlich auch eine Rolle«, und fügte hinzu, daß wir in einer Gesellschaft lebten, die den Orgasmus anbete. Doch was das anging, hätte er sich erst einmal an die eigene Nase fassen müssen.

Dustin war unablässig auf der Suche nach neuen Feldern, die er beackern konnte. Wann immer ihm zu Ohren kam, daß jemand eine Schauspielschule besuchen wollte – sei es das Mädchen in dem Kleidergeschäft oder der Mann, der seine Wohnung renovierte –, traf er die nötigen Maßnahmen und bezahlte die Rechnungen.

Einmal sah er, wie ein Krüppel in einer Straße in der Nähe des Broadways verzweifelt versuchte, im Rinnstein zu gehen. Dustin beeilte sich, ihm zu helfen. Als er hörte, daß der Behinderte sich wünschte, auf eine Schauspielschule zu

gehen, versuchte er auch hier zu helfen. Wie sich jedoch herausstellte, war der Mann dafür nicht geeignet.
Es schien, als habe TOOTSIE nicht nur Dustins Erinnerungen an seine Mutter, sondern auch an jene vergangenen Zeiten geweckt, in denen er sich nach einem Job als Schauspieler gesehnt hatte und als Garderobenmann in einem Broadway-Theater gestrandet war. Wo der aufregendste Moment seiner »beruflichen« Laufbahn gewesen war, als er den Mantel Eleanor Roosevelts in Empfang nahm.
Er gestand, daß er »Dorothy« vermisse. Sie hatte offenbar einen großen Raum in seinem Leben eingenommen. Er bewahrte ihre Kleider in einer Truhe in seinem Büro auf. Man fragte ihn danach, unter anderem auch Lisa und ihre Großmutter. Man bat ihn, sie der Wohlfahrt zu spenden. Doch sie blieben in der Truhe, und die Truhe blieb im Büro. Auf die gleiche Art hatten die alten Varietékünstler ihre Requisiten für die Nachwelt aufbewahrt. Lisa gab ihre Zustimmung unter der Bedingung, daß Dustin die Kleider nicht noch einmal anzog.
Das hatte er bestimmt nicht vor, obwohl er hatte verlauten lassen, er hätte nichts dagegen, eine weitere Frauenrolle zu spielen. War die letzte doch ein Riesenerfolg geworden, der fast fünf Monate lang die Charts angeführt hatte.
TOOTSIE brachte ihm auch den englischen »Oscar« – oder genauer gesagt, den BAFTA-Award ein –, den er sich mit Michael Caine als bester Schauspieler teilte. Caine bekam ihn für seine meisterliche Darstellung eines angesäuselten Dozenten in EDUCATING RITA (dt. RITA WILL ES ENDLICH WISSEN). Dustin war nicht der Typ, der ausschließlich in der Vergangenheit leben wollte. Er machte Pläne für die Zukunft, von denen die meisten, wie er wußte, wieder in der Versenkung verschwinden würden. Er erwog eine Rückkehr zur Bühne mit einer neuen Version von INHERIT THE WIND (dt. WER DEN WIND SÄT), bei dem es um den berühmten »Affen-Prozeß«

ging, der in den zwanziger Jahren Furore gemacht hatte. Eine Gemeinde im Bible Belt hatte darüber diskutiert, ob eine Schule Darwins Evolutionstheorie lehren durfte.
Über das Thema gab es bereits einen ausgezeichneten Film mit Spencer Tracy und Fredric March.
Doch daraus wurde nichts. Dustin war für die Rolle des Arkady in GORKY PARK im Gespräch. Doch der Film wurde ohne ihn gedreht. Dann sollte er der Hauptdarsteller in einer Komödie namens LONG GONE werden, wo er einen Baseball-Spieler/Manager mimen sollte, doch auch daraus wurde nichts.
Columbia Pictures kaufte einem Filmregisseur aus Toronto ein Buch mit dem Titel *Laughing War* ab, weil sie hofften, es würde Dustin interessieren. Tat es aber nicht. Blake Edwards, der erfolgreiche Produzent und Regisseur der PINK PANTHER-Serie (dt. DER ROSAROTE PANTHER) – vielen auch als Julie Andrews Angetrauter bekannt –, versuchte Dustin für THE MAN WHO LOVED WOMEN (dt. DER MANN, DER DIE FRAUEN LIEBTE) zu gewinnen, eine mäßig erfolgreiche französische Filmkomödie. Dem Titel nach schien er Dustin wie auf den Leib geschnitten, doch Edwards wollte nicht auf seine Schneiderechte verzichten.
Die Frau, die *er* am meisten liebte, war natürlich Lisa. Als sie ihm verriet, daß sie wieder schwanger sei, erzählte er jedem, der es hören wollte, daß er sie mehr denn je liebte. Was vermutlich der Wahrheit entsprach. Er war bei der Geburt im März 1983 dabei und tönte hinterher herum, er habe Lisa während der Entbindung »betreut«.
Das neue Baby entpuppte sich als sieben Pfund und fünfzehn Gramm schweres Mädchen, dem sie ebenfalls einen alttestamentarischen Namen gaben, nämlich Rebecca. Sie war Dustins viertes Kind, wenn man Karina dazurechnet, die sich ihm zwar entfremdet hatte, die er aber immer noch als sein Kind betrachtete.

Nur wenige Leute hatten gewußt, daß Lisa schwanger war. Nach den Schwierigkeiten, die Jakes Geburt begleiteten, hatten sie beschlossen, diesmal die Öffentlichkeit fernzuhalten. Nicht, weil sie abergläubisch gewesen wären. Sie wollten nur das Schicksal nicht herausfordern.

Das neue Kind war für Dustin Anlaß, einmal nicht nur an seine Karriere zu denken – wenn auch nur vorübergehend. In Dustins Hinterkopf geisterte ein Projekt herum, das ihn schon beschäftigt hatte, als er sich für das Theater zu interessieren begann, und zwar TOD EINES HANDLUNGSREISENDEN.

Er sah in seinem Vater noch immer einen Willy-Loman-Typ. Nicht, daß Hoffman senior ein totaler Versager gewesen wäre. Abgesehen von seinen letzten Arbeitsjahren war er im Geschäft erfolgreicher gewesen, als er es sich anfangs hatte träumen lassen. Doch dann hatte man ihm gekündigt, bevor er sich mit Würde zurückziehen konnte.

Dustins Beziehung zur Familie war immer noch schwierig. Doch es hatte nie einen Grund gegeben, Lomans Sohn zu zitieren: »Daddy! Ich bin eine Dreigroschenexistenz und du auch.«* Dustin konnte sich noch daran erinnern, wie er zum ersten Mal mit dem TOD EINES HANDLUNGSREISENDEN in Berührung gekommen war. Es war das erste Schauspiel gewesen, das er bis dahin gelesen hatte.

Im Jahre 1954 hatte ihm Ronald eine Anthologie gegeben, die dieses Stück enthielt. Während er die Seiten verschlang, kam es ihm vor, als hätte man seine gesamte Familiengeschichte an die Öffentlichkeit gezerrt. »Ich hatte das Gefühl, als sei man in die Intimsphäre meiner Familie eingedrungen. Ich konnte wochenlang nicht darüber sprechen.«

Er war nie fähig gewesen, über sein Verhältnis zu seinem Vater zu sprechen. Bis jetzt. Doch es kam in wohlgesetzten Worten heraus, wie: »Wir alle lieben unsere Väter, doch bei uns hat es

* Arthur Miller, TOD EINES HANDLUNGSREISENDEN (Frankfurt a. M.: Fischer 1990, S. 109 (Anm. d. Übers.)

ein paar schwere Zeiten gegeben.« Oder: »Mein Vater war ein erfolgreicher Handlungsreisender, doch ich glaube nicht, daß er sich selbst für erfolgreich hielt. Wir lebten zu Hause in einem Zustand großer Anspannung.«

Wie Jarvis Astaire mir verriet, ging es zwischen ihnen nie ungezwungen zu. Das hatten er und Harry mit Willy Loman gemeinsam. Lillians Tod hatte den alten Hoffman noch mehr isoliert. Der Mann, der bei dem Versuch, seinen Lebensunterhalt zu verdienen, die Familie vernachlässigt hatte, mußte jetzt den Preis dafür bezahlen.

Dustin erinnerte sich, daß weder er noch sein Bruder Ron es in den Augen seines Vaters geschafft hatten. Nicht, wenn man noch in Begriffen aus der Depression denkt, wo Erfolg bedeutete, mit einem Handkoffer aus dem Haus zu gehen und mit einem vollen Auftragsbuch und einem Scheck vom Chef zurückzukommen. Aber erst jetzt zeigte Dustin Verständnis dafür. »Man weiß nie«, sagte er nachdenklich, »wann die Depression zuschlägt.« Das war schon immer Dustins Philosophie. Sei nicht zu glücklich. Vielleicht regnet's morgen.

Arthur Miller war der erste, der ihn bezüglich des Stückes ermutigte. Er wußte um Dustins Gefühle und hatte sich die Aufzeichnung angehört – jene Aufzeichnung mit Lee J. Cobb in der Hauptrolle, Dustin in einer kleinen Nebenrolle als Bernard, dem Freund von Lomans Sohn Biff, und Ulu Grosbard als Regisseur.

Arthur Miller hatte sich Willy Loman als kleinen Mann vorgestellt, so ähnlich wie Hoffman. Oder vielleicht doch nicht ganz so. Im Originaldrehbuch wird er als »ein Knirps« bezeichnet, und für Cobb, der recht kräftig gebaut war (und dessen Auftritt auch nicht von schlechten Eltern gewesen sein soll), mußten extra Dialoge geändert werden. (So war nicht länger von einem »Knirps« die Rede, sondern von einem »Walroß«.)

Dustin beschloß, nicht zu-, sondern abzunehmen, da er einen

Mann in seinen letzten Lebenstagen zeigen sollte, der sowohl geistig als auch körperlich ein Wrack war. »Willy kann nicht schlafen, nicht essen. Er ist aufgedreht.«

Er kann verstehen, was es für Willy Loman bedeutet, zum ersten Mal in seinem Leben eine Verkaufsreise nicht zu Ende geführt zu haben. »Das ist, als würde ein Schauspieler ein Stück nicht zu Ende spielen«, erklärte er dem Autor Mel Gussow.

Die Idee trug in jenem Landhaus Früchte, das Dustin und Lisa in Roxbury, Connecticut, besaßen. Zu ihren Nachbarn gehörte – Arthur Miller. Eines Tages setzten sie sich zusammen und vertrieben sich die Zeit damit, sich über ihre zukünftigen Arbeitsprojekte zu unterhalten.

»Sie wollen den HANDLUNGSREISENDEN nicht spielen, oder?« fragte Miller ganz nebenbei. Das war, als würde man einen kleinen Jungen fragen, ob er Lust auf ein Eis habe oder ein kleines Mädchen auffordern, zum Ballett zu gehen. Dennoch fragte sich Dustin, ob es nicht zu früh dafür sei. War er jetzt schon bereit? Er hatte sich schon mit dem Produzenten Robert Whitehead über das Stück unterhalten, ehe TOOTSIE sich zu einem lebensfähigen Projekt gemausert hatte. Aber keiner von beiden war damals zu einem Engagement bereit gewesen.

Hinter Dustins Zweifeln verbarg sich vor allem der Gedanke an Lee J. Cobb – »und« – wie er sich ausdrückte – »sein Sechzehn-Inch-Kanonen-Willy. Gott! Wenn ich daran denke, was ich auf der Bühne gesehen habe! Das hat mich als Schauspieler am meisten davon abgehalten. Cobbs Szenen sind hier drin, sie spielen sich in meinem Kopf ab.« Die Erinnerungen an Cobb waren stärker als die Erinnerung daran, daß er früher einmal versucht hatte, das Stück auf die Beine zu stellen.

Die Erinnerung an Cobb war so überwältigend, daß schon der Versuch, sich mit ihm zu vergleichen, einem Sakrileg glich. »Er war wie ein Fels von Rodin.« Ein andermal sagte Dustin,

Cobb zuzusehen sei, als beobachte man einen Boxchampion im Ring. »Keine Darstellung hat mich je so stark angerührt.« Er hatte sich auch die Inszenierung des Nationaltheaters in London angesehen, mit dem englischen Schauspieler Warren Mitchell in der Hauptrolle – in Großbritannien allgemein bekannt durch seine verblüffend erfolgreiche Rolle als Alf Garnett in der Fernsehserie TILL DEATH US DO PART, dem Vorläufer der amerikanischen ALL IN THE FAMILY. Dustin hielt Mitchell für hervorragend.

Miller meinte, die neueste Version von Willy Loman habe er in Peking gesehen, von einem chinesischen Schauspieler gespielt, und er hoffe, daß Dustin die Rolle übernehme. Er würde sogar die alten Sätze, in denen von Willy Loman als Knirps die Rede ist, wieder einfügen. Dustin ließ offen, ob er das als Kompliment angesehen hatte. Doch die Bitte, die Rolle zu übernehmen, war ganz bestimmt eines.

Dustin schlug ein.

Der Autor betrachtete es von der künstlerischen Seite: »Man schaut ihm bei der Arbeit zu und sagt sich: ›Was für ein mutiger kleiner Kerl.‹ Und genauso soll man Willy gegenüber empfinden.«

Während Dustin spürte, daß er das Leben seines Vaters nachstellte. Doch er war sich auch über sein fast an Anbetung grenzendes Verhalten gegenüber Arthur Miller und Lee J. Cobb im klaren.

Er versuchte, Millers Originalnotizen in den Archiven aufzuspüren. Er sprach mit Miller über dessen Erfahrungen mit Cobb, den man fast gefeuert hätte, weil er zehn Tage vor der Premiere »einfach nur wie ein Klotz herumsaß. Dann richtete er sich am Küchentisch auf und *war* Willy Loman.« Er hörte sich an, wie Elia Kazan die ursprüngliche Produktion inszeniert hatte.

Dann ging das Stück in Produktion. Man hatte das Broadhurst Theater am Broadway ausgewählt und rechnete mit einer

Spielzeit von ungefähr vier Monaten. Gastspiele nach Chicago und Washington D. C. waren geplant.
Im nachhinein mochte ihm TOOTSIE, nachdem die Dreharbeiten einmal begonnen hatten, um vieles leichter erschienen sein, obwohl nichts von einem Streit zwischen Dustin und dem Regisseur zu vernehmen war. Es war der gebürtige Amerikaner Michael Rudman, der bereits bei jener Londoner Inszenierung mit Warren Mitchell Regie geführt hatte.
Rudman war Dustins Wahl. Hoffman trat bei diesem Unternehmen – zusammen mit Arthur Miller und Roger L. Stevens (der sich nicht länger gegen eine Hoffmansche Produktion sträubte) als Coproduzent auf.
»Ich wollte mit Arthur auf eine Wellenlänge kommen«, gestand Dustin. »Es ist kurzsichtig, zwei Menschen auf die Bühne zu stellen und dann den Autor zu fragen: ›Ist dies das Tier, welches Sie meinen?‹ Man arbeitet es aus – und man probt es.« Als er Willy Lomans Sätze im Millerschen »Rhythmus« von sich gab, wußte er, daß er die Rolle geknackt hatte. Doch die Besetzung der anderen Rollen war ebenso wichtig. Dustin kümmerte sich selbst darum. Er wollte Gene Hackman für die Rolle des Charly, den erfolgreichen Nachbarn, den Willy insgeheim beneidete und bewunderte, aber Hackman war nicht verfügbar. Schließlich bekam David Huddlestone die Rolle, nachdem Dustin die Idee, Charly nicht von einem Schauspieler, sondern von einem ehemaligen Basketball-Trainer spielen zu lassen, wieder verworfen hatte.
Er hatte noch ein paar verrückte Ideen – zum Beispiel, Robert de Niro zu fragen, ob er seinen Sohn Biff spielen wolle. De Niro war nicht gerade überwältigt. »Sie möchten, daß ich auf der Bühne Ihren Sohn spiele?« soll er, laut Mel Gussow, gesagt haben, der jedoch verschweigt, was ungesagt blieb. Als die beiden sich trafen – de Niro war Dustins Einladungen, einfach nur vorbeizukommen und sich zu unterhalten, gefolgt –, tauschten sie anscheinend nur Bemerkungen über sich aus.

Schließlich bekam John Malkovich den Zuschlag, obwohl sich die Produktion dadurch um vier Monate verzögerte, weil Malkovich erst ein anderes Projekt zu Ende führen mußte.

»Jeder riet mir davon ab«, erinnerte er sich, »weil (Dustin) ein so schrecklicher Mann sei, mit dem zu arbeiten gräßlich sei. Ich fand es entzückend. Es interessierte mich. Ich hatte nicht die geringsten Schwierigkeiten mit ihm.« Kate Reid wurde für die Rolle von Willys Frau Linda ausgewählt.

Einige Leute fragten sich, ob Dustin nicht zu jung für die Rolle wäre. Ergo rasierte sich Dustin fast alle Haare ab, damit die Perücke, die er als Loman tragen mußte, besser saß. Er war jetzt sechsundvierzig Jahre alt. Lee J. Cobb war in seiner gefeierten Broadway-Darstellung gerade achtunddreißig gewesen. Miller machte ihn auf einen entscheidenden Punkt aufmerksam. »Mit sechsundfünfzig besitzen Sie nicht mehr die körperliche Kraft für diese Rolle.«

Selbst Cobb mit seinen achtunddreißig Jahren hatte die Rolle als zu anstrengend empfunden. Er mußte nach viermonatiger anstrengender Arbeit als Willy Loman (und als sich überfressender und übermäßig rauchender Lee J. Cobb) ersetzt werden. Er konnte einfach nicht mehr.

Mit diesem Gedanken im Hinterkopf steigerte Dustin sich in dieses Projekt hinein, als wolle er MARATHON-MANN noch einmal drehen. Er begann ernsthaft und verbissen zu joggen. Aß tagsüber nur einen Salat. »Das erste, was ich sage, wenn ich am Morgen in den Spiegel schaue, ist: ›Habe ich gestern abend zu viel gegessen? Sieht man es meinem Gesicht an? Habe ich auch jeden Tag genug ausgearbeitet? Halte ich den Alterungsprozeß so gut wie möglich zurück?‹«

Anscheinend kaute er damals in jeder freien Minute darauf herum. Nein, nicht auf einem Kaugummi, wie damals mit Susan George, sondern auf Unmengen von Knoblauch. Als wolle er sich einen Vampir oder einen zornigen Geist vom

Leibe halten. Wie er sagte, diente es einzig und allein dazu, einer Erkältung vorzubeugen.
Er wußte, daß er bis zur Premiere des Stückes nicht nur »zerbrechlich« aussehen, sondern sich auch so fühlen mußte. Deshalb gewöhnte er sich an, jeden Nachmittag ein Nikkerchen zu machen.
Und wenn all das nicht helfen sollte, gab es immer noch den Prozeß mit First Artists, der das geeignete Mittel war, dem gewünschten Zustand näher zu kommen. Mitten in den Vorbereitungen zu TOD EINES HANDLUNGSREISENDEN gelangte man schließlich zu einem Vergleich, nachdem Behauptungen hin- und hergeflogen waren und Dustin sich über die Lügen beschwert hatte, die seine Gegner von sich gegeben hätten.
Doch zurück zum Stück. Hier hatte Dustin immer noch den Vorteil, bei der Interpretation der Rolle auf Harry Hoffman zurückgreifen zu können.
Doch genauso, wie Lillian nur ein Teil der Mischung gewesen war, die Dorothy Michaels ausmachte, so war auch Harry nur ein Stück von Willy Loman. Harry war die Basis. Aber Dustin verleibte seinem Loman auch eine Menge von Arthur Miller ein, und ein Großteil ist seinem Erfindungsreichtum zu verdanken.
Um zu zeigen, wie sehr er die Rolle verinnerlicht hatte, weigerte er sich, auf dem Messingschild an seiner Garderobe seinen Namen anbringen zu lassen. Statt dessen stand dort »Dave Singleman«. Willy Loman spricht in dem Stück von Singleman als demjenigen, der den Tod eines Handlungsreisenden gestorben ist.
Als das Stück am 29. März 1984 im Broadhurst Theater Premiere hatte, hegte Arthur Miller keinerlei Zweifel daran, daß Dustin der Richtige für die Rolle war. Doch er hatte sich nie eingeredet, daß es einfach werden würde. »Dustin Hoffman steckt voller Widersprüche«, verriet er, ohne allzu-

sehr ins Detail zu gehen. Er erinnerte sich, wie Ulu Grosbard ihm vor Jahren Dustin empfahl, als dieser ihm bei seiner Inszenierung von BLICK VON DER BRÜCKE assistiert hatte (er war anfangs nicht mehr als ein Bühnenmanager gewesen). Miller meinte, Dustin hätte ausgesehen, »als käme er geradewegs von der High School«.

Es kam zu keinem Streit zwischen Autor und Schauspieler. Dustin respektierte Miller voll und ganz. Er war jetzt reifer als damals bei den Dreharbeiten zu MARATHON-MANN, und er behelligte den Dramatiker nicht mit Problemen wie Laurence Olivier, der zu den wenigen Menschen gehörte, die er genauso schätzte.

Alles paßte zusammen. Dank Miller, der, wie Dustin dem *New Yorker*-Magazin erzählte, TOD EINES HANDLUNGSREISENDEN ähnlich produzierte wie Mozart seine Symphonien pfiff, bevor er sie zu Papier brachte, aber auch dank Rudman und Dustin, machte sich das Stück auf den Weg.

Bei der Probevorstellung in Chicago fand das Stück unterschiedlichen Anklang. Der Kritiker der ansässigen *Sun-Times* fand: »Unter der alten Krähe finden sich Spuren eines jungen Zwerghahnes. Bevor das Stück zum Broadway gelangt, würde ich vorschlagen, Stanislavski raus(zuwerfen) und wieder auf Tournee zu gehen.«

Während Richard Christiansen von der *Chicago Tribune* meinte, Dustin »scheint wirklich ein konservativer Handlungsreisender zu sein, der in den letzten dreißig Jahren das New-England-Gebiet beackert hat«.

Das Publikum war sich nicht sicher. Es »schien nicht sonderlich begeistert zu sein«, berichtete die *USA Today*.

Dustin war von alldem sichtlich angegriffen. Ein Reporter soll ihm zugerufen haben: »Ich werde Sie nächste Woche anrufen.« Woraufhin Dustin erwiderte: »Da bin ich vielleicht in Forest Lawn.« Forest Lawn ist der bekannteste Friedhof in Los Angeles. Aber das Stück zahlte sich, trotz

der verwirrenden Kritiken, in Chicago aus und war, als es nach Washington kam, ein Erfolg und somit bereit für die Broadway-Premiere.
Doch obgleich die meisten Schwierigkeiten ausgebügelt worden waren, schickte Dustin den anderen Schauspielern während jeder Unterbrechung Zettel, auf denen stand, was sie beim nächsten Mal ändern sollten. Das war, wie jemand einmal so treffend bemerkt hatte, als sähe man sich die rasch entwickelten Positive eines seiner Filme an.
In Washington liefen die Dinge erheblich besser als bei den Probevorstellungen. Kein in der amerikanischen Hauptstadt arbeitender Kritiker war bereit, aus der Reihe zu tanzen, alle sprachen nur davon, wie erfolgreich das Stück sei. Die *Washington Post* nannte TOD EINES HANDLUNGSREISENDEN »fesselnd« und Hoffmans Darstellung »herzzerreißend und anrührend«.
Mel Gussow bemerkte in *The New York Times*: »Dies ist ein anderer, konzentrierterer Hoffman« und fuhr fort: »Von dem Augenblick an, wo Hoffman mit seinen schweren Musterkoffern die Bühne betrat, stand außer Frage, daß er der alte, vom Leben gebeutelte Willy Loman war. An dem Punkt, wo er und Malkovich ihre letzte Auseinandersetzung haben, erreicht das Stück kathartische Höhen.«
Dustin gestand, daß mit der Rolle »sein größter Wunsch wahr geworden sei«. Und fügte hinzu: »Man hört Gott singen und erschrickt.«
Er beruhigte sich mit dem Gedanken, daß er eine Rolle spielte, mit der sich das zahlende Publikum identifizieren konnte. Wenn er nicht gerade auf der Bühne des Broadhurst Theaters stand, saß er in der Seitenkulisse, von wo aus er die Zuschauer beobachten konnte. Wie er feststellen mußte, schlief immer jemand. Aber das beleidigte sein Ego nicht. Im Gegenteil. Er fand es tröstlich. Der schlafende Mann dort hielt sich für Willy. Es gab also keinen

Grund, weshalb er nicht »Gute Nacht« sagen und einnicken soll.

Die Aufnahme des Stücks, sowohl durch das Publikum als auch durch die Kritiker, brachte die Hauptbeteiligten – besonders Miller und Dustin – auf die Idee, daß noch mehr Menschen es sehen sollten.

Auf eine längere Spielzeit zu spekulieren war sinnlos. Niemand konnte es sich leisten, Dustin jahrelang an das Stück zu binden, bis das gesamte Zuschauerpotential ebenso erschöpft wäre wie Dustin Hoffman. Man konnte auch nicht erwarten, daß er auf Tournee ging, damit jeder, der sich zwar eine Theaterkarte, aber keine Fahrkarte nach New York leisten konnte, in den Genuß kam, das Stück zu sehen.

Natürlich spielte man auch mit dem Gedanken, einen Film daraus zu machen. Aber das Stück war bereits im Jahre 1951 mit Fredric March in der Hauptrolle verfilmt worden. Und obwohl man damals das jüdische Element dieser eigentlich jüdischen Geschichte vollkommen entfernt hatte, wurde der Film ein Riesenerfolg. Der Regisseur Stanley Kramer hatte sich selbst übertroffen.

Auch Lee J. Cobb hatte in einer Fassung mitgewirkt, die Arthur Miller als »ein gekürztes Fernsehding« abtat, »das beinah wie ein Rasenmäher alle Höhepunkte absäbelte«. Jetzt sollte es zwar eine Fernsehproduktion werden, aber eine ganz besondere Produktion für eine besondere Art von Fernsehen. Das Ganze sollte 3,5 Millionen Mark kosten.

Man hatte vor, das Stück faktisch abzulichten. Der einzige Unterschied zur Bühne war, daß die Schauspieler ihre Stimmen soweit dämpfen sollten, wie es sich bei einem intimen Fernsehspiel gehörte.

CBS war bereit, das Geld zur Verfügung zu stellen. Ein weiser Entschluß, besonders wenn man bedenkt, daß Dustin und Arthur Miller als ausführende Produzenten fungierten.

Das Stück wurde nicht gekürzt, und es wurde nur ein Satz hinzugefügt. Die Kulisse bestand aus der *Idee* eines brooklynischen Hauses, nicht aus einem realen.
Dustin handelte seine eigenen Vereinbarungen aus: Man solle ihn »in Ruhe« lassen, damit er »arbeiten« könne. Er wollte nicht zu den Sitzungen des Managements hinzugezogen werden und erst, wenn es wirklich unumgänglich war, den leitenden Angestellten vorgestellt werden.
Der Film würde anschließend auch in den Kinos laufen. Dustin konnte damit rechnen, daß bis zu diesem Zeitpunkt bereits mindestens zwanzig Millionen Menschen das Stück gesehen hätten.
Natürlich sollte die Fernsehproduktion nicht zu einer einfachen Wiederholung der Theateraufführung werden. Das Stück wurde von Tony Walton neu entworfen, und ein neuer Regisseur bereitete es für das Fernsehen auf. Volker Schlöndorff bekam die dreistündige Inszenierung recht gut in den Griff.
Wenigstens gut genug für Arthur Miller und Dustin Hoffman. »Ich bin über nichts, was ich in meinem Leben getan habe, glücklicher«, sagte der Dramatiker. »Ich auch nicht«, stimmte Dustin zu.
Damit standen sie nicht allein da.
Stephen Schiff vom *Vanity Fair*-Magazin schrieb: »Es ist nicht nur ein weiteres für das Fernsehen aufbereitetes Schauspiel; es ist ein neues Werk, raffinierter und anrührender als die Broadway-Inszenierung. Man spürt Hoffmans unbeugsamen Elan dahinter. Es besitzt seinen Tatterich, sein Gewinsel, seine unbeholfene Leidenschaft. Er hat mit diesem sich dahinschleppenden Schlachtroß das gemacht, was er mit allem, an dem er arbeitet, machen möchte: Er hat es zu etwas Eigenem gemacht.«
Hier sehen wir den ultimativen Handlungsvertreter. »Nicht einen Willy Loman, sondern *den* Willy Loman.«

Die Darstellung war, laut Schiff, nicht nur im Ton gedämpft, sondern auch neu erdacht worden.« Dieser neue Willy stöhnt seine Sätze, pumpt sie aus einem Brunnen der Mühsal empor.«
Doch in Wirklichkeit entströmten die Worte Dustins Herz.
»TOD EINES HANDLUNGSREISENDEN ist der Grund, weshalb ich Schauspieler bin.«

16

DUSTIN GING ES so ähnlich wie einem Schulkind, das soeben ein gutes Schulzeugnis bekommen hat und nun vor dem Problem stand, beim nächsten Mal wieder so gute Leistungen zu bringen.
Wie üblich befürchtete er, er würde es nicht schaffen, dem ein selbstbewußtes »natürlich werde ich es schaffen« folgte.
Im Januar 1986 klang ihm der Applaus des für das Fernsehen aufbereiteten TOD EINES HANDLUNGSREISENDEN noch in den Ohren. Doch das »anhaltende Glück« bereitete ihm Sorgen. Wie lange würde es anhalten? Schlechte Erfahrungen hatten ihn abergläubisch, mißtrauisch werden lassen. »Sobald die Dinge gut laufen, habe ich das Gefühl, als würde mir der Teppich unter den Füßen weggezogen. Auch an einem wunderschönen Tag in Kalifornien gibt es immer eine dünne Schicht Smog. Über mir schwebt immer eine dünne Schicht Angst.«
Das Leben ist nicht nur kostbar, sondern auch vergänglich. Vor nicht allzu langer Zeit hatte er mit dem Gedanken gespielt, einmal den Faust darzustellen. Wäre der Teufel damals zu ihm gekommen und hätte ihm im Tausch gegen sein restliches Leben die großartigste Rolle in dem großartigsten Stück angeboten, das je geschrieben wurde, hätte er augenblicklich unterzeichnet. Doch jetzt, zu Beginn des Jahres 1986, würde er den Federhalter nicht mehr so schnell zücken. Dustin würde von Dämonen in seinem Inneren sprechen. Würde er zum Beispiel je mit dem Dämon fertig, der ihn jedesmal verfolgte, sobald er morgens, nachdem er seinen Kindern den Abschiedskuß gegeben hatte, das Haus verließ? Jedesmal fragte er sich, ob er sie wiedersehen würde.
Doch der vielleicht größte Dämon in seinem Leben, die

Beziehung zu seinem Vater, war merklich zahmer geworden. Hoffman senior hatte wieder geheiratet, eine von Lillians Krankenschwestern, und die Beziehung schien nicht nur zu funktionieren, sondern sich auch auf Dustin zu übertragen. Vater und Sohn verstanden sich jetzt besser als früher.

Wohlhabende Menschen wie Dustin stehen immer im Scheinwerferlicht. Wildfremde machten sich Gedanken über seine Beziehung zu Lisa, hörten, wie aufgeregt er war, als sie erneut schwanger wurde und Ende 1985 einem dritten Kind (einem zweiten Sohn mit Namen Max) das Leben schenkte, und stellten sich vor, alles sei perfekt. Wenn sie lasen, daß er sechs Millionen Dollar für eine Filmrolle forderte, überstieg das entweder ihr Vorstellungsvermögen, oder sie wurden nachdenklich.

Für Dustin war es lebensnotwendig, von solchen Summen zu sprechen, auch wenn er das Geld nicht nötig hatte. Jede Null auf einem Scheck bedeutete Prestige. Nein, würde er einwenden, er sei nicht am Geld an sich interessiert – obwohl er dies- und jenseits des Atlantiks Häuser besaß.

Da war zunächst sein Heim in Brodd Beach, nahe dem Pacific Coast Highway in Malibu. Dann gab es da den rund siebenunddreißig Hektar großen Besitz in Roxbury, Connecticut, und einen weiteren in der East 65th Street, der elegantesten Gegend Manhattans.

Und gerade eben hatte er sich für eine Million Pfund ein Haus in Kensington, London, zugelegt. (Übrigens hatte er auch ein luxuriöses Penthaus in der Nähe des Dakota Buildings gemietet, in dem John Lennon erschossen wurde, und sich darüber beschwert, daß die Heizung und das heiße Wasser für monatlich siebentausend Dollar mangelhaft seien.)

Er hatte allein in England vier Wagen zur Verfügung stehen, zu denen unter anderem ein vierzigtausend Pfund teurer Rolls-Royce und eine Mercedes-Limousine gehörten.

Dustin verriet, daß er sich immer den Wagen nahm, der seiner jeweiligen Laune entsprach.
Doch das verdiente Geld war nicht nur dazu da, seinen Lebensunterhalt zu bestreiten. Dustin hatte zum Beispiel den größten Teil der vier Millionen Dollar, die er für TOOTSIE bekommen hatte, einem Lager für krebskranke Kinder gestiftet; einem Ort, wo diese Kinder ihren Spaß haben konnten, ohne wegen ihrer Behinderungen gehänselt zu werden. Die Idee dazu kam ihm, als er von Lisas Cousine hörte, die fast ihr ganzes Leben lang an Leukämie gelitten hatte.
Wie gewöhnlich harrte ein Riesenstapel mit Projekten seiner. Und wie üblich gab es wieder jede Menge Gerüchte darüber, was er als nächstes unternehmen würde. Zum Beispiel eine verfilmte Biographie (Biopic im Fachjargon) über Präsident Harry S. Truman. Eine Menge Menschen schoben Truman die Schuld an den Krankheiten der Welt zu, da er der Mann war, der sein Okay für den Abwurf der Atombomben gegeben hatte.
Doch Dustin hatte einen anderen im Sinn. Einen richtigen Verbrecher. Auf einer Versammlung jüdischer Junggesellen, der New York's Young Man's Hebrew Association, verriet er, daß er gerne Hitler spielen würde. »Es ist hier wie in einem *schtetl*«*, sagte er und stellte der Menge, bevor er zu sprechen begann, seinen Arzt und dann seinen Bruder, den Betriebswirt, vor.
Manchmal hinken Gerüchte hinterher. Im Frühling 1986 veröffentlichte Cannon Films unter der Leitung der beiden israelischen Cousins Menachem Golan und Yoram Globus, die als die neuen Filmmogule Hollywoods galten, Anzeigen mit Dustins Foto. Worin sie verlauten ließen, daß Dustin die Hauptrolle in ihrem nächsten Film LA BRAVA spielen

* Osteuropäisch soviel wie Städtchen (Anm. d. Übers.)

würde, der von einem in eine Erpressung verwickelten Geheimagenten handle.
Die Idee war ursprünglich von Universal aufgenommen, aber wieder fallengelassen worden. Sie interessierten sich erst wieder dafür, als Dustin ein gewisses Interesse zeigte. Doch das kühlte sich merklich ab, nachdem Universal die von Dustin geforderte Summe gehört hatte: 6,5 Millionen Dollar und zweiundzwanzig Prozent der Bruttoeinnahmen. Auch andere Studios zeigten sich interessiert – bis sie Dustins Forderungen vernahmen. Die Cannon Group, begierig darauf, ihren Ruf als Produzenten billiger und seichter Machwerke, wie der fürchterlichen Version von Emile Zolas NANA, zu verlieren, griff zu.
»Zum ersten Mal«, so Golan, »ist Cannon richtig aufgeregt.« Cannon sollte bereuen.
Dustin behauptete, in seinem Vertrag mit den Produzenten stünde eine Klausel, die ihm ein Einspruchsrecht bei allen Werbemaßnahmen zugestehe. Aber als er durch *Variety* und *Hollywood Reporter* blätterte, entdeckte er ganzseitige farbige Anzeigen, die er nicht genehmigt hatte.
Wenn Golan und Globus so etwas anstellten, plädierten Dustins Anwälte, mußte man sich fragen, was sie sonst noch in petto hatten. Ergo annullierte Dustin seinen Vertrag. Yoram beteuerte: »Es gibt überhaupt kein Problem«; der Film würde gedreht und »die Abmachung gelte noch«. Er gab zu, daß es »Diskussionen über ein paar Punkte gegeben haben mochte«. Das Ganze endete damit, daß LA BRAVA nicht gedreht wurde, wenigstens nicht mit Dustin Hoffman in der Hauptrolle.
Ein paar Monate vorher war Dustin in Südfrankreich als Zuschauer bei der Tour de France gesehen worden, jenem berühmten Radrennen, für das er sich früher etwa so hätte begeistern können wie für eine Schüssel mit kaltem Reispudding.
Aber jetzt ging ihm eine Idee nicht mehr aus dem Kopf, mit

der er schon in den vergangenen fünf Jahren gelegentlich geliebäugelt hatte. Er träumte von einem Film, der auf dem Buch *The Yellow Jersey* basierte und von einem achtunddreißigjährigen Rennradfahrer am Ende seiner Karriere handelt. Dustin sprach sogar davon, sich einen Trainer zu nehmen, sollte er die Hauptrolle übernehmen.

Bei ihm befanden sich zwei Männer, die ängstlich darauf bedacht waren zu zeigen, wie ernst sie das Projekt nahmen. Da war zum einen Colin Welland, der englische Schauspieler/Drehbuchautor, der auch das Skript zu CHARIOTS OF FIRE (einem Oscar-Gewinner) geschrieben hatte und eifrig an dem neuen Drehbuch bastelte, zum anderen Michael Cimino, der beim größten Flop aller Zeiten, HEAVEN'S GATE, Regie geführt hatte. Cimino nahm die vorbereitenden Besichtigungen vor, ehe er mit der Arbeit anzufangen gedachte. Doch der Film sollte nie gedreht werden.

Dustin erwarb eine Option auf die Filmrechte des erfolgreichen Romans von Steven Greenleaf *The Ditto Bit*. Doch damit nicht genug. Das gleiche machte er mit dem Roman des Exhäftlings Edward Bunker *Animal Factory*. Doch aus beiden wurde nichts.

Dustins Interesse schmeichelte den Autoren, aber es nahm ihre Werke für die Dauer der Option vom Markt. In der Zwischenzeit wendete sich Dustin anderen Dingen zu.

Es ging die Kunde, er sei dabei, den fast vierzig Jahre alten Alec-Guiness-Hit KIND HEARTS AND CORONETS (dt. ADEL VERPFLICHTET) zu modernisieren und amerikanisieren, und er würde alle Rollen spielen. Aber auch daraus wurde nichts.

Trotzdem geriet der Name Dustin Hoffman immer wieder in die Schlagzeilen, sobald nur die geringste Verbindung zu einer Story bestand. Anfang 1986 wurde ein Filmproduzent wegen Belästigung jugendlicher Ausreißer eingesperrt. Dustin besuchte ihn im Gefängnis – und schon stand sein Name in der Zeitung.

Einen Monat später wurde eine Lehrerin auf Dustins Besitz in Roxburg tot in einer mit heißem Wasser gefüllten Wanne gefunden. Dustin hatte sich zu dem Zeitpunkt gar nicht dort aufgehalten, und bei der Frau hatte es sich um eine Freundin des Verwalters gehandelt, aber es war Dustin Hoffman, auf den sich die Zeitungen konzentrierten.
Der es zweifellos vorgezogen hätte, wenn sich die Medien einzig und allein wegen seiner Werke mit ihm beschäftigt hätten.
Besonders mit jenen, die zustande gekommen waren.
Wie die vierteilige Serie für den angesehenen Channel 13 mit dem Titel STROKES OF GENIUS, in der Dustin die Entwicklungsgeschichten führender abstrakter Maler wie Jackson Pollock, Willem de Kooning und Franz Kline oder des Bildhauers David Smith erzählt.
Es war das erste Mal, daß er sich selbst spielte, und er fand es schwierig, den Text vom Auto-Cue abzulesen, eine Hilfe, auf die er normalerweise nicht angewiesen war. »Wie schafft Marlon Brando das?« witzelte er ein wenig herzlos.
Dustin ließ sich auf einen neuen Film mit dem Titel ISHTAR ein, der gelegentlich als Remake von THE ROAD TO MOROCCO (dt. DER WEG NACH MAROKKO) mit Bing Crosby und Bob Hope betrachtet wurde. Wie sich herausstellen sollte, war das Problem bei diesem Film nicht so sehr, daß er schlecht war oder sich als Strapaze entpuppte, sondern daß sein Weg mit Dollarscheinen gepflastert war.
Es dauerte nicht lange, und dem Film haftete der Ruf an, abgesehen von HEAVEN'S GATE die teuerste Produktion aller Zeiten zu sein. Die Kosten beliefen sich auf fast vierzig Millionen Dollar. Ein Betrag, der unmöglich wiedereingespielt werden konnte.
Hinzu kam noch, daß nur wenige Kritiker auf ISHTAR begeistert reagierten, der deshalb schnell wie eine Wanderdüne wieder aus den Kinos verschwand.

Das Beste, was sich über den Film sagen läßt, ist, daß Dustin, ebenso wie sein Schauspielkollege Warren Beatty, anscheinend seinen Spaß gehabt hat. Die beiden verstanden sich so gut, daß sie davon sprachen, Partner zu werden. Gott sei Dank oder leider – wahrscheinlich Gott sei Dank – kam es nicht dazu. Es ist seltsam, daß Warren Beatty und Dustin (trotz dessen wohlbekanntem Streben nach Perfektion) nur einen Versager zustande brachten.

Natürlich gab es auch Positives: einige Lacher und ein wenig Musik. Einige Lieder wurden von Dustin gesungen und sollen sogar aus seiner Feder stammen sowie ein Drehbuch von Elaine May, der TOOTSIE soviel verdankte und die mit A NEW LEAF und THE HEARTBREAK KID selbst bemerkenswerte Erfolge hatte verbuchen können.

Beatty und Dustin spielen in ISHTAR zwei Liedertexter namens Rogers und Clark, die man bitte nicht mit Rodgers und Hammerstein oder Rogers und Hart verwechseln möge.

Es mag dem Duo gegenüber unhöflich sein, das so zum Erfolg von Dustins erstem Film beigetragen hat – aber das Paar, dem geraten wird, seine Kabarettvorstellung außerhalb der Stadt abzuhalten und sich zu diesem Zweck nach Ishtar, einem geheimnisvollen Land in der Nähe Marokkos zu begeben, erinnert sehr stark an Simon und Garfunkel.

Einmal wird sogar der Name Gaddafis beschworen, und ein Film, der den Namen des libyschen Diktators verdammt, kann doch so schlecht gar nicht sein, oder? Leider sind sich Rogers und Clark nicht sicher, ob es sich bei Gaddafi um eine Person oder einen Ort handelt.

Was lief bei ISHTAR schief?

Vielleicht wollte Dustin einfach nur sein Glück herausfordern und hat deshalb seinem unglaublichen Instinkt erlaubt, sich davonzustehlen. Wahrscheinlicher ist, daß er an einem Punkt angelangt war, dem sich nicht einmal jemand ohne größte Vorsicht nähern sollte, der nur als einfacher Schauspieler

betrachtet werden möchte; geschweige denn als Star. Plötzlich sah es so aus, als nehme Dustin Urlaub vom Erfolg.
Harry Warner, der ältere der Warner Brothers, riet anfangs jedem, der um eine Botschaft zu ihm kam, zur Western Union zu gehen.
Dustin ist ein Schauspieler, der sich bei der Arbeit von seinem Instinkt leiten läßt und dann seine Methode ins Spiel bringt. Diesmal war die Methode Wahnsinn. Der Instinkt ließ ihn hängen. Er dachte, es würde schon irgendwie funktionieren. Aber Pustekuchen. »Nachdem ich das Drehbuch gelesen hatte, telefonierte ich mit Warren, und wir redeten über alles. Wir stellten fest, daß wir einen ähnlichen Geschmack hatten. Auf dieser Basis haben wir weitergemacht. Wohlgemerkt – wir haben uns nicht herumgetrieben. Ich bin verheiratet und habe Kinder. Er nicht. Ich gehe früh zu Bett, er nicht.«
War es wirklich so aufregend, Dustin in der Rolle eines Mannes zu sehen, den die Frauen umschwärmten, während sich für Beatty nur die Fliegen interessierten? In der Regel war Warren der Hengst und Dustin der *nebbich*. Doch Elaine May war der Meinung, das Publikum würde den Rollenwechsel mit brüllendem Gelächter quittieren. Da hatte sie sich verrechnet. Es kicherten nur diejenigen, die den Insider-Joke begriffen.
Im Film spielt auch ein blindes Kamel eine Rolle. Die Requisiteure entdeckten ein Kamel, das ihnen zusagte, doch getreu dem törichten Grundsatz, nie das Erstbeste zu nehmen, beschlossen sie, sich nach einem anderen umzuschauen. Kurze Zeit später kamen sie zu dem Schluß, daß das erste doch das beste gewesen sei und näherten sich dem Besitzer. »Tut mir leid«, beschied ihnen dieser, »wir haben es gerade gegessen.«
Auch Dustin hatte seine Probleme mit Kamelen. »Wenn ein Kamel aufsteht oder sich niederläßt, bewegt es sich abrupt vor und zurück. Wenn man keinen speziellen Kamelsattel benutzt, schwingen die Hoden erst nach vorn und werden dann

eingeklemmt. Ich empfand es als sehr schmerzhaft, Warren nicht. Er hat famose Hoden. Die Leute haben schon vor Jahren mit Darts danach geworfen.«

Einer bewunderte des anderen Fähigkeiten. Zähigkeit und Ungestüm waren oft genannte Worte.

Als der Film fertig war, witzelte Dustin, er habe das Gefühl, beim letzten Abendmahl zu sein.

Er hätte es wirklich besser wissen sollen. Besonders was die Geschichte anging, die ihn und Beatty in die gejagte Beute einer Gruppe von Spionen verwandelte.

Eine Idee, die schon einen Bart hatte, als Hope und Crosby zum letzten Mal ihre Taschen packten. Beide Männer verlieben sich in dasselbe wunderschöne Mädchen – gespielt von Isabelle Adjani, einer französischen Schauspielerin, die erst kürzlich eine Affäre mit Beatty hatte –, was bewirkte, daß sich das Publikum nach Dorothy Lamour sehnte, jenes fast mit einem Sarong bekleidete, materialisierte Wunder.

Soweit es Dustins Karriere betrifft, wäre es barmherzig, auch ISHTAR als eines Wunders zu gedenken.

Doch leider war dem nicht so. Columbia verlor einen guten Teil seiner in den Film investierten vierzig Millionen Dollar. Aber Dustin, Warren Beatty, Elaine May und all die anderen Großverdiener (Dustin verdiente »nur« 3,5 Millionen Dollar, genau wie Warren Beatty; Elaine bekam für Drehbuch und Regie fast eine Million Dollar) begaben sich lachend zur Bank.

Erste Hinweise darauf, daß etwas falsch gelaufen war, bekamen die Columbia-Bosse, als am Ende des Filmes der Name Pepsi-Cola auftauchte. Dazu sei bemerkt, daß die Columbia *Coca*-Cola gehört. Dustin erklärte dazu, wenn man Coke in dem Film verwendet hätte, würde es wie ein »Arschkuß« ausgesehen haben.

Der dem Film nicht zuteil wurde. Die üblichen Lobhudeleien blieben aus.

Wie Dustin dem *People*-Magazin verriet: »Warren will nicht, daß ich über Geld spreche, aber, Mann, man hat den Film zu oft zum Henker gewünscht. Mein Unterbewußtsein erträgt das nicht. Ich meine, begreift denn niemand, daß man heutzutage einen Film mit zwei großen Stars nicht mehr unter fünfunddreißig Millionen Dollar machen kann? Und das ohne Marokko.«

In England lief ISHTAR zuerst in London. Aber nur ein paar Tage lang, dann schickte man ihn in die Provinz, wo er auftauchte und verschwand ... wie ein Wunder.

Das *Newsweek* besaß die Keckheit zu fragen: »Sieht man ISHTAR die vierzig Millionen Dollar an? Kaum.«

Richard Schickel von *Time* war da um einiges netter. Er wurde beinahe lyrisch: »(Elaine) May, deren gewissenhafte Art und bescheidene Einnahmen nicht eben eine Empfehlung für die Studios darstellen, schuf etwas, was ihrer Veranlagung am nächsten kommt. Hoffman hat eine Rolle, die ausgezeichnet zu dem komischen Winseln seiner Neurosen paßt. Beatty, fünfzig, hat eine, die seine verwirrte Miene und seinen Mangel an der gewohnten Starpräsenz bescheiden wirken lassen ... Wir übrigen können uns eines Films erfreuen, der leidlich anregend und unterhaltend ist. Wahrscheinlich hätte er – wenn er nur zehn oder fünfzehn Millionen gekostet hätte – das Studio glücklich gemacht. Aber selbst die Misere mit den nicht wieder einnehmbaren Kosten hat ihr Gutes: Das Management, das dieses Projekt ins Leben gerufen hat, wurde ersetzt, und das neue Team kann es mit heiterer Miene verleugnen.«

Zum ersten Mal seit Jahren war Dustin mit seiner Leistung nicht zufrieden. Er suchte Trost bei seiner Familie – und fand ihn. So zum Beispiel, als er (zusammen mit Ossie Davis) im New Yorker Central Park die Geschichte von PETER UND DER WOLF erzählte, was dem Hoffman-Clan viel Spaß bereitete. Oder er holte einfach nur seine Kinder von der Schule ab.

Zum Beispiel Becky, wie Rebecca jetzt genannt wurde. »Schau mal«, sagte sie, ein Bild schwenkend, »das habe ich für dich und deine Freundin, für Mommy, gemacht.«
Dustin brauchte seine »Freundin« Lisa mehr denn je.

17

WENN ISHTAR NUR ALS einmaliger Fehltritt angesehen werden sollte, dann mußte etwas geschehen – und zwar schnell. Und es geschah. Dustin drehte RAIN MAN.

Plötzlich lichteten sich die Wolken, und das Gerede verstummte. Zum ersten Mal in seinem Leben bezeichnete man Dustin Hoffman als den bedeutendsten Schauspieler der Welt.

Es war schon Jahre her, seitdem man jemanden aus Hollywood so bezeichnet hatte. Diese Ehre verdankte er seiner Rolle als RAIN MAN; der Film, für den Dustin im März 1989 den zweiten Oscar bekam.

Bei RAIN MAN sollte sich herausstellen, daß in dem 1,68 Meter kleinen Dustin Hoffman ein Riese steckte, der eine, wie es anfangs schien, untergeordnete Rolle in eine *tour de force* verwandelte.

Es schien, als hätte ihn die Vergangenheit eingeholt. Wieder arbeitete er mit einem anderen Schauspieler zusammen, doch nicht so gleichberechtigt wie mit Warren Beatty. Es wirkte fast wie eine Neuauflage von Ratso in ASPHALT-COWBOY oder Dega in PAPILLON.

Und wieder einmal spielte Dustin den *nebbich*. Eine Rolle, für die er nach Meinung aller prädestiniert war. Wieder einmal spielte er die zweite Geige – und wieder einmal ließ er die erste Geige weit hinter sich. Es sieht fast so aus, als sei Dustin am besten, wenn er einen Schrittmacher hat. Jemanden vor sich zu haben spornt ihn unheimlich an. Er wird von dem Gedanken getrieben, an ihm vorbeizuziehen und ihn hinter sich keuchen zu hören.

Es wäre gelogen zu sagen, daß sei stets sein Ziel gewesen. Im Gegenteil, er hat sich nie viel um Reklame gekümmert, sich nie darüber ausgelassen, daß ein anderer den besseren Text bekommen hätte – solange er mit dem, was ihm gegeben war, tun konnte, was ihm gefiel.

RAIN MAN ist die Geschichte zweier Brüder. Der eine ist habgierig, aber normal, der andere in seinem Kopf ebenso eingesperrt wie in dem Heim, wo er mit seinen Leidensgenossen lebt.

Autistische Männer und Frauen brauchen ihre gewohnte Umgebung und bestehen auf einer konsequenten Routine, beispielsweise auf einem bestimmten Sessel, in den man sich zu einer bestimmten Zeit niederläßt; auf dem gleichen Fernsehprogramm am gleichen Abend – und am Mittwoch nicht vier oder sechs sondern fünf Stückchen Fisch zum Abendessen.

Ursprünglich hatte man bei der Rolle des normalen Bruders an Dustin gedacht. Normal – das heißt in diesem Fall, daß einer seine Habgier vergessen kann, seine Absicht, seinem geistig behinderten Bruder seinen Anteil an dem Vermögen zu entreißen, das ihnen ihr kürzlich verstorbener Vater hinterließ; plötzlich zu entdecken, daß er sich dem Schwächeren verbunden fühlt und ihn beschützen möchte.

Doch Dustin wollte denjenigen spielen, den er am besten spielen konnte: den *nebbich*. Er erscheint erst nach fünfzehn Minuten auf der Leinwand. Aber das hatte ihn schon bei ASPHALT-COWBOY nicht gestört, warum sollte es ihn jetzt stören? Übrigens – der andere Bruder wurde von Tom Cruise gespielt, den Dustin überaus generös als »den Topstar des Tages« beschreibt. War es dann nicht recht und billig, daß er ein paar Filmmeter für sich allein hatte?

Dustin wußte damals noch nicht viel über Cruise. Doch seine Tochter Jenna um so mehr. Sie erzählte ihm von dem hübschen Mann, den sie so gerne mochte, und daß sie sich wünschte, ihr Vater würde mit ihm zusammenarbeiten. Mehr Überredungskunst bedurfte es nicht.

Natürlich war es nicht ganz so einfach. Aber Dustin und Cruise hatten denselben Agenten, was einiges erleichterte.
Doch zurück zum Anfang. Alles begann damit, daß der Schriftsteller Barry Morrow einen autistischen Mann namens Kim traf. Kim war in seinem eigenen Kopf eingesperrt, konnte aber in Sekundenschnelle Rechenaufgaben lösen.
Morrow schrieb RAIN MAN und bot die Geschichte einer Produktionsgesellschaft an, die sie wiederum United Artists vorlegte. Anfang 1987 bekam Dustin von Michael Ovitz, dem Präsidenten der Creative Artists Agency, die ersten Entwürfe überreicht.
Ovitz war auch derjenige, der bei Dustin an die Rolle des Charlie gedacht hatte – der Bruder, der für einen Dollar alles machen würde, sogar seinen älteren Bruder entführen. Charlie, das war die große, die Starrolle.
Dustin war fasziniert – aber er wollte den Raymond spielen, den Mann, den sein jüngerer Bruder als Kind »Rain Man« genannt hatte.
Nachdem Dustin sich für die Rolle des Raymond entschieden hatte, mußte man noch jemanden für die Rolle des Charlie finden. Man verfiel auf den sechsundzwanzigjährigen Tom Cruise, da man der Meinung war, daß zwei gesetzte Herren mittleren Alters auf der Leinwand nicht gerade wie Publikumsmagneten wirken würden.
Was konnte Dustin nach seiner Erfahrung mit ISHTAR dagegen einwenden? Ovitz vertrat, wie bereits gesagt, auch Tom Cruise, der für die jungen Mädchen in Jennas Alter zu einem Idol geworden war. Mädchen, die das meiste Geld für Platten ausgaben, aber genug übrigbehielten, um sich Filme wie TOP GUN und COCKTAIL anzusehen.
Dustin sagte, die Zusammenarbeit mit Cruise sei zufriedenstellend verlaufen. Genau wie er, probte Cruise gerne seine Rolle vorher, und er »machte mir klar, wie schnell die Zeit vergeht«.

Dustin erinnerte sich an die Nervenheilanstalt, in der er einst beschäftigt gewesen war, während er darum gebetet hatte, daß der Juni und die Zeit der Summer-Stock-Aufführungen kam. Er ging in ein Restaurant und ertappte sich dabei, wie er Menschen nachahmte, die er das letzte Mal vor dreißig Jahren gesehen hatte. Auf die übrigen Gäste mußte es so gewirkt haben, als sei Dustin Hoffman entweder verrückt geworden oder als identifiziere er sich zu sehr mit den Problemen anderer.

Aber wir wissen, daß er sich auf seine neue Rolle vorbereitete. Dustin traf sich mit Kim und beobachtete auch die anderen Patienten in einem Heim für Autisten. Er studierte fünfzig Fälle. Doch »studierte« und »Fälle« sind kalte Fachtermini, die keineswegs der freundlichen, unprätentiösen Art gerecht werden, mit der Dustin sie fühlen ließ, daß er ihr Freund war.

Das Thema hatte ihn schon interessiert, bevor er Morrows erste Entwürfe gesehen hatte. Im Fernsehen war einmal ein Film über Behinderte gelaufen, der ihn verblüfft hatte. Es war die Geschichte eines Mädchens gewesen, das nie Klavier spielen gelernt hatte und jetzt zum ersten Mal vor einer Tastatur saß und eine wunderschöne Melodie spielte.

Er unterhielt sich mit den Familien von Autisten. Zum Beispiel mit der Mutter des achtundzwanzigjährigen Joe Sullivan, der Käsewindbeutel nur mit Zahnstochern aß.

Im Film würde Raymond seine Käsewindbeutel nur mit Zahnstochern essen. Sullivan hielt völlig unwichtige Details peinlich genau auf Papierfetzen fest. Raymond machte es genauso. Dustin ahmte Joe vor den Augen seiner Mutter nach. Doch es verletzte sie nicht. Für sie war der Film ein Beitrag, durch den Menschen Joe besser verstehen lernen würden.

Er beobachtete, wie autistische Menschen sprachen, wie sie sich auf Punkte konzentrierten, die für sie von größter Wichtigkeit waren. Er sah, daß sie sich durch nichts ablenken ließen.

Dustin beobachtete ihre Mimik, sah ihre gesenkten Köpfe, als fürchteten sie, einer Welt ins Angesicht zu sehen, die sie nicht verstanden und die sie nicht verstand. Er hörte ihren gezielten, einsilbigen Reden zu.

Er interessierte sich für die Gründe, weshalb jemand autistisch war, und fragte Ärzte, was es für eine Krankheit sei und woher sie käme. Niemand konnte ihm etwas Genaues sagen. Die vorherrschende Theorie lautete, daß den Autisten der Teil des Gehirns fehlt, der für die Kommunikation mit Mitmenschen zuständig ist. Doch unbeschadet dessen, was die Ärzte sagten, war es offensichtlich, daß kein Grund bekannt war; und gewiß keine befriedigende Erklärung.

Dustin gestand, daß er Lust gehabt hatte zu fragen: »Wo sind sie?« Es wirkte laut Dustin so, als käme ein Mann, der mit den Gedanken woanders ist, nach Hause zu seiner Frau. Sie redet. Er steht da, aber er hört kein Wort. »Wo bist du? Du kannst Wort für Wort wiederholen, was sie gesagt hat, aber du warst nicht wirklich anwesend.«

Deshalb schaute er Cruise auch nie ins Gesicht. Dustin machte ihm von Anfang an klar, daß es keinen Augenkontakt zwischen ihnen geben dürfte.

Wieder gab es Probleme; wie bei den meisten Hoffmanschen Filmen. Morrows Konzept stimmte nicht mit Dustins überein. Ihm mißfiel die Idee, daß Tom Cruise den Charlie spielen sollte. Er meinte, es sei unglaubwürdig, wenn ein so viel jüngerer Mann Raymonds Bruder spiele.

Schließlich holte man Ron Brass, der die endgültige Fassung schreiben sollte, obgleich man Morrows Leistung stets anerkannte. Doch wie sich zeigen sollte, gebührte Dustin der größte Dank.

Morrow hatte Raymond, wie Brass sich ausdrückte, »zu einer liebenswerten, süßen, dahinvegetierenden Puppe (gemacht). Dustin hingegen wollte Raymond autistisch, völlig in sich zurückgezogen, unfähig, menschliche Zuneigung zu zeigen oder zu empfangen. Jetzt ist er reizbar, seltsam; jemand, nach dem man die Hand ausstrecken muß. Plötzlich gibt es zwei Jungs, die niemals zusammenkommen werden. Das ist härter, dramatischer.«

Marty Brest, der erste Regisseur, scheiterte an Dustins Intensität. »Er ist wie ein Mikrochirurg«, sagte Marty und meint damit, daß ihm nicht gefiel, wie sein Star das Bild zu malen versuchte.

Er hätte es am liebsten gesehen, wenn sich Raymonds Geisteszustand im Laufe des Films gebessert hätte, damit einem Happy-End nichts mehr im Wege stünde.

Dustin beharrte darauf, die von ihm konsultierten Ärzte hätten gesagt, Raymond käme nie aus seinem Schneckenhaus; so leid ihm das auch für das Publikum tue.

»Ich denke, das Schlimmste, was passieren kann, ist, daß dieser Film auf einem betrügerischen Niveau triumphiert«, meinte Dustin, und damit war Brest weg vom Fenster.

Dustin hielt seinen Weg für den besseren. Er wollte nicht nach dem Erfolg an den Kinokassen schielen, wie Brest.

Dustin würde nie zugeben, daß ihm das Filmen Spaß macht. Wie er früher einmal gesagt hatte: »Zugegeben, für den Regisseur ist es eine tolle Sache, der wirbelt die ganze Zeit herum, aber für einen Schauspieler ... oft sitzt man nur so herum.«

Doch da war Dustin sich selbst gegenüber unfair. Selbst wenn er einfach nur herumsaß, betrieb er Studien, von denen sich manche als recht schmerzhaft erweisen sollten.

Dustin hatte sich angewöhnt, das Gelände für die Außenaufnahmen genauestens zu inspizieren, um sicherzugehen, daß auch alles stimmte.

Eine Nachtszene spielte auf einem Interstate Highway, der extra zu diesem Zweck abgesperrt worden war. Ein ernster Autounfall war simuliert worden. Überall lagen Glassplitter. Hoffman hatte, wie üblich, immer noch Zeit für einen Witz.

Und wie das bei Hoffmanschen Witzen so war, erzählte er ihn mit Händen und Füßen. Dabei geriet er ins Stolpern. Beim Versuch, den Fall mit der Hand abzufedern, landete er in einem Glasscherbenhaufen. Seine Hand war noch Wochen später bandagiert (es sei denn, er filmte gerade), während das Glas sich seinen Weg an die Oberfläche bahnte.

Doch zurück zur Filmhandlung. Das wirkliche Drama in RAIN MAN ist Raymonds Intelligenz. Dustin wußte, daß die Autisten keine »Weisen« waren. Ihm lag daran, die Botschaft zu übermitteln, daß es in dieser Welt gescheite Menschen gibt, die in ihrer eigenen Welt gefangen sind. Deren Intelligenz nie an die Oberfläche kommt, niemals gewürdigt wird.

Und noch etwas bekümmerte ihn – der Mangel an Humor. Ergo begann er zu improvisieren. In einer Szene, die in einem Telefonhäuschen spielte, ließ er plötzlich einen fahren. »Ich furze gerne, wenn ich mit meinen Freunden zusammen bin«, sagte er. Der Furz war »gut, ein Knallfrosch« gewesen. Tom fragte ihn (was auch nicht im Drehbuch stand): »Hast du gefurzt?« Die Szene wurde nicht geschnitten.

Dustin erwies sich in diesem Film als genausowenig pflegeleicht wie in all den vorangegangenen. Auch wenn er keine improvisierten Fürze von sich gab, bestand er darauf, daß die Szenen so gedreht wurden, wie er es wollte. Barry Levinson, der Marty Brest nachgefolgt war, ließ ihn meistens gewähren.

Dieser nicht eben leicht konsumierbare Film wurde *der* Kassenschlager des Winters 1988/89. Er kostete zweihundertfünfzigtausend Dollar weniger als die vierundzwanzig Millionen, die vom Budget her veranschlagt worden waren. Und das bei einer Hoffmanschen Gage von fünf Millionen Dollar.

Dustin versuchte, das Ganze herunterzuspielen. Der Film handle, so Dustin, nur von zwei Kerlen in einem Auto.

Die Kritiker überschlugen sich. Doch die Kritik, die er am meisten schätzte, kam von einer Mutter, die ihm schrieb, sie hätte sich den Film mit ihrem autistischen Sohn angesehen, der sich beim Verlassen des Kinos zu ihr umgedreht und gesagt habe: »Ich liebe dich, Mummy.« Sie schrieb es Dustin, um danke zu sagen.

Sie war nicht die einzige. Da gab es noch den englischen Autisten im Teenageralter, der Raymond sehr ähnlich war. Er fertigte äußerst exakte und wunderschöne Architekturzeichnungen an.

Dustin traf sich mit dem fünfzehnjährigen Stephen Wiltshire und war überwältigt von dem künstlerischen Talent und der Genauigkeit des Jugendlichen, der bis zu seinem siebten Lebensjahr stumm gewesen war und sich bei dem Treffen, das von dem zur *Mail of Sunday*-Zeitung gehörenden Magazin *You* organisiert wurde, selber vorstellte: »Mein Name ist Stephen Wiltshire. Ich bin fünfzehn Jahre alt und wurde 1974 geboren.«

»Ich wette, du weißt nicht, wann *ich* geboren wurde?« fragte Dustin.

»Fünfziger? Vierziger?« riet Stephen. »Schlimmer«, gestand Dustin, »Dreißiger.« Und dann verriet er ihm, er könne überhaupt nicht zeichnen. Stephen sagte, er wüßte, daß Dustin einen Oscar für RAIN MAN gewonnen habe.

Dustin hatte nicht nur seinen zweiten Oscar bekommen, auch die Hoffmansche Familie wuchs und gedieh. Lisa schenkte ihm noch ein viertes Kind. Es war ihre zweite gemeinsame Tochter und die vierte, wenn man Karina und Jenna dazurechnet. Sie wurde auf den Namen Alexandra getauft. Dustin beabsichtigte, seine beiden älteren Töchter während des Herbstes 1989 auf eine kleine Privatschule in London zu schicken.

18

RAIN MAN bestätigte es: Dustin Hoffman stand mit fast zweiundfünfzig Jahren auf dem Höhepunkt einer bemerkenswerten Karriere. Der Mann, der fast immer gute Kritiken bekommen, sich aber auch ein paar bedauerliche Ausrutscher geleistet hatte, überragte sie alle. Es gab keinen Schauspieler, der gefragter war; keinen Star mit einer größeren Fangemeinde.

Als die Zeitungen diesseits und jenseits des Atlantiks von ihm als der Welt bedeutendstem Schauspieler zu sprechen begannen, war es an der Zeit, Inventur zu machen und den Beifall zu genießen.

Es bestand natürlich immer die Gefahr, daß die Menschen ihm applaudierten, weil man es halt tat. Er konnte die weltberühmte Rundfunkaufzeichnung des Absturzes der Hindenburg wortwörtlich deklamieren oder Winston Churchill imitieren. Auf einer privaten Party bekam er dafür stehende Ovationen.

Doch am liebsten war ihm der Beifall für seinen neuen Film. Er ließ sich heimlich auf einem der hinteren Kinositze nieder und wartete auf die Reaktion des Publikums.

Aber auch die zu erwartenden Seitenhiebe blieben nicht aus. In einer amerikanischen Fernsehshow sprach Dustin einmal über die Notwendigkeit, die Rolle zu verstehen, zu leben und, was er für unvermeidlich hielt, sie zu erarbeiten. In derselben Show war auch Bette Davis zu Gast. Sie bedachte ihn mit einem jener Blicke, der schon Jack Warner und seinen Bruder zu Stein verwandelt hatte.

»Warum«, fragte sie Dustin, »spielen Sie sie nicht einfach?«
Angeblich hatte Laurence Olivier die gleiche Frage gestellt, doch nicht ohne sein »Lieber Junge« hinzuzufügen.

Dustin mußte lernen, mit diesen Seitenhieben fertig zu werden. Er erinnerte sich gern an die Geschichte des Bildhauers Jacques Lipchitz, über den die Kritiker gehöhnt hatten, es sehe so aus, als ob er einfach nur Ton auf den Boden werfe. Lipchitz hielt das für eine interessante Idee und tat es – wobei wunderschöne abstrakte Muster entstanden. Wie Dustin sagte: »Man muß es gegen sie benutzen. Nur so kann man überleben.«

Er stand nicht nur an der Spitze, er wurde auch gefeiert. In England traf er die Herzogin von York, die von Presse und Öffentlichkeit nur »Fergie« genannt wird. Er übte stundenlang, wie man sich richtig verbeugt, als bereite er sich auf eine neue Rolle vor.

Man riet ihm, die Herzogin mit Ma'am anzusprechen. Er antwortete, er hoffe, er würde alles außer »Hi, Fergie« sagen. Sie unterhielten sich, und sie gestand ihm, von seiner Darstellung beeindruckt gewesen zu sein – und von der Tom Cruises. »Meiner Meinung nach«, sagte sie, »sehen Sie wie Brüder aus.«

Und jetzt sollte ihn ein neues Publikum in einer völlig neuen Rolle erleben. Zum ersten Mal in seinem Leben würde Dustin Hoffman Shakespeare spielen.

Sir Peter Hall, der ehemalige Leiter des britischen Nationaltheaters, hatte eine eigene Truppe gegründet und bereitete eine neue Inszenierung von THE MERCHANT OF VENICE (dt. DER KAUFMANN VON VENEDIG) vor, mit Dustin Hoffman als Shylock.

Hier gab es ebenfalls Schwierigkeiten, wenn auch bei weitem nicht von der Größenordnung, wie man sie sonst von Dustin gewohnt war.

Das Schauspiel sollte in Bath, dem von den Römern erbauten Heilbad, Premiere haben.

Das Ganze hatte vor einem Jahr in Los Angeles angefangen. Dustin hatte von Halls neuer Truppe gehört, ihn angerufen und gefragt, ob er eine Rolle für ihn hätte. Shakespeare war für ihn noch unentdecktes Gebiet, auf das er sich wagen wollte.

»Er sagte tatsächlich, er wolle Hamlet spielen«, erinnerte sich Sir Peter.

»Ich glaube, die Idee, den Hamlet zu spielen, war ihm schon vor Jahren gekommen, und wer sollte es ihm verdenken? Es ist die größte Prüfung, die größte Rolle für einen Schauspieler. Aus irgendeinem Grund war er nie dazu gekommen.«

In jenem Sommer 1988 fragte er Hall: »Meinen Sie, ich könnte den Hamlet spielen?«

Doch der englische Produzent/Regisseur blieb standhaft. »Ich sagte, nein, das könnte er nicht.« Er fragte mich, warum, und ich antwortete: »Weil Sie zu alt sind.« Wovon ich wirklich überzeugt bin. Aber ich meine auch, daß es Wahnsinn ist, den Hamlet als erste Shakespeare-Rolle zu spielen.«

Hall riet Dustin, die großen Rollen auf der Bühne so lange zu meiden, bis er etwas Kleines, aber Auffälliges gespielt habe. Hall schlug Shylock vor. Laut Hall kannte Dustin das Stück, obwohl »ich nicht wußte, wie gut«. Von Dustin war zu hören: »Wegen meiner Unwissenheit in bezug auf Shakespeare wurde mir erst klar, nachdem ich es gelesen habe, daß das Stück recht polemisch und eine Zeitbombe ist.«

DER KAUFMANN VON VENEDIG ist vermutlich das polemischste aller Shakespeare-Stücke; vielleicht das polemischste Stück in der gesamten englischsprachigen Literatur. In Amerika haben die Schulen es aus ihren Lehrplänen verbannt. In einigen Teilen der Vereinigten Staaten ist die öffentliche Aufführung des Stückes verboten. In England gibt es jedesmal, wenn DER KAUFMANN VON VENEDIG inszeniert wird, einen öffentlichen Aufschrei.

Bezüglich des Stückes gibt es zwei Schulen. Die eine behauptet, das Stück sei antisemitisch (das ist auch der Grund, weshalb man es so häufig verbietet). Die zweite Schule – der

Sir Peter Hall angehört – hält es für ein Stück über Antisemitismus.
Sie sieht darin eine Anklage gegen Vorurteile und einen authentischen Spiegel Shakespearscher (und Shylockscher) Zeiten. Und gerade deswegen wollte Hall es auf die Bühne bringen.
Er wollte den Christen und ihrem Mangel an christlicher Barmherzigkeit einen Spiegel vorhalten, genauso wie es, seiner Meinung nach, Shakespeare getan hatte.
Dustin war überzeugt.
Wie Sir Peter sagte: »Er ist im Grunde seines Wesens jüdisch. Wenn er auch keiner religiösen Familie entstammt, so war es doch eine sehr jüdische Familie. Wenn Sie mich jetzt auffordern würden, jüdisch zu definieren, würde mir das sehr schwerfallen. Aber ich erkenne es, wenn ich es sehe, und ich respektiere es.«
Hall sagte, es sei heute praktisch unmöglich, den Shylock nicht mit einem Juden zu besetzen, genauso wie nur ein Schwarzer den Othello spielen könne.
Aber es gab noch einen weiteren Grund, weshalb er es für möglich hielt, daß Dustin die Rolle übernahm. Es war zwar eine kleine Rolle, nur fünf Szenen lang. »Aber«, so Hall, »es ist auch eine Rolle, mit der man den anderen die Show stehlen kann. Porzia hält das Stück in Gang und legt ihre ganze Energie hinein; aber Shylock zieht alle Aufmerksamkeit auf sich.
Ich dachte mir auch, daß diese Mischung aus Komödie und Pathos, die sich in allen seinen Darstellungen zeigt, ausgezeichnet zu dieser Rolle paßte.«
Man wurde für zweitausend Dollar die Woche handelseinig; eine Summe, die bei Dustin Hoffman gerade für eine Kaffeemaschine reichte. Doch diesmal spielte weder Geld noch Prestige eine Rolle. Auch die Reklame nicht.
Sein Name würde nicht in vollem Lichterglanz erstrahlen. Auf

den Plakaten, die das Stück als eine Produktion der Peter Hall Company ankündigten, würde der Name Hoffman vor Geraldine James auftauchen, die die Porzia, und hinter John Cater, der die winzige Rolle des alten Gobbo spielte; wie das Alphabet es wollte.

Einige Wochen vor der Premiere teilte man Dustin mit, daß sein Vater einen Schlaganfall erlitten hätte und im Koma liege. Er hielt es für seine Pflicht, bei seinem Vater und nicht bei seinem Publikum zu sein. Es sah aus, als würde Harry sterben. Sollte das geschehen, dann sollte er im Kreise seiner Familie einen ehrenwerten Tod sterben – den Tod eines Handlungsreisenden.

Doch Harry erholte sich wieder. Dustin wies, als er den Oscar für RAIN MAN entgegennahm, darauf hin, daß der alte Mann die Show vom Krankenhaus aus auf einem geleasten Fernseher verfolgte. Im Mai 1989 ging es Harry bereits wieder so gut, daß man die für Ende des Monats im Londoner Westend geplante Premiere nicht zu verschieben brauchte. Nach London wäre dann, anders als vorgesehen, Bath an der Reihe.

Es war eine bemerkenswert einfühlsame Inszenierung, so einfühlsam, daß man ernsthaft eine Tournee durch Israel erwog.

Shylock sprach wie ein Jude, aber er übertrieb nicht. Er hörte sich nicht an, als gehöre ihm ein Karren in der Delancey Street oder in der Petticoat Lane. Er war ein Shylock mit einem leicht amerikanischen Akzent.

Dustin bereitete sich auf seine Rolle vor, indem er durch Kensington Gardens spazierte und den Text vor sich hersagte.

Er untertrieb die Rolle. Er versuchte, während er auf der Bank hockte, die Beine unter dem »jüdischen Gaberdine« auseinandergestellt, Antonio gut zuzureden: »Wenn ihr uns stecht, bluten wir nicht? Wenn ihr uns kitzelt, lachen wir

nicht?«* Hall bestand darauf, daß Antonio ihm richtig ins Gesicht spie.
Shylock krümmte sich kaum ein Härchen im Barte, den Dustin sich extra für diese Rolle hatte wachsen lassen. Er trug eine schwarze Jarmúlka** und Schläfenlocken. Letztere stellten einen Anachronismus dar und gehörten bestimmt nicht zum normalen Aussehen eines venezianischen Juden.
Vor Gericht schärft Shylock sein Messer an der Schuhsohle, bereit, das volle Pfund von Antonios Fleisch zu fordern – etwas, das Peter Hall eingefügt hatte und das seit einem Jahrzehnt nicht mehr verwendet worden war.
Wenigstens in einer Probeaufführung verpatzte Dustin ein paar Sätze. Aber er schien mit den jambischen Pentametern, von denen er sagte, er habe ihre Bedeutung erst bei der Arbeit zu Shylock erfaßt, einigermaßen gut zurechtgekommen zu sein. Peter Hall schickte ihm ein Band, auf dem er die Stellen markiert hatte, an denen geatmet werden sollte.
»Aber er hatte keinerlei Schwierigkeiten damit. Er ist sehr musikalisch. Er hat eine ausgezeichnete Stimme. Er hat den richtigen Rhythmus gefunden.«
Sir Peter war zufrieden mit Dustin, der wie gewohnt seine eigenen Ideen mit einbrachte. »Ich verstehe nicht, weshalb ein Schauspieler nicht seine eigenen Ideen einbringen soll«, erklärte Sir Peter. »Er spielt sie doch auch. Er verwendet sich selbst als Rohmaterial. Der Job des Regisseurs ist es, das Ganze zu bearbeiten und Stück für Stück einzupassen; das Ganze auszubalancieren und dem Schauspieler dabei zu helfen, dem Stück etwas hinzuzufügen, von dem er vielleicht nicht einmal geahnt hat, daß er es besitzt. Ich hatte keinerlei Meinungsverschiedenheiten mit ihm.«
Und was hat er mit eingebracht? »Eine absolut besessene

* 3. Aufzug, 1. Akt (Heidelberg: Schneider, o. J.) (Anm. d. Übers.)
** slaw.: Mützchen. Wird bei religiösen Verrichtungen aufgesetzt (Anm. d. Übers.)

Energie«, erwiderte Hall. »Konzentration, harte Arbeit, die Fähigkeit, zwanzig Dinge auszuprobieren, während die meisten Schauspieler es mit einem versuchen. Er ist schrecklich schnell, schrecklich gut, nicht leicht zufrieden. Er nimmt als einziger bei den Proben ein enormes Risiko auf sich – was mir bei bedeutenden Schauspielern immer aufgefallen ist. Sie haben den Mut, sehr schlecht zu sein, um etwas herauszufinden.«

Dustin versucht die großen Reden auf »zig verschiedene Arten« zu halten.

Das Stück änderte sich Abend für Abend. »Die Balance der Szenen untereinander wurde neu eingeschätzt. Die Interpretation änderte sich nicht.«

Es hätte, wie mir Hall erzählte, ein klassischer Shylock werden können. »Wenn Dustin Hoffman nur Schauspieler wäre, würde es zweifellos ein Meisterstück werden. Weil er Dustin Hoffman ist, wird es vielleicht keines.«

Die Kritiker waren fast davon überzeugt.

Michael Billington vom *Guardian* schrieb: »Mr. Hoffmans humorvolle Annäherung macht sich bezahlt – nicht zuletzt in dem kleinen, triumphierenden Lächeln, das er dem Herzog in einer Gerichtsszene schenkt – sie bedeutet aber auch einen Verlust der tragischen Dimension. Was verlorengeht, ist das, was Hazlitt, als er über Kean schrieb, ›das harte, undurchdringliche dunkle Fundament der Shylockschen Persönlichkeit‹ nennt.«

Irving Wardle von *The Times* bemerkt zum selben Thema: »Hoffman ist einer der genialsten Shylocks, die ich je gesehen habe. Er mag im ersten Akt Antonio unversöhnliche Feindschaft schwören, aber man würde es aufgrund seines Willkommenslächelns und seiner ausgebreiteten Arme nie vermuten ... er ist selbst seinem ihn fliehenden Diener Lanzelot gegenüber freundlich ... Was nicht gelingt, sind die direkten, gefühlsmäßigen Höhepunkte, die seine Stimme aufs äußerste belasten und durch Rhetorik ersetzt werden ... für seine besondere, unbezahlbare Fähigkeit, die Geheimnisse im Kopf eines Mannes durch eine ruhige, offene Äußerung auszudrükken.«

Der *Daily Telegraph*-Kritiker Charles Osborne bemerkte den »diskreten Charme von Hoffmans Shylock«. Der äußerst angesehene Milton Shulman rezensierte es in der *Evening Standard* unter der Überschrift: »Shylock, wo ist dein Stachel?« Er schrieb: »Hoffmans Darstellung ist korrekt und gut gesprochen, aber weder heftig genug, um aus Shylock ein interessantes Monster, noch herablassend genug, um aus ihm ein unterdrücktes Opfer zu machen.« John Peter von der *Sunday Times* sprach von einer »meisterhaften Darstellung ... Sein Shylock ist zäh, gerissen und widerlich unverwüstlich; ein unattraktiver Unternehmer.«

Das Publikum war beeindruckt. Als verlautete, daß das Debüt in Bath zugunsten der Londoner Tour verschoben würde, kam es in den Straßen, in denen Schlangen von Menschen nach Karten anstanden, fast zu Tumulten.

Eines Abends in London fühlte Dustin sich nicht wohl. Man schickte einen Ersatzmann auf die Bühne. Das Publikum war davon nicht sonderlich angetan. Man brüllte herum, und es kam zu Handgreiflichkeiten. Fünfundsiebzig Prozent der Besucher verlangten ihr Geld zurück.

DER KAUFMANN VON VENEDIG sollte zum erfolgreichsten Stück der Saison werden. Für einen Shakespeare ein ungewöhnliches Phänomen. Im Vorverkauf wurden soviel Karten wie nie zuvor für ein Nichtmusical abgesetzt. Ein Beweis für Dustin Hoffmans Anziehungskraft.

Die guten Neuigkeiten kreuzten den Atlantik, wo man ernsthaft über eine New Yorker Inszenierung mit Dustin nachdachte.

William A. Henry III. schrieb im *Time*-Magazin: »Hoffman stimmt seine fünf Szenen sorgsam ab, benutzt vertraute, doch eindrucksvolle Gesten: das scheue Lächeln, die gekrümmten Schultern, das plötzliche Starren, den schleppenden, dumpfen Ton, der Wut anzeigt. Seine Darstellung, alles andere als ein Starauftritt, ist intelligent, kühn und anrührend.«

Dustin machte das Ganze nervös. Zwei Tage vor der Premiere mußte er andauernd auf die Toilette, weil er an Durchfall litt. Doch das schlimmste war, daß er nervlich so sehr angespannt war, daß er nicht mehr mit Lisa schlafen konnte. Nach dem ersten Abend konnte er es kaum erwarten, mit ihr ins Bett zu gehen.

Der gefeierten Premiere folgten über eine Woche Voraufführungen. Paul McCartney kam hinter die Bühne, um ihm zu gratulieren, ebenso Sir John Mills und Dame Peggy Ashcroft.

Leigh Lawson, der den Antonio spielte, schickte Dustin ein Geschenk, das sich dieser sofort an die Wand nagelte. Es war eine weibliche Brust aus Plastik, die laut Lawson etwa ein Pfund wiegen sollte. Darunter stand geschrieben: »Ihr verlangtet es, ihr bekamt es.«

Was Dustin jedoch wirklich bekam, war ein Preis ganz anderer Art. Er hatte die Genugtuung bekommen, daß ihm als Schauspieler praktisch alles offenstand. Und das konnten nicht viele von sich behaupten.

Dustin bewunderte die Werke anderer, besonders jener, die diese Welt bereits verlassen hatten, wie Charlie Chaplin, der in seinem Film CITY LIGHTS (dt. LICHTER DER GROSSSTADT) das Ergebnis einer dreimonatigen Drehzeit verwarf. »Stellen Sie sich vor, ich würde heute so etwas tun.«

Wenn man versucht, vor Drehbeginn alles klarzumachen, bekommt man zu hören, man sei ein Perfektionist – als ob ein Perfektionist zu sein so schlimm wäre.«

Dustin sagte, wenn er einmal kurz vor einer Operation

stünde und ihm zu Ohren käme, der Chirurg sei ein sehr, sehr lieber Kerl, aber kein Perfektionist, würde er sich selbst aus der Betäubung wecken und so rasch wie möglich das Weite suchen.

Dustin nahm alles ernst, was er tat. Als er einen neuen Film ins Auge faßte – FAMILY BUSINESS mit Sean Connery, dem letzten aus einer langen Reihe männlicher Filmpartner –, konzentrierte er sich nur noch darauf, wie er es immer tat. Er wollte die Menschen überraschen, wie er es schon als Kind so gern getan hatte. »Ich möchte, daß die Leute ins Kino gehen, ohne zu wissen, was ich dort anstelle.«

Und die Menschen wußten, daß er sie überraschen würde. Sie erwarteten es.

Und Dustin wußte, daß er besessen war. Er beneidete die Menschen, die nachts ruhig einschlafen konnten, ohne sich mit Problemen herumzuschlagen. Er dachte, es müsse wunderbar sein, einen Sonnenuntergang einfach nur zu *genießen*. Er konnte das nicht. »Ich möchte ihn filmen.« Und weiter: »Nach einem Urlaub bin ich immer so müde, daß ich Urlaub brauche.«

Erfolg wird allgemein bewundert, nicht nur bei einem Schauspieler. »Was ich meine, ist, wenn ein Kerl sich auf einer Party mit einem Mädchen unterhält, und sie fragt ihn, womit er seinen Lebensunterhalt verdient, und er antwortet, er sei Wissenschaftler und habe gerade den Impfstoff gegen Kinderlähmung erfunden, dann *weiß* man, daß er sie bald abschleppen wird.«

Aber er sagt auch: »Ein Kind, das ein Eis ißt, geht vollkommen in seiner Tätigkeit auf. Als Erwachsener schaut man ihm zu und denkt – so müßte man sein Leben führen. Ich tue es.«

Meryl Streep bezeichnete ihn einmal als die »wunderbarste Mischung aus großzügig und selbstsüchtig. Er möchte der bedeutendste Schauspieler sein, der je gelebt hat.« Das wird ihm zwar nicht gelingen, aber er kommt in die engere Wahl.

Dustin grübelt auch nicht mehr über seinen Nachruf nach. Aber über die besten Arten zu sterben. Er war überzeugt, daß der Schauspieler David Burns einen perfekten Tod hingekriegt hat.

Burns war ein Komiker, und so erntete er Gelächter, als er kopfüber auf die Bretter stürzte, die die Welt bedeuten. Laut Dustin »der perfekte Abgang«.

Er machte sich immer noch Sorgen um die Zukunft und war wie versteinert, weil es ihm immer noch »zu gut, um wahr zu sein«, ging.

Lisa hatte ihn zum Judentum zurückgeführt. Nicht zu dem Judentum, gegen das die Antisemiten geifern. Aber sie befolgten jetzt die jüdischen Feiertage. Es gab zwar keinen Weihnachtsbaum, aber zu Chanukkah wurden die Kerzen an der Familienmenora angezündet.

»Lisa ist wichtig für Dustin«, sagte Robert Benton, einer der Regisseure, mit denen Hoffman keinen Krach gehabt hatte. »Sie kennt ihn in- und auswendig. So gut kennen ihn nur wenige. Und das weiß er.« Er glaubt, daß er sehr viel Glück gehabt hat.

Anne, die erste Mrs. Hoffman, erzählte mir, daß sie ohne jede Gefühlsregung an ihn denke und sich seit TOOTSIE, den sie anfangs für überschätzt gehalten habe, keinen Hoffman-Film mehr angesehen hat. »Ich war ganz überrascht. Ich dachte nicht, daß er so gut ist.« Aber sie ist immer noch überzeugt, er wäre ein besserer Schauspieler geworden, wenn er auf der New Yorker Bühne geblieben wäre.

Und was ist mit dem erst kürzlich aufgebrandeten Beifall? »Unglücklicherweise sind heutzutage im Theater Beifall und Sachkenntnis nicht immer identisch. Das gilt nicht nur für ihn. Das ist bei einer Reihe von Menschen der Fall. Wenn man so berühmt ist, dann sagen die Leute, man sei gut, auch wenn man es nicht ist.«

Das entspringt einer persönlichen, subjektiven Sicht. Für die meisten Menschen hat Dustin Außergewöhnliches geleistet.

Selbst wenn er von sich selbst keine Wunder erwartet. Wenn er das könnte, wäre er wirklich ein RAIN MAN.

Register